# Kein Stress ist nicht genug

Christian G. Schanz
Monika Equit
Sarah K. Schäfer

# Kein Stress ist nicht genug

Eigene Bedürfnisse erkennen und das Wohlbefinden steigern

hogrefe

**Dr. phil. Christian G. Schanz,** Psychologischer Psychotherapeut (VT), geb. 1990. 2012–2017 Studium der Psychologie an der Universität des Saarlandes. Seit 2017 wissenschaftlicher Mitarbeiter in der Arbeitseinheit Klinische Psychologie und Psychotherapie der Universität des Saarlandes.

**Prof. (apl.) Dr. Monika Equit,** Psychologische Psychotherapeutin (VT, Erweiterte Fachkunde Kinder- und Jugendlichenpsychotherapie), geb. 1978. 1998–2002 Studium der Psychologie an der Universität des Saarlandes. 2007 Promotion, Carl-von-Ossietzky Universität Oldenburg. Seit 2014 Leitung der Psychotherapeutischen Universitätsambulanz an der Universität des Saarlandes und Venia Legendi für das Fach Psychologie. Seit 2015 Supervisorin (VT) und Co-Leitung des Weiterbildungsinstitutes für Psychotherapie Saarbrücken an der Universität des Saarlandes (WIPS GmbH).

**Jun.-Prof. Dr. Sarah K. Schäfer,** Psychologische Psychotherapeutin (VT, Erweiterte Fachkunde Kinder- und Jugendlichenpsychotherapie), geb. 1991. 2011–2016 Studium der Psychologie an der Universität des Saarlandes. Seit 2020 wissenschaftliche Mitarbeiterin am Leibniz-Institut für Resilienzforschung (LIR) in Mainz. Seit 2023 Juniorprofessorin für Klinische Psychologie und Psychotherapie des Kindes- und Jugendalters an der Technischen Universität Braunschweig.



**Bibliografische Information der Deutschen Nationalbibliothek**
Die Deutsche Nationalbibliothek verzeichnet diese Publikation in der Deutschen Nationalbibliografie; detaillierte bibliografische Daten sind im Internet über http://dnb.dnb.de abrufbar.



Hogrefe Verlag GmbH & Co. KG
Merkelstraße 3
37085 Göttingen
Deutschland
Tel. +49 551 999 50 0
Fax +49 551 999 50 111
info@hogrefe.de
www.hogrefe.de

Umschlagabbildung: © iStock.com / Ratana21
Illustrationen: Christian G. Schanz
Satz: Sabine Rosenfeldt, Hogrefe Verlag GmbH & Co. KG, Göttingen
Druck: mediaprint solutions GmbH, Paderborn
Printed in Germany
Auf säurefreiem Papier gedruckt

1. Auflage 2024

(E-Book-ISBN [PDF] 978-3-8409-3246-5; E-Book-ISBN [EPUB] 978-3-8444-3246-6)
ISBN 978-3-8017-3246-2
https://doi.org/10.1026/03246-000

# Inhaltsverzeichnis

# 1 Was macht Gesundheit aus?

**Beispiel**

Meike leidet unter einer Zwangsstörung. Wenn sie ihr Zuhause, ihren Arbeitsplatz oder ihr geparktes Auto verlässt, muss sie wiederholt kontrollieren, ob alle Türen und Fenster korrekt geschlossen sind. Tut sie das nicht, gerät sie unter Anspannung und hat große Sorge, dass etwas Schlimmes passieren könnte. Das Kontrollverhalten kostet viel Zeit und schränkt Meike in ihrem Alltag ein. Dennoch schafft sie es, ihren Haushalt zu managen, sich um ihre elfjährige Tochter zu kümmern und Freundschaften zu pflegen. Besonders wohl fühlt sie sich, wenn sie die Wochenenden gemeinsam mit ihrer Tochter, ihrer Schwester und ihren Eltern verbringt und sie gemeinsam einen Ausflug machen oder grillen. Im Berufsleben kann sie sich kompetent und erfolgreich fühlen, stört sich jedoch manchmal an der hohen Arbeitsbelastung und dem dominanten Auftreten ihrer Vorgesetzten. Körperlich fühlt sie sich meistens wohl. Sie hat keine körperlichen Erkrankungen, ist mit ihrem Gewicht recht zufrieden und kann regelmäßig Sport treiben. Nur ab und zu leidet sie unter Spannungskopfschmerzen.

Unter Gesundheit versteht man einen Zustand des psychischen, körperlichen und sozialen Wohlbefindens (WHO, 1948). *Gesund zu sein,* bedeutet daher mehr als nur *nicht krank* zu sein. Es bedeutet, an allen Facetten des Lebens teilhaben zu können – mit oder ohne Erkrankung (WHO, 2001). Vielen Menschen geht es wie Meike, sie sind weder vollständig gesund noch vollständig in ihrem Wohlbefinden eingeschränkt. Obwohl Meike unter einer psychischen Erkrankung leidet, die sich negativ auf ihr Wohlbefinden auswirkt, kann sie in vielen Lebensbereichen ihre Ressourcen gut nutzen, soziale Kontakte pflegen und ihre Ziele verfolgen. Wie bei allen Menschen wächst Meikes Wohlbefinden, wenn ihre Bedürfnisse befriedigt werden. Eine hohe Stressbelastung hingegen wirkt sich negativ auf ihr Wohlbefinden aus. Dieser Zusammenhang ist in Abbildung 1 illustriert.

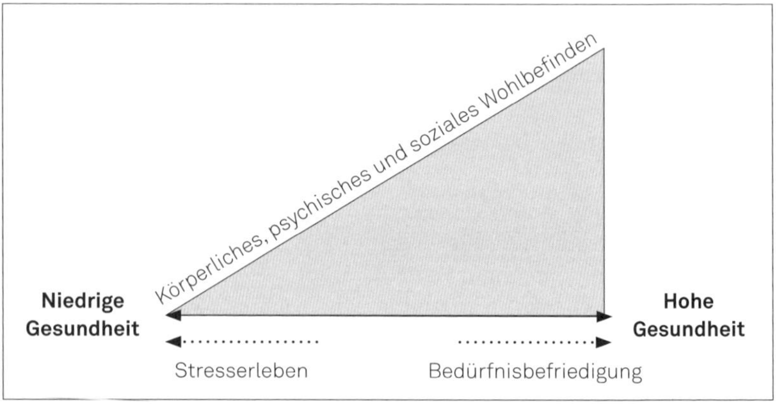


**Abbildung 1:** Während eine hohe Stressbelastung das Wohlbefinden und dadurch die Gesundheit senkt, wirkt sich Bedürfnisbefriedigung förderlich auf das Wohlbefinden aus.

## 1.1 Grundbedürfnisse

Es gibt psychische und körperliche Bedürfnisse, die (fast) alle Menschen teilen. Diese Bedürfnisse nennt man Grundbedürfnisse. Grundbedürfnisse treiben menschliches Verhalten an. Sie motivieren uns, uns angenehmen Zielen anzunähern (z.B. Zeit mit Freunden zu verbringen) und unangenehme Erfahrungen zu vermeiden (z.B. berufliche Überforderung). Der nachfolgende Kasten gibt einen Überblick über psychische Grundbedürfnisse.

**Psychische Grundbedürfnisse**
(Grawe, 2003; Ryan & Deci, 2017; Maslow, 1943)

1. **Lustgewinn und Unlustvermeidung:**
   Menschen versuchen, unangenehme Erfahrungen zu vermeiden. Das sind zum Beispiel Schmerzen, Überanstrengung und Einsamkeit. Gleichzeitig streben sie nach angenehmen Erfahrungen, beispielsweise nach Anerkennung, Sex, Spiel und Vergnügen.
2. **Bindung und Zugehörigkeit:**
   Die meisten Menschen organisieren sich in Familien, Freundeskreisen, Vereinen, Städten oder auch Staaten. Gründe hierfür sind das

Bedürfnis nach Zugehörigkeit und der Wunsch nach stabilen und unterstützenden Beziehungen.

3. **Autonomie und Freiheit:**
   Auch wenn wir nach Zugehörigkeit streben, bleiben wir eigenständige Individuen mit eigenen Überzeugungen und Zielen. Daher wünschen sich Menschen neben Bindung und Zugehörigkeit auch Freiraum und Eigenständigkeit.
4. **Wirksamkeit und Kompetenzerleben:**
   Ob am Arbeitsplatz, bei der Kindererziehung, Freizeitaktivitäten oder beim gemütlichen Zusammensein am Abend, (fast) jeder Mensch braucht das Gefühl, einen Einfluss auf seine Umgebung zu haben und auf diese zielgerichtet einwirken zu können.
5. **Identität und Selbstverwirklichung:**
   Menschen streben danach, sich selbst zu entdecken und sich selbst zu verwirklichen. Es ist vielen Menschen ein großes Bedürfnis, sich authentisch zu fühlen und zu wissen, wer sie sind und wofür sie stehen. Dieses Wissen ist der Kompass für das Setzen langfristiger Lebensziele.

Teilweise stehen diese Bedürfnisse in einem Spannungsverhältnis zueinander. Manchmal – aber nicht immer – besteht beispielweise ein Konflikt zwischen der Befriedigung des Bedürfnisses nach Bindung und dem Bedürfnis nach Autonomie. Das heißt, um alle Bedürfnisse (langfristig) unter einen Hut bekommen zu können, muss man manchmal mit sich selbst (und anderen) Kompromisse schließen.

**Beispiel**

Miriam hat eine kleine Tochter, die sehr zur Befriedigung ihres Bindungsbedürfnisses beiträgt. Die beiden spielen miteinander, tauschen sich über ihren Tag aus, kuscheln und machen Späße. Gleichzeitig ist Miriam nicht mehr so autonom wie vor ihrer Mutterschaft. Sie kann ihre Tagesgestaltung nicht mehr unabhängig planen, fährt seltener in Urlaub, ist zuhause nur noch selten allein. Ihre Autonomie wurde durch ihre Rolle als Mutter etwas kleiner. Um ihrem Freiheitsbedürfnis dennoch gerecht zu werden, nimmt sie immer mal wieder die Unterstützung ihrer Schwester oder ihrer eigenen Mutter in Anspruch, die Miriams Tochter für einen Abend, einen Tag oder auch ein Wochenende zu sich nehmen. Diese Zeit nutzt Miriam für Freizeitaktivitäten, für die sie sonst keine Zeit hat, wie Klettern, Freund:innen treffen oder auch um einfach mal zuhause auszuspannen. Danach ist ihr „Autonomie-Akku" wieder mehr aufgeladen und sie freut sich auf die Zeit mit ihrer Tochter.

Welche Bedürfnisse unsere Bedürfnishierarchie anführen und welche weniger Raum einnehmen, hängt stark von der Persönlichkeit (z.B. Offenheit für neue Erfahrungen), biographischen Entwicklungen (z.B. Rollenmodelle in der Pubertät) und dem sozialen Kontext ab (z.B. individualistische oder kollektivistische Gesellschaft). Von diesen Faktoren hängt auch ab, mit welchen Strategien wir im Alltag versuchen, unsere individuellen Bedürfnisse zu befriedigen. So können beispielsweise das Gründen einer Familie, die Vertiefung von Freundschaften, das Engagement in einem Traditionsverein oder ein Teamausflug mit Kolleg:innen dazu dienen, das Bindungsbedürfnis zu befriedigen. Je besser die Ressourcen und Eigenschaften, die eine Person mitbringt, zu ihrer Umwelt passen, desto leichter fällt es ihr, ihre Bedürfnisse zu befriedigen.

## 1.2 Stress

Unter Stress versteht man die psychische und körperliche Reaktion auf Bedrohungen (Lazarus & Folkman, 1984). Das Stresserleben in einer als bedrohlich bewerteten Situation ist umso höher, je geringer wir die Chancen einschätzen, die Bedrohung ausreichend gut bewältigen zu können (siehe Abb. 2). Was für uns bedrohlich ist, ist maßgeblich von unseren Vorerfahrungen mit ähnlichen Situationen und unseren Glaubenssätzen abhängig. Wie gut wir glauben, eine bedrohliche Situation bewältigen zu können, hängt maßgeblich von unseren (wahrgenommenen) Ressourcen ab.

Da das Stresserleben von der Bewertung der Situation (erste Bewertung) und den wahrgenommenen Ressourcen abhängig ist (zweite Bewertung), ist Stresserleben etwas sehr Subjektives. Das heißt, während Person A eine Situation als sehr stressig erlebt, löst die gleiche Situation bei Person B vielleicht nur geringen oder sogar überhaupt keinen Stress aus. Das bedeutet auch, dass Stress nicht nur durch handfeste Veränderungen im

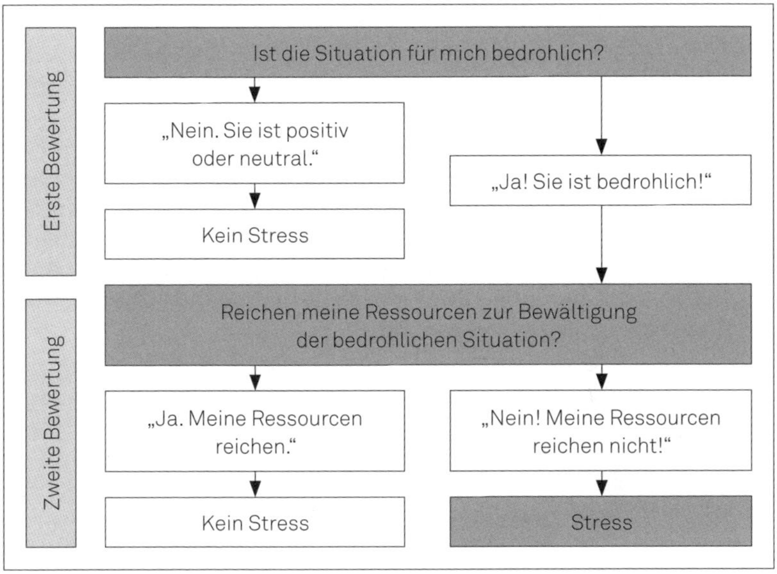


**Abbildung 2:** Damit Stress auftritt, müssen zwei Dinge zusammenkommen. Erstens: Die Situation wird als bedrohlich empfunden. Zweitens: Man ist sich nicht sicher, ob die vorhandenen Ressourcen zur Bewältigung der Situation ausreichen werden (modifiziert nach Lazarus und Folkmann, 1984).

Außen, sondern auch durch die Einnahme neuer Perspektiven und persönliche Entwicklungen reduziert werden kann.

**Beispiel**

Als Jannis nach seinem Studium ins Arbeitsleben einstieg, war er sehr aufgeregt und nervös. Er fühlte sich subjektiv „von allem" gestresst: den Besprechungen, den Berichten, den Gesprächen mit Vorgesetzten. Insbesondere die Probezeit empfand er als sehr bedrohlich. Als Jannis wiederholt positives Feedback bekam und die Erfahrung machte, „gut" in seinem Beruf zu sein, fühlte er sich zunehmend kompetenter und wurde sich seiner Ressourcen bewusst. In der Folge nahm auch sein Stresserleben ab und vieles, was er zuvor als bedrohlich erlebt hatte, nahm er nun als Routine (d.h. neutral) oder als Chance (d.h. positiv) wahr.

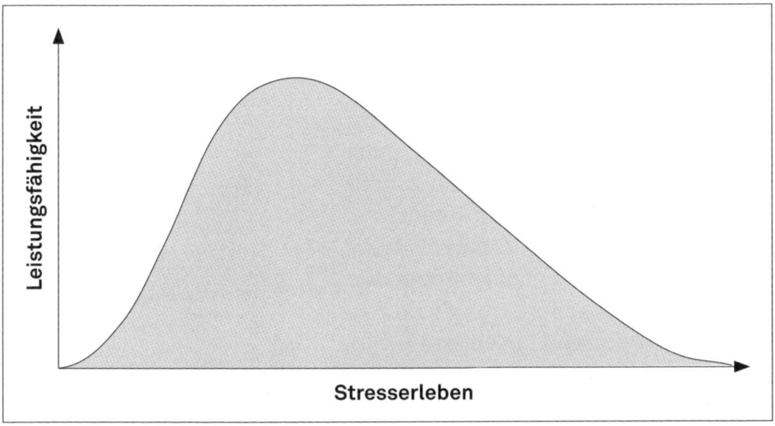


**Abbildung 3:** Zwischen Stresserleben und Leistungsfähigkeit besteht in Leistungssituationen mit hohen Anforderungen ein umgekehrt U-förmiger Zusammenhang (Diamond et al., 2007).

Ist Stress zu niedrig, fällt es uns schwer, uns zu größeren Verhaltensanstrengungen zu motivieren. Das körperliche und psychische Anspannungsniveau ist dann zu niedrig ausgeprägt, um „Gefahrenreizen" (z.B. eine anstehende Klausur) schnell und wirkungsvoll zu begegnen (z.B. durch das Verfolgen eines Lernplans). Kommt es hingegen zu einer zu starken Stressreaktion, wird diese körperlich oft als unangenehm empfunden, und es fällt uns schwerer, klare Gedanken zu fassen (Stichwort: Blackout). Vor allem in anspruchsvollen Leistungssituationen ist ein mittleres Stressniveau häufig gut geeignet, um Herausforderungen effektiv zu begegnen (Diamond, Campbell, Park, Halonen & Zoladz, 2007). Der umgekehrt U-förmige Zusammenhang zwischen Leistungsfähigkeit und Stresserleben ist in Abbildung 3 dargestellt.

Die Stärke einer Stressreaktion lässt sich mit verschiedenen Strategien beeinflussen. Typische Regulationsstrategien sind die Umbewertung einer (bedrohlichen) Situation, das Entwickeln einer Lösungsstrategie oder das Akzeptieren eines (negativen) Umstands. Regulationsstrategien werden von früher Kindheit an gelernt und insbesondere in der Pubertät um weitere Strategien ergänzt. Dabei können sowohl hilfreiche (z.B. Situationen aus verschiedenen Blickwinkeln betrachten) als auch hinderliche Strategien entstehen (z.B. Drogenkonsum).

## 1.3 Eine Frage des Investments

Obwohl Stress unangenehm ist, kann man ihn nicht ganz vermeiden, sondern muss ihn manchmal für die Befriedigung der eigenen Bedürfnisse in Kauf nehmen. In vielen Fällen wird Bedürfnisbefriedigung regelrecht durch Stress „erkauft", z.B. wenn man Überstunden macht, um einer Beförderung näher zu kommen. Das Streben nach Bedürfnisbefriedigung und das Erleben von Stress sind oftmals untrennbar miteinander verbunden. Beide sind ein natürlicher und unvermeidbarer Bestandteil des Lebens. Das Wohlbefinden in einem Lebensbereich ist hoch, wenn Stresserleben und Bedürfnisbefriedigung in einem angemessenen Verhältnis zueinander stehen. Eine Reduktion des Wohlbefindens ist hingegen in folgenden Fällen wahrscheinlich:

- *Stress wird zu stark vermieden.* Wenn wir „zu stark" versuchen, Stress zu vermeiden, sinkt die Wahrscheinlichkeit, dass wir unsere Bedürfnisse befriedigen können. Das liegt daran, dass sich durch das Vermeidungsverhalten unser Handlungsspielraum einengt. Dadurch wird es schwieriger, Beziehungen aufzubauen, uns kompetent zu fühlen oder unseren Selbstwert zu stabilisieren, d.h., Bedürfnisse zu befriedigen.

**Beispiel**

Martin ist Single und wünscht sich eine Beziehung. Er will es jedoch „um jeden Preis" vermeiden, einen Korb zu bekommen, weshalb er noch nie jemanden um ein Date gebeten hat. Dass er keinen Korb bekommen möchte, ist nachvollziehbar, denn das würde vermutlich mit Schamerleben einhergehen und ihn belasten. Wenn er das Risiko, einen Korb zu bekommen, jedoch auch zukünftig immer wieder scheut, sinkt umgekehrt die Wahrscheinlichkeit, dass er es nachhaltig schaffen wird, sein Bedürfnis nach einer romantischen Beziehung zu befriedigen.

- *Die Kosten der Bedürfnisbefriedigung sind zu hoch.* Manchmal sind die Kosten für die Befriedigung eines Bedürfnisses „zu hoch". Gemeint sind Fälle, in denen wir immer weiter in die Erreichung eines Zieles investieren, ohne der Erfüllung des dahinterstehenden Bedürfnisses in relevantem Ausmaß näherzukommen. In solchen Fällen muss ein Ziel manchmal verworfen werden, ehe die Befriedigung eines Bedürfnisses auf anderem Wege möglich werden kann.

**Beispiel**

Linn ist Sängerin in einer Band, spielt Gitarre und schreibt Texte. Sie hat viel Zeit und Energie in ihre Lieder investiert. Ihre Band spielte als Vorband bei zwei mittelgroßen Acts und sie nahmen auf eigene Kosten drei Alben auf, die sie auf den üblichen Streaming-Plattformen zur Verfügung stellten. Für schwarze Zahlen, geschweige denn für einen Durchbruch hat es trotz aller Mühe jedoch nicht gereicht. Der Versuch, eine Musikkarriere aufzubauen, hat sie ihre Ausbildung, ihren heimatnahen Wohnort und vermutlich auch ihre letzte Beziehung gekostet. Sie würde gerne im gleichen Tempo und mit dem gleichen Einsatz weitermachen, merkt aber, dass das nicht mehr funktioniert. Wenn sie nicht die Freude an ihrer Musik verlieren und die mittlerweile vorhandenen Schulden zurückzahlen möchte, muss sie ihren Traumberuf vermutlich wieder zum Hobby machen und sich einen neuen Ausbildungsplatz suchen.

- *Ein Bedürfnis liegt brach.* Manchmal wird weder Stress vermieden noch zu viel Stress erlebt und dennoch sinkt das Wohlbefinden. Ein möglicher Grund dafür ist, dass Betroffene zwar einige Bedürfnisse befriedigen, es aber eines oder mehrere Bedürfnisse gibt, die „brach liegen“. Das kann viele Gründe haben, z. B. kommt es vor, dass Menschen Bedürfnisse verdrängen, die sie für falsch oder nicht erfüllbar halten. In anderen Fällen fehlt den Betroffenen das notwendige Handwerkzeug, um an der Befriedigung eines Bedürfnisses zu arbeiten. In wieder anderen Fällen lassen die Lebensumstände die Befriedigung des Bedürfnisses (scheinbar) nicht zu.

**Beispiel**

Marlene studiert Physik, was zwar mit Stress einhergeht, ihr aber auch lange Zeit viel Freude bereitet hat, weil das Studium Teil ihrer Identität war und ihr Bedürfnis nach Kompetenzerleben befriedigte. Sie hat Freunde, Hobbys und kommt finanziell zurecht. Dennoch merkt sie manchmal, dass etwas an ihr nagt. Nur hin und wieder kann sie sich eingestehen, dass in ihr ein unbefriedigtes Bedürfnis nach einer Familie ist. Einer „richtigen" Familie anstelle des unsteten Miteinanders, das ihre Eltern früher „Familie" genannt haben.

Um das eigene Wohlbefinden zu steigern oder aufrechtzuerhalten, ist es daher wichtig, Stress nicht (immer) zu vermeiden, nicht unverhältnismäßig viel in eine mögliche Bedürfnisbefriedigung zu investieren, seine Bedürfnisse gut zu kennen und ihnen offen zu begegnen. Darüber hinaus braucht man sowohl Ressourcen, die man zur Zielerreichung nutzen kann, als auch Regulationsstrategien, die den Umgang mit Stress erleichtern. Manchmal wird der Weg zum Wohlbefinden jedoch auch durch Hindernisse versperrt.

## 1.4 Vulnerabilität – Hindernisse auf dem Weg zum Wohlbefinden

Manchmal legt einem das Leben Steine in den Weg. In anderen Fällen hat man die Steine bereits als Gepäck dabei. Zum Beispiel in Form von genetischer Veranlagung oder weil man in der Kindheit über sie gestolpert ist und sie versehentlich eingepackt hat. In der Psychologie spricht man in solchen Fällen von Vulnerabilität, d.h. Verletzlichkeit (Wittchen & Hoyer, 2011). Vulnerabilitäten erhöhen die Wahrscheinlichkeit von Stresserleben, erschweren die Stressregulation und machen es wahrscheinlicher, dass Bedürfnisse unbefriedigt bleiben. Je nach Kontext und Stressereignis können unterschiedliche Eigenschaften zu Vulnerabilitäten werden. Wichtige Vulnerabilitäten sind unter anderem die folgenden:

- *Emotionale Hyper- oder Hypo-Reaktivität.* Emotionen sind etwas sehr Wichtiges. Sie sichern unser Überleben und bereichern unseren Alltag (Brandstätter, Schüler, Puca & Lozo, 2013). Sie motivieren uns, Bestleistungen zu erbringen (Stolz), Zeit in unsere Beziehungen zu investieren (Freude), Gefahren zu vermeiden (Angst) und zu vielem mehr. Schwierigkeiten können jedoch entstehen, wenn die Intensität unserer Emotionen nicht zur gegenwärtigen Situation passt. Das heißt, wenn wir auf eine Situation mit zu wenig oder zu viel Emotion reagieren (Förster, Kurtz, Konrad & Kanske, 2022).

- *Zu viel:* Wenn bereits kleine Missgeschicke tiefe Scham auslösen, alltägliche Konflikte zu rasender Wut führen oder wir bei kurzer Trennung von unseren Liebsten echte Verlustangst spüren.
- *Zu wenig:* Wenn beruflicher Erfolg nicht zu Stolz führt, man bei einer neuen Partnerschaft keine Schmetterlinge im Bauch spürt und der Ausblick auf den Wochenendausflug keine Vorfreude weckt.

Während eine emotionale Hyper-Reaktivität (zu viel emotionale Reaktion) zur Entstehung von Stress beiträgt und häufig mit einer hohen Impulsivität einhergeht, dämpft eine emotionale Hypo-Reaktivität (zu wenig emotionale Reaktion) die angenehme Wirkung von Bedürfnisbefriedigung und kann zu Antriebslosigkeit beitragen.

**Beispiel**

Niko fühlt sich manchmal wie ein freiliegender Nerv. Als würde zwischen ihm und der Welt eine Schutzschicht fehlen, die Umgebungsreize abpuffert. Das kann auch großartig sein, denn er kann sich sehr intensiv verlieben und Freude sehr stark empfinden. Aber so hoch er oftmals fliegt, so tief fällt er auch. Manchmal würde er sich einfach mehr emotionale Stabilität wünschen. Oder zumindest einen Blitzableiter, der ihm einen Teil der Spannung nimmt.

- *Hinderliche Glaubenssätze.* Wir nehmen die Welt nicht objektiv, sondern subjektiv wahr (Beck & Haigh, 2014). Wir sehen sie durch unsere eigene Brille. Diese Brille nennen Psycholog:innen Glaubenssätze. Glaubenssätze enthalten unsere grundsätzlichen Annahmen über die Welt, die anderen und uns selbst. Die Brille, durch die wir die Welt sehen, kann positiv getönt sein (d. h., wir sehen die Welt als einen schönen Ort, erwarten, von anderen gut behandelt zu werden, und finden uns selbst gut, wie wir sind), negativ getönt sein (d. h., wir sehen die Welt als furchtbaren Ort, erwarten, von anderen ausgenutzt zu werden, und können uns selbst nicht leiden) oder irgendetwas dazwischen. Glaubenssätze sind etwas Normales und oft nützlich, denn sie führen dazu, dass wir neuen Situationen nicht unvorbereitet gegenüberstehen. Wir nutzen sie als eine Art Faustregel, die uns eine erste Orientierung gibt, welche Reaktion in einer bestimmten Situation angemessen und hilfreich sein könnte. Glaubenssätze können jedoch auch zu Problemen führen. Zum Beispiel, wenn sie auf Situationen angewendet werden, in denen sie unpassend sind (z. B. wenn man die gleichen Glaubenssätze auf das Berufs- und Familienleben anwendet) oder wenn sie zu extrem und/oder sehr allgemein sind (z. B. „Alle Menschen sind böse.“). Ist das der Fall, führen Grundannahmen zu einer verzerrten Informationsverarbeitung, die die Entstehung von Stress begünstigt und Bedürfnisbefriedigung unwahrscheinlicher werden lässt.

**Beispiel**

Lisas Eltern trennten sich, als sie 9 Jahre alt war. Zuvor hat sie das Auf und Ab ihrer Beziehung miterlebt und erfahren, dass ihr Vater ihre Mutter mehrmals betrogen hat. Vermutlich hat Lisa auch deshalb den Glaubenssatz entwickelt, dass Beziehungen „instabil und nicht verlässlich“ sind. In Beziehungen ist sie daher sehr misstrauisch und es fällt ihr sehr schwer, Nähe zuzulassen. Das führt immer wieder zu Missverständnissen, bei denen ihre Partner sie als distanziert und abweisend wahrnehmen. Obwohl es vor dem Hintergrund ihrer Biografie vollkommen nachvollziehbar ist, warum Lisas Glaubenssatz für sie stimmig ist, führt er in Lisas Erwachsenenleben zu erheblichen Problemen.

- *Schwierigkeiten zu mentalisieren.* Im Verlauf ihres Lebens können Menschen die Fähigkeit entwickeln, sich in andere hineinzuversetzen und dadurch nachzuempfinden, was andere Menschen fühlen und denken (Taubner, Fonagy, & Bateman, 2019). Das ist eine sehr hilfreiche Eigenschaft, die es uns ermöglicht, Mitgefühl zu empfinden, die Motive anderer Menschen zu verstehen und eine emotionale Verbundenheit zu anderen aufzubauen. Zu Schwierigkeiten kommt es, wenn wir zwar davon überzeugt sind, zu wissen, was andere denken und fühlen, unsere Überzeugung jedoch nicht mit den Empfindungen der anderen Person übereinstimmt. In solchen Fällen steigt die Wahrscheinlichkeit von Missverständnissen, haltlosen Vorwürfen und einer Schieflage in der Kommunikation. Manchmal fällt es Personen nicht nur schwer, sich in andere hineinzuversetzen, sondern auch eigene Emotionen wahrzunehmen und eigene

Motive für Handlungen zu verstehen. Ist dies der Fall, besteht ein hohes Risiko, an den eigenen Bedürfnissen vorbei zu leben oder ein wechselhaftes und für andere nicht nachvollziehbares Verhalten zu zeigen.

**Beispiel**

Alexander eckt oft an. Das macht er nicht mit Absicht, aber es passiert. Er tritt häufig in Fettnäpfchen, provoziert ungewollt Kränkungen oder gerät aufgrund von Missverständnissen in Streitigkeiten. In Alexanders Herkunftsfamilie wurde selten über die Gefühle und Gedanken der Familienmitglieder gesprochen. Beinahe nie haben ihm seine Eltern erklärt, warum sie dieses oder jenes machen. Das hat dazu beigetragen, dass es Alexander schwerfällt, die Gefühlslage anderer Menschen richtig einzuschätzen, und dazu, dass er die Motive anderer Personen oftmals fehlinterpretiert. Da er das gerne ändern würde, hat er begonnen, andere aktiv nach ihren Gefühlen und Gedanken, d.h. ihrem inneren Erleben, zu fragen und auch vermehrt über sein eigenes Fühlen und Denken zu sprechen.

Diesen und vielen weiteren Vulnerabilitäten, die die Häufigkeit und Intensität von Stresserleben erhöhen, stehen Resilienzfaktoren (d.h. Schutzfaktoren) gegenüber, die die negativen Auswirkungen von Stress abpuffern.

## 1.5 Resilienzfaktoren

Unter Resilienzfaktoren versteht man Einstellungen, Eigenschaften und Fähigkeiten, die uns helfen, auch unter widrigen Umständen gesund zu bleiben oder schnell wieder gesund zu werden (Kalisch, Müller & Tüscher, 2015). Häufig entwickeln sich diese Resilienzfaktoren ganz nebenbei (z.B. indem man beobachtet, wie die eigenen Eltern mit Problemen umgehen). In anderen Fällen kann man aktiv an seinen Resilienzfaktoren arbei-

ten (z. B. wenn man sich in Akzeptanz übt). Manchmal werden Resilienzfaktoren jedoch auch im Laufe des Lebens verschüttet und müssen erst wieder zu Tage gefördert werden (z. B. wenn Lebensveränderungen dazu geführt haben, dass der Kontakt mit einem eigentlich unterstützenden Umfeld abgebrochen wird). Die Zahl potenzieller Resilienzfaktoren ist groß. Hier drei Beispiele, die sich in der psychologischen Forschung als besonders wichtig herausgestellt haben:

- *Internales Kontrollerleben.* Wer hat die Kontrolle über unser Leben? Menschen mit einem hohen externalen Kontrollerleben haben das Empfinden, dass ihre alltäglichen Erlebnisse entweder vom Zufall abhängen oder von anderen Personen bestimmt werden (Rotter, 1966). Demgegenüber bezeichnet internales Kontrollerleben die Wahrnehmung, die Dinge selbst in der Hand zu haben. Dadurch fällt es Betroffenen leichter, Probleme als lösbar zu betrachten und ihren eigenen Handlungsspielraum zu nutzen. Ebenso fällt es Personen mit einem hohen internalen Kontrollerleben leichter, sich Erfolge oder andere positive Ereignisse selbst zuzuschreiben.

**Beispiel**

Manchmal stürzen Probleme regelrecht auf einen ein und man weiß gar nicht so genau, wo man mit der Lösungssuche anfangen soll. Nina ist jedoch überzeugt: „Handlungsspielräume gibt es immer." Ob im Großen oder Kleinen, sie glaubt, dass man die Dinge beeinflussen kann. Ideen wie Schicksal, Sternzeichen, Vorsehung liegen ihr nicht. Für sie fühlt es sich an, als hätte sie immer mindestens eine Hand am Steuer – und das findet sie gut.

- *Kohärenzgefühl.* Ein hohes Kohärenzgefühl zeichnet sich dadurch aus, dass man erstens die Überzeugung hat, die Dinge um einen herum verstehen und beeinflussen zu können (d. h., man hat eine hohe internale Kontrollüberzeugung), und man zweitens das eigene Leben als sinnhaft und bedeutsam erlebt (Antonovsky, 1987). Nimmt man die Welt als kohärent wahr, ist es leichter, auch widrige Umstände und Begebenheiten als Bestandteil des eigenen Lebensweges zu akzeptieren und ihnen konstruktiv zu begegnen. Dabei geht es weniger um den „großen Sinn", d. h. den Sinn des Lebens im Allgemeinen, sondern um den „kleinen Sinn", d. h. die Sinnhaftigkeit und die Bedeutsamkeit, die man in Bezug auf sein eigenes Leben empfindet.

**Beispiel**

Von außen betrachtet hat Nina ganz schön viel zu tun. Sie ist alleinerziehende Mutter, hat einen körperlich fordernden Job und engagiert sich in einem Hilfsprojekt für Geflüchtete. Doch dieser „Stress" kommt nur selten bei ihr an. Wenn man sie fragt, warum das so ist, antwortet sie meistens: „Das erfüllt mich. Ich habe das Gefühl, ich tue Dinge, die sinnvoll sind."

- *Soziale Unterstützung.* Egal wie groß man den eigenen Einfluss auf die Dinge um sich herum einschätzt, niemand kommt ganz allein klar. Ob in der Familie, im Job, im Verein, in jedem Lebensbereich ist man früher oder später auf die Unterstützung anderer Personen angewiesen. Insbesondere in Krisensituationen, in denen der Stress überhandnimmt, ist die wahrgenommene soziale Unterstützung ein wichtiger Resilienzfaktor, der den Unterschied zwischen vorübergehender Belastung und andauernden Einschränkungen machen kann (Zhou, 2014).

**Beispiel**

Als ihre Tochter nach einer Risikoschwangerschaft als Frühgeburt zur Welt kam, waren Ninas Reserven trotz ihrer Zuversicht und Durchhaltefähigkeit erschöpft. Hätten ihre Eltern und ihre Freundin sie nicht über den ganzen Weg hinweg begleitet, ihr Mut gemacht und ihr beigestanden, hätte sie diese Zeit vermutlich nicht so gut überstanden.

Sind Resilienzfaktoren gering und Vulnerabilitäten stark ausgeprägt, erhöht sich die Wahrscheinlichkeit, dass Stresserleben zur Entstehung einer psychischen Erkrankung führt.

## 1.6 Psychische Erkrankungen

Damit Psycholog:innen und Ärzt:innen von psychischen Erkrankungen sprechen, müssen mehrere Kriterien gleichzeitig erfüllt sein (Rief & Stenzel, 2012; Kring, Johnson, Hautzinger & Brock, 2019):

- Eine Person muss ein Erleben und Verhalten zeigen, das bei ihr oder anderen zu Leiden oder bedeutsamen Einschränkungen im Alltag führt.
- Die betreffenden Erlebens- und Verhaltensweisen werden vor dem soziokulturellen Hintergrund der Person als von der Norm abweichend betrachtet.
- Die Erlebens- und Verhaltensweisen müssen für eine bedeutsame Dauer und mit einer bedeutsamen Intensität vorliegen.
- Die Erlebens- und Verhaltensweisen dürfen nur eingeschränkt durch die Person willentlich steuerbar sein.

Ein Verständnis davon, was man unter psychischen Erkrankungen versteht, fällt aber sicherlich leichter, wenn man sich einige Beispiele anschaut (WHO, 2022):

- *Zwangsstörungen.* Bei Zwangsstörungen handelt es sich um Zweifelkrankheiten (Hoffmann & Hofmann, 2012). Die Betroffenen zweifeln daran, ob sie alle Stecker gezogen haben, ob sie sich mit einer Krankheit angesteckt haben könnten oder ob sie anderen Personen Leid zufügen könnten (obwohl sie dies gar nicht wollen). Diese Zweifel sind mit katastrophalen Befürchtungen verknüpft, z. B. ein nicht gezogener Stecker könnte zu einem Schmorbrand führen, wodurch andere Menschen zu Schaden kommen. Manchmal, wenn auch nicht immer, führen die Zweifel zu Zwangsverhaltensweisen, wie z. B. wiederholtes Kontrollieren oder wiederholtes Händewaschen.
- *Depressionen.* Bei Depressionen fühlen sich die Betroffenen über mehrere Wochen am Stück niedergeschlagen und antriebslos. Sie leiden unter Interessensverlust, können nicht mehr gut schlafen, haben Probleme, sich zu konzentrieren, und ein reduziertes Selbstwertgefühl. Diese Einschränkungen machen es den Betroffenen schwer, Aktivitäten nachzugehen, die ihre Bedürfnisse befriedigen könnten. Häufig grübeln Personen mit Depressionen lang über Probleme nach, ohne eine für sie adäquate Lösung zu finden, dadurch wird das Stresserleben weiter gesteigert.
- *Angsterkrankungen.* Es gibt verschiedene Arten von Angsterkrankungen. Bei allen kommt es zu einem starken körperlichen und emotionalem Angstempfinden. Die Betroffenen versuchen, dieses Gefühl von Angst zu vermeiden, indem sie bestimmten Situationen aus dem Weg gehen oder andere Sicherheitsverhaltensweisen entwickeln (z. B. „Notfallmedikamente“ mit sich führen). Die Ängste können sich unter anderem auf soziale Situationen, Menschenmengen, bestimmte Tiere, die finanzielle Situation oder ähnliches beziehen. Durch das Vermei-

dungsverhalten und die Ängste werden die Handlungsmöglichkeiten der Betroffenen eingeschränkt und so die Befriedigung von Bedürfnissen erschwert. Zudem können mittel- und langfristig neue Stressoren entstehen, z.B. weil die Vermeidung von sozialen Situationen zu Problemen im Berufsleben führen kann.

- *Essstörungen.* Personen, die unter Essstörungen leiden, sind mit ihrem Körpergewicht oder ihrer Körperform sehr unzufrieden. Viele Betroffene erleben große Angst zuzunehmen und versuchen das Zunehmen unter anderem durch eine Reduktion der Nahrungsaufnahme, durch Übergeben oder durch exzessiven Sport zu verhindern. Manche leiden (auch) unter Essattacken, das heißt Impulsdurchbrüchen, bei denen eine viel größere Nahrungsmenge aufgenommen wird, als die Betroffenen es möchten. Im Nachgang sind diese Essattacken häufig mit großem Scham- und/oder Schulderleben verbunden.
- *Abhängigkeitserkrankungen.* Abhängigkeiten von Alkohol, Zigaretten oder illegalen Substanzen sind sehr häufig. Von einem „normalen“ Konsumverhalten unterscheiden sich Abhängigkeitserkrankungen unter anderem dadurch, dass sich die Lebenswelt der Betroffenen auf den Konsum einengt (z.B. wird weniger Zeit mit der Familie verbracht), Betroffene ein starkes Verlangen nach der Substanz verspüren (d.h. Craving), die Substanz trotz negativer Auswirkungen weiter konsumiert wird (z.B. Verlust des Führerscheins) und/oder Betroffene bei Ausbleiben des Konsums Entzugssymptome entwickeln (z.B. Zittern).
- *Schizophrenie.* Die prominentesten (wenn auch nicht einzigen) Symptome der Schizophrenie sind Wahnvorstellungen (z.B. Verfolgungswahn) und Halluzinationen (z.B. Stimmen hören). Darüber hinaus können Betroffene unter Störungen der Selbstwahrnehmung (z.B. das Gefühl, die eigenen Gedanken wären manipuliert), des Willens (z.B. Antriebslosigkeit) und des Affekts (z.B. Gefühllosigkeit) leiden. In akuten Erkrankungsphasen ist den Betroffenen nicht bewusst, dass ihr Empfinden von der Realität abweicht, d.h., sie sind z.B. tatsächlich davon überzeugt, verfolgt zu werden. Das führt häufig zu Verhaltensweisen, die für andere nicht nachvollziehbar sind und Konflikte nach sich ziehen (z.B. sich in der Wohnung verschanzen).

**Hinweis**

Jeder Mensch leidet manchmal unter psychischen Symptomen. Vom Auftreten einzelner Symptome kann nicht ohne Weiteres auf das Vorliegen einer psychischen Erkrankung geschlossen werden. Psychische

Erkrankungen sollten daher nur von Fachpersonen diagnostiziert werden, das heißt von Psychotherapeut:innen, Psychiater:innen oder Angehörigen verwandter Gesundheitsberufe.

Psychische Erkrankungen sind häufig. Im Laufe eines Jahres leiden etwa 30 % der deutschen Bevölkerung unter einer psychischen Erkrankung (Jacobi et al., 2014). Die Zahl der Personen, die unter einzelnen psychischen Symptomen leidet (z. B. Grübeln, Einschlafprobleme, soziale Unsicherheit), ist noch deutlich höher. Alle psychischen Erkrankungen erschweren die Befriedigung von Bedürfnissen und erhöhen die Wahrscheinlichkeit, Stress zu erleben. Umgekehrt gilt das Gleiche: Stress und die Nicht-Befriedigung von Bedürfnissen erhöhen die Wahrscheinlichkeit, eine psychische Erkrankung zu entwickeln und wirken sich auch ungünstig auf die Schwere der Erkrankungen aus. Das komplexe Wechselspiel zwischen diesen Faktoren wird in Abbildung 4 dargestellt.

Psychische Erkrankungen können in den meisten Fällen wirksam behandelt werden. Häufig ist sogar eine Heilung von psychischen Erkrankungen möglich. In anderen Fällen kann zumindest die Schwere der Symptombelastung deutlich gesenkt werden. Behandelt werden psychische

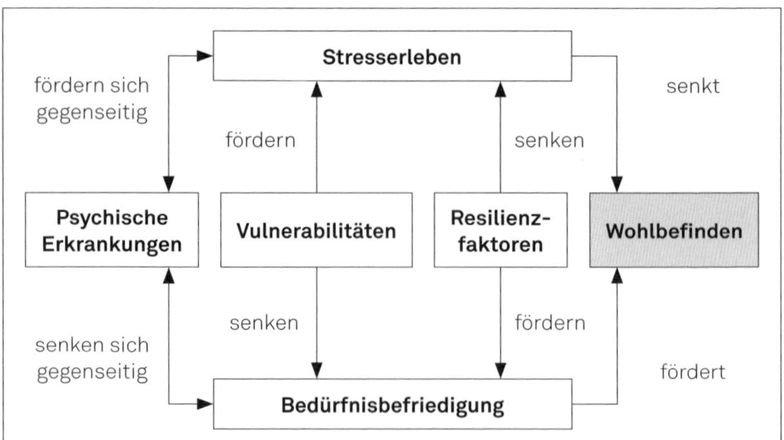


**Abbildung 4:** Die Abbildung stellt zusammenfassend dar, wie Stresserleben und Bedürfnisbefriedigung in Wechselwirkung mit Vulnerabilität, Resilienzfaktoren und psychischen Erkrankungen die Gesundheit beeinflussen.

Erkrankungen in der Regel mit Psychotherapie, mit Psychopharmakotherapie (d.h. Medikamenten) oder mit einer Kombination aus beidem.

**Beispiel**

Seit vier Monaten geht Meike zur Psychotherapie. Am Anfang war sie sich nicht sicher, ob es das Richtige für sie ist. Es war für sie ungewohnt und anstrengend, über sich, ihre Zwänge und deren Entstehungsbedingungen nachzudenken. Inzwischen freut sie sich jedoch auf die Sitzungen. Das liegt daran, dass sie sich von ihrer Therapeutin verstanden fühlt und zum ersten Mal seit Jahren das Gefühl hat, tatsächlich etwas an ihren Zwängen und ihren sonstigen Problemen ändern zu können. Vor drei Wochen hat sie es zum ersten Mal geschafft, das Auto zu verlassen, ohne ihre Kontrollroutine durchzuführen – das war anstrengend, hat sich aber im Nachhinein richtig gut angefühlt. Inzwischen ist es etwa 50 : 50 – in manchen Situationen kontrolliert sie noch, in anderen nicht mehr. Jeden Tag spürt sie, wie viel Zeit und Anspannung es ihr erspart, auf das Kontrollverhalten verzichten zu können. Dadurch hat sie den Kopf für die Dinge frei, die ihr wirklich wichtig sind. An vielen Tagen fühlt sie sich wieder richtig gut.

## 1.7 Aufbau des Buches und Onlinematerialien

Dieses Buch will Sie dabei unterstützen, Ihr Wohlbefinden zu steigern. Dazu werden Wege besprochen, um Grundbedürfnisse zu befriedigen (Kapitel 3) und die Regulation von Stress und Emotionen zu verbessern (Kapitel 4). Darüber hinaus wird besprochen, wie Vulnerabilität gesenkt und Resilienzfaktoren gestärkt werden können (Kapitel 5). Im letzten Kapitel widmen wir uns Hilfsangeboten zur Reduktion bereits bestehender psychischer Erkrankungen (Kapitel 6). Um die Auseinandersetzung mit diesen Inhalten zu erleichtern und Ihnen wertvolle Hintergrundinformationen zur Verfügung zu stellen, widmet sich das nächste Kapitel der lebenszeitlichen Entwicklung von Bedürfnissen, Regulationsfähigkeiten, Vulnerabilität, Resilienzfaktoren und psychischen Erkrankungen (Kapitel 2).

Zu diesem Buch gehören auch Arbeitsblätter, die zum Download zur Verfügung stehen (eine Liste der Arbeitsblätter sowie eine Anleitung zum Download finden sich im Anhang des Buchs). Die Arbeitsblätter greifen im Buch behandelte Themenbereiche auf, wie z. B. den Ausstieg aus Sorgenketten, die Veränderung von dysfunktionalen Glaubenssätzen oder die Förderung von Achtsamkeit. Sie sollen Sie dabei unterstützen, die Buchinhalte in den Alltag zu übertragen. Das heißt, sie sollen Ihnen dabei helfen, Veränderungen anzustoßen, die Bedürfnisbefriedigung und Stressregulation fördern. Um Ihnen die Bearbeitung der Arbeitsblätter zu erleichtern, finden Sie bei den Onlinematerialien neben der Blanko-Version jedes Arbeitsblattes auch eine bereits ausgefüllte Version des Arbeitsblattes, die Ihnen bei der Bearbeitung als Beispiel dienen kann. Sofern möglich, handelt es sich dabei um Beispiele, die Sie in diesem Buch noch kennenlernen werden. So zeigen wir z. B. wie Lotte, die uns in Kapitel 5.5 im Kontext des Kommunikationsquadrats begegnen wird, Arbeitsblatt 15 ausfüllen würde, um die Kommunikationsprobleme mit ihrem Vater zu analysieren.

**Zusammenfassung: Was macht Gesundheit aus?**

- Wohlbefinden wird durch die Befriedigung von Grundbedürfnissen gesteigert und durch Stresserleben gesenkt.
- Fast alle Menschen haben ein Bedürfnis nach Lustgewinn und Unlustvermeidung, Bindung und Zugehörigkeit, Autonomie und Freiheit, Wirksamkeit und Kompetenzerleben, Identität und Selbstverwirklichung.
- Stress entsteht, wenn wir uns bedroht fühlen und wir befürchten, dass unsere Ressourcen nicht ausreichen werden, um die Bedrohung abzuwenden.
- Bedürfnisbefriedigung und Stress sind untrennbar miteinander verbunden. Um Bedürfnisse zu befriedigen, muss Stress oftmals in Kauf genommen werden.
- Jeder Mensch trägt Vulnerabilitäten in sich. Das Ausmaß der Vulnerabilität beeinflusst, wie stark sich Stressoren auf uns auswirken und wie wahrscheinlich psychische Erkrankungen entstehen.
- Jeder Mensch verfügt über Ressourcen und Resilienzfaktoren. Ressourcen und Resilienzfaktoren helfen uns, auch unter widrigen Bedingungen gesund zu bleiben, Stress zu bewältigen und unsere Bedürfnisse zu befriedigen.
- Wird das Stresserleben zu groß, können psychische Erkrankungen entstehen. Psychische Erkrankungen können vor allem mit Psychotherapie und Psychopharmakotherapie effektiv behandelt werden.

# 2 Wie man wurde, wer man ist

Um die Gegenwart zu verstehen und die Zukunft zu planen, hilft es manchmal, einen Blick in die Vergangenheit zu werfen. Aus der Perspektive der Psychologie sind dabei vor allem die Erlebnisse der (frühen) Kindheit und Jugend relevant, da hier Erfahrungen gemacht werden, vor deren Hintergrund alle späteren Erlebnisse verarbeitet werden. Im Vergleich zu anderen Säugetieren haben Menschen die längste Kindheit und Jugend. Während das Erwachsenenalter beispielsweise bei Hunden zwischen dem ersten und zweiten Lebensjahr erreicht wird, ist dies beim Menschen erst am Ende des zweiten Lebensjahrzehnts der Fall. Diese lange Kindheit und Jugend ist keinesfalls ein Nachteil, ganz im Gegenteil: Ihr verdanken wir die Entwicklung unseres komplexen Sozialverhaltens, unserer kognitiven Fähigkeiten und unsere hohe Anpassungsfähigkeit an unterschiedliche Situationen. Außerdem entwickeln wir hier Strategien zur Bedürfnisbefriedigung, Ressourcen und Resilienzfaktoren – aber leider auch Vulnerabilitäten und manchmal sogar psychische Erkrankungen.

## 2.1 Die Grundausstattung

Kinder kommen nicht als unbeschriebenes Blatt zur Welt, sondern mit dem Erbgut ihrer Vorfahren. Viele Eigenschaften von der Körpergröße, über das Temperament bis hin zur Wahrscheinlichkeit, eine psychische Erkrankung zu entwickeln, sind genetisch mitbeeinflusst (Gatt, Burton, Williams & Schofield, 2015). Die genetische Ausstattung trägt einen relevanten Teil dazu bei, dass Kinder auch bei sehr ähnlichen Lebensbedingungen komplett unterschiedliche Persönlichkeiten, Grundannahmen und Regulationsstrategien entwickeln können. Lebensbedingungen sind in der Regel weder vollkommen gut, noch vollkommen schlecht; viel entscheidender ist meistens, wie sehr die Lebensbedingungen zu den individuellen Charakteristika des Kindes passen (Wachs, 2005). Während ein Kind mit einem gehemmten Temperament möglicherweise von viel emotionaler Unterstützung und einer hohen elterlichen Fürsorge profitiert, kann ein Kind mit einem hohem Explorationsdrang und einer großen Offenheit für neue Erfahrungen das gleiche elterliche Verhalten als begrenzend und überprotektiv empfinden.

**Beispiel**

In Jannis Familie treten psychische Erkrankungen gehäuft auf. Sowohl seine Mutter als auch seine Großmutter väterlicherseits litten in der Vergangenheit unter Depressionen. Wie viele andere psychische Erkrankungen auch haben Depressionen eine genetische Komponente. Das heißt nicht, dass man zwangsläufig an Depressionen erkrankt, wenn Eltern oder Großeltern unter Depressionen litten, das individuelle Risiko ist jedoch im Vergleich zu Personen ohne eine solche genetische Veranlagung erhöht.

## 2.2 Die ersten Monate

In den ersten Lebensmonaten stehen die physiologischen Bedürfnisse von Kindern im Vordergrund (z.B. körperliche Nähe und Nahrungsaufnahme). Da Neugeborene sich nicht selbst versorgen können, müssen die Bezugspersonen die Nahrungsaufnahme, die Regulation der Körpertemperatur, der Umgebungslautstärke und viele andere Dinge angemessen gestalten (Trost, 2018). In Abhängigkeit der genetischen Ausstattung, des Temperaments und der Sensibilität brauchen Kinder in dieser Phase mehr oder weniger Stimulation. Obwohl Kinder in diesem Alter auf die Versorgung durch die Bezugspersonen angewiesen sind, sind sie keineswegs komplett passiv. Stattdessen drücken sie ihren Gemütszustand und ihr Bedürfnis nach Versorgung unter anderem durch Strampeln, Blickkontakt, Lächeln und Weinen aus. Die Aufgabe der Bezugspersonen ist es, feinfühlig auf die Signale des Kindes zu reagieren, die Emotionen des Kindes zu spiegeln und ihr Fürsorgeverhalten den ausgedrückten Bedürfnissen anzupassen (Ainsworth, Bell & Stayton, 1974). Feinfühligkeit bezeichnet dabei eine gute Wahrnehmung und ein gutes Verständnis der kindlichen Bedürfnisse sowie die prompte und adäquate Beantwortung dieser Bedürfnisse. Im Verlauf der ersten Lebensmonate entwickeln Säuglinge erste selbstständig anwendbare Regulationsstrategien wie etwa das Lutschen am Daumen oder das Abwenden des Kopfes bei zu hoher Lautstärke. Dennoch werden Kinder noch viele Jahre auf den Schutz und die Co-Regulation durch ihre Bezugspersonen angewiesen sein. Ein wichtiger evolutionärer Faktor, der die Befriedigung kindlicher Bedürfnisse und die Co-Regulation ihrer Emotionen und ihrer Stressverarbeitung sichern soll, ist das Bindungssystem (Bowlby & World Health Organization, 1952).

## 2.3 Die Bindungsphase

Im Englischen kann Bindung sowohl mit *bonding* als auch *attachment* übersetzt werden (VandenBos, 2007). *Bonding* meint die Bindung, die von den Bezugspersonen ausgeht. Dieses Band entwickelt sich in der Regel innerhalb weniger Stunden oder Tage nach der Geburt. *Attachment* meint hingegen die Bindung des Kindes an die Bezugspersonen. Die Entwicklung dieses Bandes dauert länger und etwa ab der zweiten Hälfte des ersten Lebensjahres ist ein selektives Bindungsverhalten des Kindes beobachtbar (Ainsworth, Blehar, Waters & Wall, 1978). Während Kinder zuvor wenig differenziert auf bekannte oder fremde Personen reagiert haben, beginnen sie nun gegenüber unvertrauten Personen zu fremdeln. Zudem beginnen sie bei (subjektiver) Bedrohung oder in ungewohnten und neuen Situationen zunehmend die Nähe zu ihren primären Bezugspersonen zu suchen, in der Hoffnung, dort Schutz und Unterstützung zu finden. Wichtig ist, dass die Bezugspersonen die Suche nach Sicherheit zuverlässig und vorhersagbar beantworten, z. B. indem sie körperliche Nähe anbieten. Ist dies der Fall, können Kinder im Verlauf der ersten Hälfte des zweiten Lebensjahres eine sichere Bindung entwickeln. Stehen Bezugspersonen zu wenig oder zu unzuverlässig als Sicherheitsobjekt zur Verfügung, steigt die Wahrscheinlichkeit, dass Kinder eine unsicher-vermeidende oder unsicher-ambivalente Bindung entwickeln. Erleben Kinder Misshandlung oder (emotionale) Vernachlässigung, erhöht sich die Wahrscheinlichkeit einer desorganisierten Bindung (Duschinsky, 2015).

- *Sichere Bindung* (Ainsworth et al., 1978). Erleben sicher gebundene Kinder Stress, suchen sie Schutz bei ihren primären Bezugspersonen (z. B. Mütter oder Väter). Entfernt sich die Bezugsperson, zeigen sicher gebundene Kinder im Alter zwischen sechs Monaten und zwei Jahren in der Regel deutliche Stresszeichen (z. B. Weinen). Kehrt die Bezugsperson zurück, reagieren die Kinder in der Regel positiv und lassen sich trösten. Bei sicher gebundenen Kindern ist es wahrscheinlicher, dass sie auch als Erwachsene sichere Bindungen aufbauen können. Sicher gebundene Erwachsene können gut Beziehungen eingehen, kommen aber auch damit zurecht, (zeitweise) allein zu sein (Mikulincer & Shaver, 2007). Sie können Stress meistens gut regulieren und Emotionen flexibel und situationsangemessen ausdrücken.

**Beispiel**

Anna wuchs bei ihrer Mutter Heidi auf. Ihre Mutter nahm sich für sie Zeit und hatte ein gutes Gespür für ihre Bedürfnisse. Wenn sie Angst hatte, wurde sie getröstet. Wenn sie Nähe wollte, wurde sie auf den Arm genommen. Wenn sie lächelte, lächelte ihre Mutter zurück. Natürlich gab es auch mal Ärger. Klar, war Anna auch manchmal wütend auf ihre Mutter. Sicher war das alles nicht perfekt – aber es war gut genug. Ausgehend von dieser Beziehung traute sich Anna, ihre Umgebung zu erkunden, Dinge auszuprobieren und (im sicheren Radius ihrer Mutter), ihre Umwelt zu explorieren. Als Erwachsene führte Anna mehrere Jahre eine gute und enge Beziehung mit ihrem Freund Jens. Nach Ende des Studiums, durch die veränderten Lebensbedingungen, passte es dann irgendwann nicht mehr zwischen den beiden. Als sich das Paar trennte, trauerte Anna um die Beziehung. Sie erlebte einen großen Verlust, hielt ihn aus und konnte mit der Zeit wieder nach vorne schauen. Zwei Jahre später, nach einer Phase, in der es ihr mit dem neuen Single-Leben gut ging und sie ihr Bindungsbedürfnis in Freundschaften und durch ihre Familie befriedigt wusste, traf sie ihren heutigen Mann Anton.

- *Unsicher-vermeidende Bindung* (Ainsworth et al., 1978). Unsicher vermeidende Bindungen entstehen am ehesten, wenn Bezugspersonen (überdauernd) wenig auf das Bindungsbedürfnis des Kindes eingehen bzw. für das Kind wenig verfügbar sind. Unsicher-vermeidend gebundene Kinder reagieren in der Regel äußerlich wenig auf den Weggang einer Bezugsperson und zeigen auch wenig sichtbare Reaktion bei deren Rückkehr. Biologische Marker (z. B. das Stresshormon Cortisol) zeigen jedoch, dass die betroffenen Kinder körperlich deutlich gestresst sind (Hill-Soderlund et al., 2008). Sie vermeiden es eher, sich auf Beziehungen einzulassen, und wahren häufig eine gewisse (emotionale) Distanz zu anderen. Man kann diesen Beziehungsstil als Bewältigungsversuch verstehen. Wenn Bezugspersonen es immer wieder unterlassen, kindliche Bedürfnisse zu befriedigen, distanziert sich das Kind zunehmend, um den Schmerz durch die Nicht-Befriedigung seiner Bedürfnisse zu lindern. Eine unsicher-vermeidende Bindung zeigt Zusammenhänge mit einer geringeren psychischen Gesundheit und Merkmalen psychischer Erkrankungen (Zhang et al., 2022).

**Beispiel**

Miriams Kindheit war von elterlichen Streitigkeiten und Krisen geprägt. Sie fühlte sich nicht willkommen, ungeliebt und ungesehen. Als Miriam im Alter von 17 Jahren ihre eigene Tochter Lina zur Welt brachte, war sie gefühlt selbst noch ein Kind und litt unter einer postpartalen Depression. Sie versuchte, für ihre Tochter da zu sein, war aber einfach überfordert. Es fehlte ihr an Erfahrung, Unterstützung und einer eigenen inneren Sicherheit, die sie an ihr Kind hätte weitergeben können. Irgendwann hat sie wahrscheinlich „emotional abgeschaltet“. Sie hat Lina weiter körperlich versorgt, sie gefüttert, sie schlafen gelegt, war aber emotional nicht mehr ansprechbar. Lina hatte zunächst mit verstärktem Schreien und Protest reagiert. Später fielen ihre Reaktionen auf die (vermeintliche) Teilnahmslosigkeit oder emotionale Distanziertheit der Mutter äußerlich nur noch wenig auf. Im Erwachsenenalter fällt es Lina häufig schwer, tiefergehende Beziehungen einzugehen. Sie hat einige Bekanntschaften und wenige Freund:innen. Sie hatte immer mal wieder Beziehungen zu Männern, ist jedoch noch nie mit einem Partner zusammengezogen. Manchmal hat sie das Gefühl, sie sei gar nicht in der Lage, Beziehungen auf die „nächste Ebene“ zu bringen.

- *Unsicher-ambivalente Bindung* (Ainsworth et al., 1978). Wenn Eltern zwar präsent sind, aber häufig unsensibel oder ablehnend auf das Bindungsbedürfnis des Kindes reagieren, erhöht sich die Wahrscheinlichkeit einer unsicher-ambivalenten Bindung. Kinder, die unsicher-ambivalent gebunden sind, reagieren in der Regel mit großem, sichtbarem Stress auf Trennungen von der primären Bezugsperson und lassen sich durch Dritte nur wenig beruhigen. Kehrt die Bezugsperson zurück, zeigen sie ambivalente Verhaltenstendenzen. Einerseits nähern sich die Kinder an, andererseits reagieren sie teilweise wütend und abwehrend auf die Bezugsperson. Im Erwachsenenalter zeigen Personen mit unsicher-ambivalenter Bindung häufig ein hohes Nähe-Bedürfnis und haben ein starkes Bedürfnis nach Rückversicherung bzgl. Der Solidarität und Verlässlichkeit der Beziehung (Mikulincer & Shaver, 2007). Teilweise wirkt das Beziehungsverhalten „anklammernd“. Das anklammernde Verhalten ist dabei ein Bewältigungsversuch der kindlichen Erfahrung, dass Reaktionen der Bezugspersonen unvorhersehbar sind und (vermeintlich) jederzeit eine Zurückweisung des Bindungsbedürfnisses drohen kann. Personen mit starken unsicher-ambivalenten Anteilen haben ein erhöhtes Risiko, an psychischen Störungen zu erkranken, und berichten eine geringere allgemeine Gesundheit und Lebenszufriedenheit (Zhang et al., 2022).

**Beispiel**

Laut seinen Eltern hatte Niko als Kleinkind wohl das, was manche unter einem „schwierigen Temperament“ verstehen würden. Bereits kleine Umweltveränderungen verunsicherten ihn, er hatte Schwierigkeiten durchzuschlafen und schrie in den ersten Lebensmonaten viel. Seine Eltern konnten mit diesen Herausforderungen nur schlecht umgehen und reagierten häufig ablehnend oder wütend auf Nikos kindliche Bedürfnisse. Diese Erfahrungen haben vermutlich dazu beigetragen, dass Niko die überdauernde Wahrnehmung entwickelt hat, in Beziehungen „zu viel“ für andere zu sein und andere zu überfordern. Das verunsichert ihn stark, weshalb er in Beziehungen viel Bestätigung sucht und ein großes Bedürfnis nach Nähe hat. Wenn er mit seinem Freund in Streit gerät oder dieser Zeit für sich möchte, um etwas mit anderen zu unternehmen, reagiert Niko schnell eifersüchtig oder gereizt und äußert Zweifel an der Beziehung – obwohl er sich deren Fortbestehen sehr wünscht.

- *Desorganisierter Bindungsstil* (Duschinsky, 2015). Desorganisierte Bindungsstile können vor allem dann auftreten, wenn Kinder Misshandlung oder Vernachlässigung erfahren haben. Die betroffenen Kinder zeigen bei Trennung und Wiedervereinigung mit Bezugspersonen widersprüchliche (z.B. Annäherung und dann Rückzug) und stereotype Verhaltensweisen (z.B. Wippen mit dem Oberkörper). Teilweise zeigen sie auch *Freezing*-Reaktionen, d.h. Erstarren als eine dissoziative Reaktion, bei der es zu einer Entkopplung der (bewussten) Wahrnehmung und der Motorik kommt. Freezing-Reaktionen treten in der Regel auf, wenn in einer Gefahrensituation weder Kampf noch Flucht möglich sind. Wenn Kinder durch Bezugspersonen Gewalt erfahren haben, befinden sie sich genau in einer solchen Situation, da der:die Aggressor:in zugleich die Person ist, die ihnen eigentlich Schutz bieten sollte. Personen, die im Erwachsenenalter einen desorganisierten Bindungsstil aufweisen, zeigen häufig plötzliche Wechsel von Distanzierungs- und Annäherungsverhalten (Mikulincer & Shaver, 2007). Die damit verbundene Impulsivität und die geringe Vorhersagbarkeit des Verhaltens sind für Beziehungspartner:innen mit großen Herausforderungen verbunden. Häufig resultieren daraus erneute negative Beziehungserfahrungen, die zuvor bestehende Befürchtungen (vermeintlich) bestätigen (z.B. „Ich kann niemandem vertrauen.“). Personen mit einem desorganisierten Bindungsstil haben ein erhöhtes Risiko für Funktionseinschränkungen und Beziehungsstörungen im Erwachsenenalter (Beeney et al., 2017).

**Beispiel**

Mark wuchs mit seinem jüngeren Bruder teilweise bei seiner Mutter und teilweise bei seiner Großmutter auf. Die beiden Brüder waren mit einem Abstand von elf Monaten geboren worden und haben ihre Väter nie kennengelernt. Bei der Geburt von Mark konsumierte seine Mutter seit mehreren Jahren Alkohol und andere Drogen, deren Gebrauch sie auch während der Schwangerschaft nur teilweise unterbrochen hatte. Früh im Leben erlebte Mark Gewalt. Am häufigsten durch seine Mutter, aber auch durch deren wechselnde Partner und seine Großmutter. Im Alter von fünf Jahren wurde bei Mark ein Aufmerksamkeitsdefizit-Hyperaktivitätssyndrom (ADHS), mit neun Jahren eine Störung des Sozialverhaltens und mit 18 Jahren eine emotional-instabile Persönlichkeitsstörung diagnostiziert. Seine Beziehungen waren meist von kurzer Dauer und endeten oft in eskalierenden Streitigkeiten.

Tabelle 1 fasst die Beschreibungen der Bindungstypen prototypisch zusammen (Ainsworth et al., 1978; Duschinsky, 2015; Mikulincer & Shaver, 2007). In der Allgemeinbevölkerung sind etwa 60 % der Kinder sicher gebunden (Clayton, 2019; siehe Abb. 5). Etwa 15 % sind unsicher-vermeidend und etwa 10 % unsicher-ambivalent gebunden. Etwa 15 % der Kinder zeigen einen desorganisierten Bindungsstil. Bei Kindern, die Misshandlung erfahren haben, zeigt sich (wie zu erwarten) ein deutlich geringerer Anteil an sicher gebundenen Kindern (etwa 30 %) und ein deutlich erhöhter Anteil an desorganisiert gebundenen Kindern (etwa 50 %; siehe Abb. 5).

Wichtig ist es hierbei zu betonen, dass Bindungsstile nicht für alle Zeit festgeschrieben sind, sondern sich im Laufe des Lebens verändern können. Auch wenn frühe Beziehungen turbulent oder ungünstig verliefen, können spätere stabile und verlässliche Beziehungen negative Erfahrungen ausgleichen. Umgekehrt gilt jedoch leider auch, dass bei späteren (traumatischen) Beziehungserfahrungen eine Veränderung von einer sicheren Bindung hin zu einer unsicheren oder desorganisierten Bindung ebenfalls möglich ist. So zeigen beispielsweise etwa 20 % der ursprünglich sicher gebundenen Kinder im weiteren Verlauf der Jugend eine Veränderung hin zu einem unsicheren Bindungsstil (Opie et al., 2021). Umgekehrt entwickelt

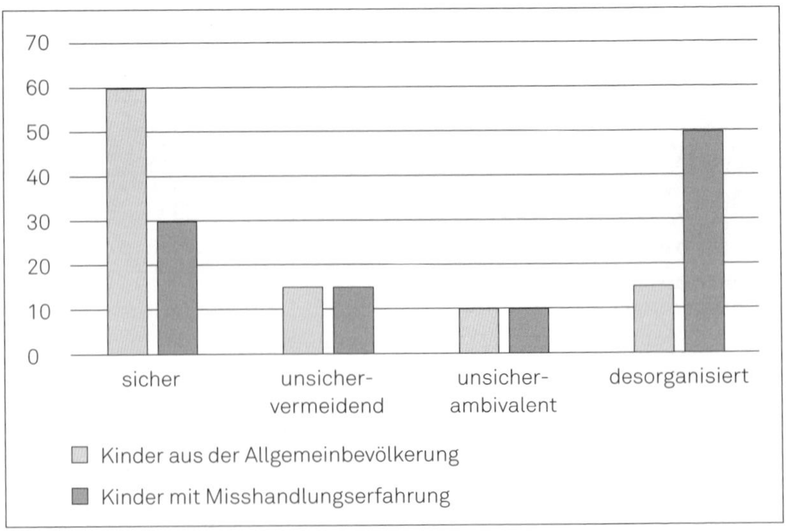


**Abbildung 5:** Die Abbildung zeigt die ungefähre Verteilung von Bindungsstilen bei Kindern in der Allgemeinbevölkerung und bei Kindern mit Misshandlungserfahrung (Clayton, 2019).

**Tabelle 1:** Prototypische Darstellung der Bindungsstile

| | **Sicher** | **Unsicher-vermeidend** | **Unsicher-ambivalent** | **Desorganisiert** |
|---|---|---|---|---|
| **Typische Bindungserfahrung** | Verlässliches und feinfühliges Bindungsangebot. | Habituelle Zurückweisung des Bindungsbedürfnisses des Kindes. Keine feinfühlige, prompte Beantwortung von Bindungsbedürfnissen. | Nicht vorhersagbares Bindungsangebot im Wechsel mit unsensiblen Reaktionen auf Bindungsbedürfnisse. | Bezugspersonen sind entweder eine Quelle von Gefahr oder abwesend (d. h. Trennung von Bezugspersonen). |
| **Typisches Bindungsverhalten im Kindesalter** | Das Kind sucht Sicherheit und Trost bei Bezugspersonen. Stress bei Trennung. Freude bei Wiedervereinigung. | Das Kind vermeidet oft den Kontakt zu Bezugspersonen und sucht wenig Trost bei ihnen. Wenig sichtbare Reaktion bei Trennung und Wiedervereinigung. | Das Kind sucht Kontakt, verhält sich aber gleichzeitig abwehrend und teilweise aggressiv. Starker Stress bei Trennung, ambivalentes Verhalten bei Wiedervereinigung. | Repetitive und teils widersprüchliche Verhaltensmuster. Erstarren *(Freezing)* bei Trennung und Wiedervereinigung. Teils Angst und Flucht vor Bezugsperson. |
| **Typisches Beziehungsverhalten im Erwachsenenalter** | **Nähe und Autonomie sind möglich.** Differenzierte Wahrnehmung von Beziehungen. Hohe emotionale Expressivität, positive Emotionen. | Distanzierter und vermeidender Beziehungsstil. Wenig Nähe. Geringe emotionale Expressivität, reduziertes (positives) emotionales Erleben. **Unteraktivierung des Bindungssystems.** | Hohes Nähe-Bedürfnis. Zweifel an Verlässlichkeit von Beziehungsangeboten. Negativ gefärbtes emotionales Erleben. Hohe Expressivität. **Überaktivierung des Bindungssystems.** | **Wechsel von anklammerndem und vermeidendem Beziehungsverhalten.** Hilflosigkeitserleben und große Schwierigkeiten zu vertrauen. Stark negativ gefärbtes emotionales Erleben. |

sich bei etwa 35 bis 40 % der im Alter von einem Jahr unsicher gebundenen Kinder im weiteren Verlauf ein sicherer Bindungsstil.

**Hinweis**

Die Auseinandersetzung mit eigenen Bindungserfahrungen und die Reflexion über das eigene Bindungs- und Beziehungsverhalten kann hilfreich sein, um sich selbst besser zu verstehen und Beziehungen zukünftig bedürfnisbefriedigender gestalten zu können. Gleichzeitig sind Bindungserfahrungen und Bindungsstile komplexen Wechselwirkungen unterworfen und keinesfalls unveränderlich. Wir möchten Ihnen daher nahelegen, in Beziehungen achtsam mit den eigenen Bedürfnissen und denen anderer umzugehen, können es gleichzeitig jedoch nicht empfehlen, den eigenen Bindungsstil oder den Bindungsstil von anderen auf Basis von Alltagsbeobachtungen selbstständig „diagnostizieren" zu wollen. Dies gilt auch für das Bindungsverhalten von Kindern. Eine entsprechende Diagnostik sollte, sofern indiziert, von Fachpersonen durchgeführt werden.

Der Bindungsphase leicht nachgelagert beginnen Kinder zunehmend Explorationsverhalten zu entwickeln. Das heißt, sie nutzen ihre wachsenden motorischen Fähigkeiten, um sich in vertrauten Umgebungen von der Bezugsperson zu entfernen, um Gegenstände zu erkunden oder mit ihnen zu spielen (Bowlby & World Health Organization, 1952). Der Aufbau eines gesunden Explorationsverhaltens ist ein wichtiger Abschnitt der Autonomieentwicklung, deren nächster großer Schritt in der Trotzphase liegt. Bindungs- und Autonomieentwicklung sind dabei untrennbar miteinander verbunden. Eine sichere Bindung ist eine wichtige Voraussetzung für eine gesunde Ablösung aus der symbiotischen (d.h. stark abhängigen) Beziehung zur primären Bezugsperson. Ist das Bindungsverhalten der Kinder unsicher oder desorganisiert, sind auch Schwierigkeiten bei der Autonomieentwicklung wahrscheinlicher.

## 2.4 Die Trotzphase

Etwa ab der zweiten Hälfte des zweiten Lebensjahres entwickeln Kinder zunehmend ein bewusstes Verständnis von Ursache-Wirkungs-Zusam-

menhängen (Jenni, 2021). Sie verstehen Abläufe und können Ursachen für ihre Gefühle erkennen. Im Zuge dessen entwickeln sie zunehmend ein von den Bezugspersonen unabhängiges Selbst und entdecken den Willen, ihre Umwelt in ihrem Sinne zu beeinflussen. Der Explorationsdrang der Kinder ist groß und die Frustrationstoleranz gering. Deshalb beginnen sie zunehmend, auf Beschränkungen mit Trotz und Wut zu reagieren. Wichtig ist auch hier eine feinfühlige und konsequente Reaktion der Bezugspersonen. Wenn Kinder fremde Grenzen verletzen oder sich selbst in Gefahr bringen, ist Begrenzung wichtig und entwicklungsfördernd (McNeil, Hembree-Kigin & Anhalt, 2010). Gleichzeitig ist es wichtig, dass es Situationen gibt, in denen Kinder die Führung übernehmen können und die Eltern der Führung des Kindes folgen, zum Beispiel beim gemeinsamen Spiel. Durch die zeitgleich stattfindende rasante Entwicklung der verbalen Kommunikation wird es zunehmend möglich, Kindern zu erklären, was wann erlaubt oder verboten ist. Im Zuge dessen ist es zudem wichtig, die kindlichen Gefühle zu validieren. Validieren bedeutet, dass die Bezugspersonen den Kindern authentisch vermitteln, dass ihre Gefühle nachvollziehbar und in Ordnung sind – gerade auch dann, wenn ihren Wünschen nicht entsprochen werden kann (z. B. „Ich verstehe, dass du traurig bist, weil Papa ein paar Tage wegfahren muss. Es ist vollkommen okay, dass du Papa vermisst. Er muss arbeiten, freut sich aber schon darauf, wenn er wieder bei dir ist."). Machen Kinder Erfahrungen, die ihre Gefühle validieren und ihre Autonomie fördern, ist es wahrscheinlich, dass sie den Glaubenssatz entwickeln, einen eigenen Willen zu haben und diesen äußern zu dürfen. Gleichzeitig werden sie lernen, dass aus der Willensäußerung nicht der Anspruch erwächst, dass die Umwelt diesem immer entsprechen muss. Erfährt das Kind keine, nicht vorhersehbare oder aber auch zu viel Kontrolle, erhöht sich die Wahrscheinlichkeit, dass Kinder auch langfristig ein problematisches Verhältnis zu Begrenzungen und ungünstige Glaubenssätze entwickeln. Als am förderlichsten für eine gesunde Entwicklung gilt in vielen Fällen ein autoritativer Erziehungsstil (Baumrind, 1966; Maccoby & Martin, 1983). Das heißt, ein Erziehungsstil, der sowohl von Feinfühligkeit und Wärme als auch durch eine alters- und situationsangemessene Kontrolle durch die Eltern geprägt ist. Dieser Erziehungsstil reduziert sowohl die Wahrscheinlichkeit externalisierender (z. B. Aggressionen, Impulsivität) als auch internalisierender Probleme (z. B. Angst, Depressivität). Fehlt es an Feinfühligkeit bzw. Wärme oder Kontrolle, ist die Wahrscheinlichkeit einer ungünstigen Entwicklung erhöht. Dabei kommt es darauf an, was fehlt: Fehlt Kontrolle, erhöht sich die Wahrscheinlichkeit externalisierender Probleme (Pinquart, 2017a). Fehlt es an Wärme, werden sowohl externalisierende als auch internalisierende Probleme wahrscheinlicher und der Selbstwert des Kindes wird sich wahrscheinlicher negativ entwickeln (Pinquart, 2017a, 2017b; Pinquart & Gerke, 2019). In Tabelle 2 sind die Merkmale autoritativer, verwöhnender, vernachlässigender und autoritärer Erziehung und ihre erwartbaren Folgen schematisch dargestellt.

**Tabelle 2:** Erziehungsstile, Selbstwert und Problementwicklung (Baumrind, 1966; Maccoby & Martin, 1983; Pinquart, 2017a, 2017b; Pinquart & Gerke, 2019)

| | **Niedrige Kontrolle** | **Hohe Kontrolle** |
|---|---|---|
| **Niedrige Feinfühligkeit/ Wärme** | **Vernachlässigend:** Negativer Einfluss auf das Selbstwertgefühl. Erhöhtes Risiko für externalisierende und internalisierende Probleme. | **Autoritär:** Negativer Einfluss auf das Selbstwertgefühl. Erhöhtes Risiko für externalisierende und internalisierende Probleme. |
| **Hohe Feinfühligkeit/ Wärme** | **Verwöhnend:** Schwach positiver Einfluss auf das Selbstwertgefühl. Leicht erhöhtes Risiko für externalisierende Probleme. Kein Zusammenhang mit internalisierenden Problemen. | **Autoritativ:** Positiver Einfluss auf das Selbstwertgefühl. Leicht reduziertes Risiko für externalisierende und internalisierende Probleme. |

## 2.5 Das Vorschulalter

Bereits in der Trotzphase beginnen Kinder vermehrt, auch mit Gleichaltrigen zu spielen (Jenni, 2021). Hierbei handelt es sich jedoch zu großen

Teilen um ein sogenanntes Parallelspiel, d.h., Kinder spielen zwar in der Gegenwart anderer, aber dennoch beschäftigt sich jede:r vor allem mit sich selbst bzw. den Spielsachen. Gegen Ende des dritten Lebensjahres ändert sich dies zunehmend: Die Spiele werden interaktiver, Kinder beginnen, sich Gruppen zugehörig zu fühlen, und Freundschaften entstehen. Das soziale Miteinander wird ab dem vierten Lebensjahr außerdem durch einen Sprung in den sogenannten „Theory of Mind"-Fertigkeiten (TOM-Fertigkeiten) vorangebracht. TOM-Fertigkeiten bezeichnen die Kompetenz, sich in das Denken und Fühlen anderer hineinzuversetzen. Die Entwicklung der TOM-Fertigkeiten in der Kindheit wird in Tabelle 3 skizziert.

**Tabelle 3:** Entwicklung von „Theory of Mind"-Fertigkeiten (TOM-Fertigkeiten; Westby & Robinson, 2014)

| | | |
|---|---|---|
| Vorläufer von TOM-Fertigkeiten | 1,5–2 Jahre | • Kinder bemerken, dass unterschiedliche Menschen unterschiedliche Sachen mögen.<br>• Kinder erkennen, dass sie den emotionalen Zustand anderer mitbeeinflussen können. |
| | 3 Jahre | • Kinder erkennen Ursachen für die Emotionen anderer.<br>• Kinder erkennen, dass das Verhalten anderer durch deren Gedanken und Bedürfnisse motiviert ist. |
| TOM-Fertigkeiten im engeren Sinne | 4–5 Jahre | • Kinder können das Wissen oder Nicht-Wissen anderer Personen bei Perspektivübernahmen berücksichtigen.<br>• Kinder können Vermutungen darüber anstellen, wie sich andere in einer zukünftigen Situation fühlen werden. |
| | Ab 6 Jahren | • Kinder können Vermutungen darüber anstellen, was Person A vermutet, was Person B denken oder fühlen könnte.<br>• Kinder können zunehmend besser verstehen, dass Menschen Dinge sagen, obwohl sie etwas anderes denken oder ausdrücken wollen (z.B. Lügen, Sarkasmus, Metaphern). |

Kinder lernen in dieser Zeit, die Ursachen für das Denken und Fühlen der anderen zu verstehen und somit auch die sozialen Konsequenzen ihres eigenen Verhaltens einzuordnen. Das gibt ihnen die Möglichkeit, implizite und explizite Regeln sozialer Gruppen zu verinnerlichen. Dadurch erweitert sich das Gefühlsspektrum um die Emotionen Scham, Schuld und Stolz (Sappok & Zepperitz, 2019). Sie entwickeln Angst davor, gegen soziale Regeln oder Erwartungen zu verstoßen und dadurch die Wertschätzung wichtiger Personen zu verlieren. Daraus entsteht mit der Zeit das Gewissen, d.h. ein emotionsbetontes Gespür dafür, was richtig und falsch ist. Kinder entwickeln dadurch zunehmend das Bestreben, destruktive Impulse zu unterdrücken und sich angemessen in sozialen Situationen zu verhalten (d.h. entsprechend der jeweiligen Normen). Damit dies gelingt, entwickeln Kinder neue Regulationsstrategien. Zum Beispiel verwenden sie sogenannte Selbstinstruktionen, bei denen sie sich (laut) vorsprechen, was als nächstes zu tun ist (z.B. „Macht nichts. Ich spiel einfach woanders.") oder nutzen positiv besetzte Aktivitäten, um sich von negativen Emotionen abzulenken (z.B. sich mit Freunden treffen). Durch das Verständnis ihrer Mitmenschen und sozialer Gruppen entwickeln Kinder eine erste psychosoziale Identität. Während die Glaubenssätze der Bindungs- und Trotzphase unbewusst entstehen und stark emotional besetzt sind, entstehen im Vorschulalter erste bewusste bzw. versprachlichte Vorstellungen über die Welt, das Selbst und andere (Rudolf, 2014). Diese betreffen in konkreter Weise die täglichen Erfahrungen des Kindes. z.B. „andere sind so und so", „die Welt ist so und so", „ich werde so und so behandelt". Die Kategorien, in denen Kinder denken, sind hierbei häufig noch dichotom bzw. reduzieren die Komplexität der Wirklichkeit. Das heißt, es wird häufig in extremen Kategorien gedacht, z.B. „gut" vs. „böse", „nett" vs. „gemein", „beste Freundin" vs. „blöde Kuh".

## 2.6 Das Grundschulalter

Im Grundschulalter entwickeln Kinder ihre psychosoziale Identität weiter. Das Gespür für „erwünschtes" oder „unerwünschtes" Verhalten wird langsam durch moralische Vorstellungen ergänzt (Sappok & Zepperitz, 2019). Hierbei wird das dichotome Verständnis von „gut" vs. „schlecht" zunehmend realitätsnäher und um Graustufen ergänzt (z.B. „fantastisch“, „sehr gut“, „gut“, „okay“, „schlecht“, „sehr schlecht“, „katastrophal“). Auch die Selbstwahrnehmung wird differenzierter und das Selbstwertgefühl entwickelt sich (Jenni, 2021). Im Zuge dessen lernen Kinder, ihre eigene Leistungsfähigkeit einzuschätzen und nach besseren Leistungen zu streben – sie entwickeln das Bedürfnis als kompetent wahrgenommen zu werden. Im Sport, in der Schule und bei anderen Gruppenaktivitäten rückt ein Wettkampfcharakter in den Vordergrund – Kinder beginnen, vermehrt miteinander zu wetteifern. Einerseits ist es hier wichtig, Kinder zu fördern, zu loben und zu unterstützen. Andererseits passiert es in einer leistungsorientierten Gesellschaft leicht, dass Kompetenz und (Selbst-)Wert gleichgesetzt werden (z.B. „Ich bin besser im Sport, bedeutet ich bin besser/liebenswerter/wertvoller“). Dem kann vorgebeugt werden, indem nicht nur Leistungen im schulischen Sinne oder im Sinne eines Wetteiferns positiv beachtet werden, sondern u.a. auch Kreativität, Bemühen, Empathie, Spiel und Sozialverhalten. Außerdem ist es wichtig, dass Anerkennung, Interesse und Aufmerksamkeit auch unkonditional erfolgen, d.h., dass sie ohne Wenn-und-Aber zur Verfügung stehen (Westby & Robinson, 2014). Zudem ist es für die gesunde Entwicklung des Kompetenz- und Kontrollerlebens bedeutsam, dass Anforderungen an Kinder alters- und entwicklungsangemessen ausfallen, das heißt weder (stark) unterfordernd noch (stark) überfordernd sind. Neben Rückmeldungen der primären Bezugspersonen beginnen Kinder in dieser Zeit, ihr Denken und Verhalten auch an fremden Vorbildern (z.B. Lehrer:innen, Romanfiguren, Filmheld:innen, Sportler:innen) sowie an ihrer Peer-Group auszurichten (z.B. Mitschüler:innen; Sappok & Zepperitz, 2019). Uneigennütziges soziales Verhalten und die Möglichkeit zur Kompromissbildung nehmen bei den Gruppenmitgliedern in diesem Alter zu, jedoch entstehen auch erste Formen von Ausgrenzung (und seltener Mobbing) gegenüber außenstehenden Gleichaltrigen. Gruppenzugehörigkeit und Identität werden nach außen hin u.a. durch Kleidung, Sprache und Freizeitaktivitäten ausgedrückt. Die Angst vor sozialem Ausschluss und das Streben nach Anerkennung bei den Peers werden zu einem zentralen Thema. Gleichzeitig werden

Kinder besser darin, ihre Emotionen internal zu verarbeiten, das heißt, ohne dass die Emotionen nach außen sichtbar werden. Dadurch wird es den Kindern beispielsweise möglich, unangenehme soziale Situationen zu überspielen oder sich selbstbewusster darzustellen als sie eigentlich sind. Auch Streitigkeiten – die in der Trotzphase und teilweise auch im Vorschulalter noch körperlich oder durch Schreien „gelöst" wurden – können nun verbal ausgefochten bzw. ausgehandelt werden.

## 2.7 Adoleszenz

Ein wichtiger Teil der Adoleszenz ist die Pubertät. Eine Lebensphase, in der maßgebliche biologische Veränderungen eintreten, die u.a. zu einem Wachstumsschub, dem Stimmbruch, hormonellen Veränderungen und der Erlangung der Geschlechtsreife führen. Im Zuge der Pubertät kommt es in der Regel zu einem bedeutsamen Anstieg der Impulsivität und der Risikobereitschaft (Steinberg et al., 2008). Die Frustrationstoleranz von Jugendlichen ist teilweise gering und das Bedürfnis nach Verstärkung und Belohnung in der Regel hoch. Begrenzungen des sozialen Systems und (teilweise) des Rechtssystems werden weniger toleriert und vermehrt getestet. Gleichzeitig kommt es zu neuen Herausforderungen und zu starken Veränderungen der Lebenswelt und der sozialen Rollen (Salmela-Aro, 2010). Diese Veränderungen finden u.a. Ausdruck im Beginn einer Ausbildungs- oder Berufstätigkeit, in der Aufnahme erster sexueller Beziehungen, in wachsender finanzieller Unabhängigkeit, in der Erlaubnis, Alkohol zu trinken und Auto zu fahren, sowie in der zunehmenden Abgrenzung vom Elternhaus. Oftmals beginnen Jugendliche im Zuge der Adoleszenz die Frage nach dem Sinn des Lebens zu stellen, d.h. sowohl Fragen nach dem Sinn des Lebens insgesamt als auch dem Sinn des eigenen Lebens im Speziellen. Daraus resultieren häufig Zukunftspläne (z.B. im Hinblick auf das zukünftige Berufsleben oder Umzüge in eine andere Stadt), teilweise resultieren jedoch auch Zukunftsängste und Orientierungslosigkeit. Die im bisherigen Leben vorhandene Ordnung sowie die Regeln und Funktionsweise des eigenen Elternhauses werden kritisch hinterfragt. Die Jugendlichen wenden sich nun oftmals (zumindest vorübergehend) von der Lebensphilosophie der Eltern ab und orientieren ihre Normen und Werte an fremden Vorbildern (z.B. Musiker:innen, Philosph:innen, älteren Peers). Kleidung, Schmuck, Ernährungsweise, Sprachgebrauch usw. werden nicht mehr nur genutzt, um sich selbst einer bestimmten Gruppe zuzuordnen, sondern verstärkt auch, um sich von anderen Gruppen abzugrenzen. Gleichzeitig trübt sich das Selbstbild der Jugendlichen in vielen Fällen ein – Selbstzweifel und Unsicherheiten hinsichtlich der eigenen Identität sind häufig (Baldwin & Hoffmann, 2002; Robins, Trzesniewski, Tracy, Gosling & Potter, 2002). Das heißt, einerseits verändern sich Bedürfnisse (z.B. höheres Bedürfnis nach Freiheit) und andererseits kommen neue Belastungen hinzu (z.B. höhere Leistungsanforderungen). Um damit umzugehen, entwickeln Jugendliche neue Verhaltensmuster und Bewältigungsmechanismen. Viele dieser Entwicklungen sind sowohl kurz- als auch langfristig hilfreich, z.B. den Emotionsausdruck regulieren oder Handlungsimpulse besser hemmen können. Andere Bewältigungsmechanismen sind zwar (vermeintlich) kurzfristig hilfreich, können jedoch mittelfristig zu erhöhtem Stresserleben führen und zur Entstehung von psychischen Erkrankungen beitragen (z.B. Alkohol- und Drogenkonsum, Diäten, körperliche Aggression, Rückzugs- und Vermeidungsverhalten, Ritzen und/oder Selbstüberhöhung).

## 2.8 Entwicklung der Grundbedürfnisse

Selbstverständlich ist die Entwicklung des Menschen mit dem Erreichen des jungen Erwachsenenalters nicht abgeschlossen, sondern setzt sich bis zu dessen Tod fort. Nichtsdestotrotz sind es diese ersten beiden Jahrzehnte, die als wesentlich für die Entstehung von Resilienz und Vulnerabilität gegenüber Stressoren gelten. Denn hier entwickeln sich unter anderem unsere Glaubenssätze, wie auch unsere Fähigkeit, zu mentalisieren und unsere Emotionen zu regulieren. Dabei wird ein Weg beschritten, der von einem Zustand der Abhängigkeit von den primären Bezugspersonen über eine Phase der Co-Regulation, in der Eltern die Stress- und Emotionsregulation maßgeblich unterstützen, bis hin zu einer (weitestgehend) eigenständigen Regulation emotionaler Zustände im jungen Erwachsenenalter führt (Murray, Rosanbalm, Christopoulos & Hamoudi,

**Tabelle 4:** Entwicklung der Grundbedürfnisse über Kindheit und Jugend

| | Grundbedürfnisse | | | | |
|---|---|---|---|---|---|
| **Altersbereich** | **Lustgewinn und Unlustvermeidung** | **Bindung und Zugehörigkeit** | **Autonomie und Freiheit** | **Selbstwirksamkeit und Kompetenz** | **Identität und Selbstverwirklichung** |
| **Erste Lebensmonate** | Primär sind Schutz und Befriedigung physiologischer Bedürfnisse (z. B. Hunger). | Bedürfnis nach körperlicher und sozialer Nähe und Versorgung. | | | |
| **Bindungsphase**<br>**ca. 6 Monate bis 1,5 Jahre** | Kinder können die Nicht-Befriedigung ihrer Bedürfnisse für kurze Zeit selbst regulieren. Die Frustrationstoleranz ist jedoch noch gering. | Kinder entwickeln eine enge Bindung zu einer Bezugsperson. | Es entwickelt sich erstes Explorationsverhalten. | | |
| **Trotzphase**<br>**ca. 1,5 Jahre bis 3 Jahre** | | Kinder lösen sich aus der symbiotischen Beziehung zur Bezugsperson. | Kinder wollen selbst bestimmen, was sie tun, und trotzen bei Begrenzung. | Bedürfnis nach gezielter Beeinflussung der Umgebung. | |

**Tabelle 4:** Fortsetzung

<table>
<tr><th></th><th colspan="5">Grundbedürfnisse</th></tr>
<tr><td>Vorschulalter<br>ca. 3 Jahre bis 6 Jahre</td><td rowspan="2">Kinder lernen zunehmend, ihre eigenen Bedürfnisse zeitweise zurückzustellen. Sie lernen, längere Zeit für die Befriedigung eines Bedürfnisses aufzuwenden.</td><td>Die Zugehörigkeit zu Peers und sozialen Gruppen gewinnt an Bedeutung.</td><td rowspan="2">Kinder entwickeln zunehmend eine Unabhängigkeit von den Eltern und wenden sich vermehrt Peers und Personen außerhalb der Familie zu.</td><td>Kinder orientieren ihr Verhalten zunehmend an sozialen Konsequenzen.</td><td>Kinder beginnen eine psychosoziale Identität zu entwickeln.</td></tr>
<tr><td>Grundschulalter<br>ca. 6 Jahre bis 10 Jahre</td><td>Kinder wollen dazugehören und entwickeln Angst vor sozialem Ausschluss.</td><td>Kinder beginnen, mit anderen zu wetteifern und sich kompetent fühlen zu wollen.</td><td>Entwicklung des Selbstwertgefühls und Identifikation mit sozialen Rollen.</td></tr>
<tr><td>Adoleszenz<br>Ab ca. 10 Jahren</td><td>Streben nach Befriedigung hedonistischer und sexueller Bedürfnisse nimmt zu.</td><td>Knüpfen von stabilen (romantischen) Beziehungen außerhalb der Familie.</td><td>Streben nach Eigenständigkeit und testen von Grenzen.</td><td>Suche nach Sinn und Orientierung. Unsicherheiten über eigene Kompetenz.</td><td>Ein wichtiges Bedürfnis ist die Entwicklung einer eigenen Identität.</td></tr>
</table>

2014). In der beschriebenen Lebensphase erleben Menschen auch eine starke Ausdifferenzierung ihrer Bedürfnisse, die von der Dominanz physiologischer Bedürfnisse in den ersten Lebenswochen bis zu den Bedürfnissen nach Sinn und Orientierung im jungen Erwachsenenalter reicht (Sappok & Zepperitz, 2019). Neu hinzukommende Bedürfnisse ersetzen dabei nicht ältere Bedürfnisse. Vielmehr sind sie als Erweiterung des vorangegangenen Bedürfnisspektrums zu verstehen. Diese resultieren aus:

- einer Weiterentwicklung von Erlebenskompetenzen (z. B. setzt das Bedürfnis nach Kompetenzerleben ein differenziertes Verständnis von Ursachen und Wirkungen voraus),
- sich vergrößernden Verhaltenskompetenzen (um z. B. Explorationsverhalten leben zu können, braucht es die entsprechenden motorischen Fähigkeiten) und
- einer veränderten Alltagswelt (z. B. Beginn der Kindergartenzeit).

Innerhalb dieses Ausdifferenzierungsprozesses, der in Tabelle 4 skizziert ist, lernen Kinder, wie, durch wen und unter welchen Umständen eine Befriedigung oder eine Nicht-Befriedigung ihrer Grundbedürfnisse zu erwarten ist. In Abhängigkeit der jeweiligen Erfahrung entwickeln sie Erlebens- und Verhaltenspläne, die die Bedürfnisbefriedigung möglichst wahrscheinlich machen sollen (Caspar, 2018). Manche dieser Erlebens- und Verhaltenspläne sind funktional und fördern das Wohlbefinden. Andere hingegen sind dysfunktional und erhöhen die Wahrscheinlichkeit von Konflikten, Stressoren und (psychischen) Erkrankungen.

**Hinweis**

Die Relevanz der Kindheit und Jugend für die Entstehung von Gesundheit und Krankheit wird auch u. a. dadurch unterstrichen, dass trotz aller Herausforderungen, die im weiteren Leben noch auf den Menschen zukommen, 50 % der psychischen Erkrankungen vor dem 18. Lebensjahr beginnen (Solmi et al., 2022). Weitere 25 % treten bis zum Ende des jungen Erwachsenenalters mit 35 Jahren erstmalig auf. Zum Vergleich, weniger als 1 % der psychischen Erkrankungen tritt erstmalig nach dem 60. Lebensjahr auf (ausgenommen neurokognitve Erkrankungen wie z. B. Demenzen).

## Zusammenfassung: Wie man wurde, wer man ist

- Die ersten zwei Lebensjahrzehnte sind maßgeblich für die Entstehung von Resilienz und Vulnerabilität gegenüber Stressoren sowie die Ausbildung und Differenzierung von Grundbedürfnissen.
- Im Altersbereich von 6 Monaten bis 1,5 Jahren steht das Bindungsbedürfnis im Vordergrund. Werden Bindungsbedürfnisse feinfühlig und zuverlässig durch Bezugspersonen beantwortet, entwickelt sich häufig ein sicherer Bindungsstil, der mit einer höheren psychischen Gesundheit und einer guten Entwicklung der Emotionsregulation assoziiert ist.
- Auf die Bindungsphase folgt die Trotzphase. In dieser Phase lösen sich Kinder zunehmend aus der symbiotischen Beziehung zur primären Bezugsperson und das Explorationsverhalten gewinnt als wichtiger Teil der Autonomieentwicklung an Bedeutung. Im Zuge dessen testen Kinder ihre Grenzen und entwickeln das Bedürfnis, ihre Umwelt gezielt zu beeinflussen.
- Im Vorschulalter machen Kinder große Sprünge hinsichtlich ihrer „Theory of Mind"-Fertigkeiten (TOM-Fertigkeiten), des Verständnisses sozialer Regeln und der Entwicklung ihrer Emotionsregulation. Vor dem Hintergrund einer wachsenden Reflexionsfähigkeit und des besseren Verständnisses sozialer Systeme beginnt die Entwicklung einer psychosozialen Identität.
- In der Grundschulzeit gewinnt das Bedürfnis an Bedeutung, sich kompetent zu fühlen und von anderen als kompetent wahrgenommen zu werden. Parallel entwickelt sich bei Kindern ein differenziertes Selbstwertgefühl und das Bedürfnis, dieses zu steigern bzw. zu schützen.
- In der Adoleszenz sehen sich Jugendliche mit großen Herausforderungen konfrontiert (u.a. Pubertät). Einerseits machen sie große Sprünge bei der Fähigkeit zur Selbstregulation, andererseits ist die Wahrscheinlichkeit der Ausbildung dysfunktionaler Regulationsstrategien in dieser Phase ebenfalls besonders hoch (z.B. Drogenkonsum). Zentrale Bedürfnisse dieser Zeit sind häufig die Entwicklung von Freiheit und Autonomie gegenüber den Bezugspersonen sowie die Entwicklung einer eigenen Identität und die Beschäftigung mit dem Sinn der eigenen Existenz.
- Im Jugendalter ist das Risiko des erstmaligen Auftretens psychischer Erkrankungen besonders hoch.

# 3 Grundbedürfnisse befriedigen

Die Befriedigung von Bedürfnissen ist es, die unser Wohlbefinden stärkt und uns (psychisch) gesund hält (Grawe, 2003; Ryan & Deci, 2017; Maslow, 1943). Um Grundbedürfnisse zu befriedigen, müssen wir unseren Alltag aktiv gestalten, das Leben mit seinen vielfältigen Herausforderungen annehmen und äußere sowie innere Konflikte bewältigen. In diesem Kapitel betrachten wir zunächst die Befriedigung von Grundbedürfnissen und die damit verbundenen Herausforderungen in verschiedenen Lebensbereichen, bevor wir im Anschluss auf grundbedürfnisspezifische Konfliktthemen eingehen, die uns in der psychotherapeutischen Praxis häufig begegnen.

Zu diesem Kapitel gibt es Arbeitsblätter, die zum Download zur Verfügung stehen (eine Liste der Arbeitsblätter sowie eine Anleitung zum Download finden sich im Anhang des Buchs). Die Arbeitsblätter können Ihnen helfen, die Buchinhalte in den Alltag zu übertragen.

## 3.1 Grundbedürfnisse in verschiedenen Lebensbereichen

Familie, Beruf und Freizeit (inkl. Freunde und Bekannte) werden von den meisten Menschen als die zentralen Lebensbereiche benannt (European Values Study, 2021). Auf den nachfolgenden Plätzen finden sich Spiritualität und Religiosität sowie politisches und gesellschaftliches Engagement. Die größte Chance auf eine nachhaltige und krisenfeste Bedürfnisbefriedigung entsteht, wenn man Zeit und Ressourcen auf mehrere Lebensbereiche verteilt, statt nur auf eine Säule zu bauen (siehe Abb. 6).

Für eine Auseinandersetzung mit der Befriedigung Ihrer Grundbedürfnisse in verschiedenen Lebensbereichen können Sie die Arbeitsblätter 1 bis 3 nutzen:

**Abbildung 6:** Um überdauernd die Befriedigung unserer Bedürfnisse sicherzustellen und mit Veränderungen und Stressoren in zentralen Lebensbereichen gut umgehen zu können, ist es hilfreich, den Alltag nicht nur auf einen Lebensbereich aufzubauen, sondern mehrere Bereiche zu integrieren.

- Arbeitsblatt 1: Grundbedürfnisse in verschiedenen Lebensbereichen – Status quo
- Arbeitsblatt 2: Veränderungsmöglichkeiten bezüglich Bedürfnissen
- Arbeitsblatt 3: Veränderungsmöglichkeiten bezüglich Lebensbereichen

Einzelne Bedürfnisse stehen oftmals im Mittelpunkt bestimmter Lebensbereiche (z. B. Familie: Bindung, Beruf: Kompetenzerleben). Dabei sollte aber nicht übersehen werden, dass alle Grundbedürfnisse in allen Lebensbereichen Bedeutung haben und in allen Lebensbereichen adressiert werden können (z. B. können auch am Arbeitsplatz wichtige Bindungen entstehen). Im Nachfolgenden wollen wir die Befriedigung der Grundbedürfnisse in den drei großen Lebensbereichen Familie, Beruf und Freizeit näher betrachten.

## 3.1.1 Familie

### Bindung und Zugehörigkeit

Das Zusammenleben und die Beziehungen innerhalb von Familien können eine Quelle von Bindung und sozialer Zugehörigkeit sein. Gleichzeitig wäre es ein Fehlschluss, davon auszugehen, dass Familien das Bindungsbedürfnis ganz automatisch befriedigen. Stattdessen müssen auch in Familien Zeit und Ressourcen investiert werden, um einen Zusammenhalt zwischen den Familienmitgliedern erfahrbar zu machen. Gefördert werden kann dieser Zusammenhalt beispielsweise durch:

- gemeinsame Routinen (z. B. gemeinsame Essenszeiten),
- ein Miteinander bei Freizeitbeschäftigungen (z. B. gemeinsames Sporttreiben),
- Gespräche über Zukunftspläne (z. B. Planung gemeinsamer Urlaube im kommenden Jahr),
- Exklusivität gegenüber anderen Beziehungen (z. B. geteilte Geheimnisse),
- Austausch über innere Zustände und Gefühle (z. B. Gespräche über Ängste und Sorgen),
- Solidarität im Innen und im Außen (z. B. einander bei Konflikten beistehen),
- körperliche Nähe (z. B. eine Umarmung zur Begrüßung),
- Überraschungen und Geschenke (z. B. beim Einkauf die Lieblingseissorte mitbringen),
- sprachliches Verdeutlichen von Zusammengehörigkeit (z. B. von „wir" und „uns" sprechen),
- Interesse am Alltag der Familienmitglieder (z. B. Gespräche über Aktuelles aus der Schule).

### Autonomie und Freiheit

Ebenso wichtig wie Bindung und Zugehörigkeit ist es jedoch, auch in Familien Raum für Autonomie zu schaffen. Lässt man Zugehörigkeit und Autonomie zu Widersprüchen werden, fördert dies die Entstehung von emotionaler Distanz und des Bedürfnisses, aus dem System auszubrechen. Das ist in romantischen Beziehungen der Fall, aber vor allem auch bei Jugendlichen, zu deren zentralen Entwicklungsaufgaben es gehört, selbstständig zu werden und Freiheiten zu gewinnen. Ist das Bedürfnis nach Bindung und Zugehörigkeit gewahrt, kann Autonomie zum Beispiel gefördert werden, indem

- man neben einem gemeinsamen auch einen eigenständigen Freundeskreis hat,
- man Geheimnisse voreinander haben darf,
- die Wochenplanung Zeiträume vorsieht, in denen man allein eigenen Interessen nachgeht,
- man Hobbys hat, an denen sich Familienmitglieder nicht beteiligen,
- der gemeinsame Lebensraum individuelle Rückzugsorte vorsieht,
- es gegenseitig respektiert wird, wenn man für eine gewisse Zeit allein Ruhe finden möchte,
- nicht immer ein Konsens hergestellt werden muss, sondern auch unterschiedliche Meinungen nebeneinanderstehen dürfen,
- körperliche Grenzen gegenseitig respektiert werden,
- Entscheidungen auf Augenhöhe getroffen werden.

**Beispiel**

Lena und Judith haben sich auf der Arbeit kennengelernt und sind seit zwei Jahren ein Paar. Anfangs war es großartig und aufregend, sich auf der Arbeit zu sehen und immer öfter nicht nur den Tag, sondern auch die Nacht gemeinsam zu verbringen. Lena hat sich auch auf Judiths Hobbys eingelassen und begann, regelmäßig mit ihr bouldern zu gehen. Seit die beiden zusammengezogen sind, wird es Judith jedoch immer wieder zu eng. Zunächst hat sie sich nicht getraut, mit Lena darüber zu sprechen, da sie Angst hatte, Lena könnte annehmen, dass sie an ihrer Beziehung zweifele. Das war jedoch nicht der Fall und sie wollte Lena auf keinen Fall verletzen oder verunsichern. Gleichzeitig war sie es nicht gewohnt, 24/7 Zeit mit einer Person zu verbringen, und merkte, dass sie immer öfter genervt auf Gespräche mit Lena reagierte. Als Lena eines Tages ansprach, dass sie das Gefühl habe, dass etwas zwischen ihnen stehe, sprach Judith erstmals offen mit ihrer Partnerin über ihr Empfinden. Lena war zunächst irritiert, konnte aber auch nachvollziehen, was Judith empfand. Gemeinsam beschlossen sie, dass es wahrscheinlich für ihre Beziehung besser sei, wenn sie darauf achten würden, zukünftig nicht mehr an den gleichen beruflichen Projekten zu arbeiten. Darüber hinaus vereinbarten sie, dass sie ihre Freizeit zumindest ab und an wieder eigenständig verbringen würden.

## Identität und Selbstverwirklichung

Für viele Menschen ist ihre familiäre Herkunft fest mit ihrer Identität verwoben. Der Ort, an dem man als Kind gelebt hat; die Sprache, die man gesprochen hat; die typischen Gerichte, die gekocht wurden, sowie viele andere Dinge sind fest mit den Erinnerungen und Gefühlen der Kindheit und Jugend verknüpft. Ist diese Zeit positiv besetzt, kann das eigene Identitätsgefühl gestärkt werden, indem man wichtige Aspekte der Kindheit und Jugend auch als erwachsene Person im Alltag reaktiviert, z.B. durch Kindheitsfotos, die Wahl des Wohnorts, die Gestaltung von (religiösen) Feiertagen. Ist die eigene Kindheit und Jugend (teilweise) negativ besetzt, kann es hingegen zielführend sein, sich in der Gestaltung solcher Aspekte (teilweise) vom eigenen Elternhaus abzugrenzen und einen eigenen Einrichtungsstil, eine neue Art zu kochen und eigene Traditionen zu entwickeln. Wichtig ist es dabei zu betonen, dass es in der Regel nicht hilfreich ist, die eigene Vergangenheit vollständig aus seinem Leben verbannen zu wollen, da deren Einfluss auf die eigene Entwicklung niemals vollständig abgestreift werden kann – häufig ist eine Integration von Altem und Neuem hilfreicher (vgl. auch die Erläuterungen im Kapitel 3.2 „Grundbedürfnisspezifische Konfliktfelder“). Doch nicht nur die Ursprungsfamilie, sondern auch Partner:innen und Kinder sind, sofern vorhanden, häufig ein bedeutsamer Teil der eigenen Identität. Das Etablieren gemeinsamer Traditionen und Routinen (z.B. Feiertage, Abendessen), geteilte Lebensziele (z.B. berufliche Ziele aufeinander abstimmen), das gemeinsame Sammeln von Erinnerungen (z.B. Fotowand), das Teilen eines Nachnamens und viele andere Dinge können die eigene individuelle Identität um eine geteilte familiäre Identität bereichern. Insbesondere Kinder, ob eigene oder im Familien- oder Freundeskreis, können das Spektrum der bisherigen sozialen Rollen erweitern und Aspekte der eigenen Identität erfahrbar machen, die zuvor vielleicht weniger zugänglich waren (z.B. fürsorgliche, schützende und verspielte Selbstanteile).

## Lustgewinn und Unlustvermeidung

Auch das Sammeln schöner und lustvoller Momente spielt im familiären Kontext eine große Rolle. Die Möglichkeiten der Bedürfnisbefriedigung reichen vom Ausleben der Sexualität oder geteilten Freizeitaktivitäten in Paarbeziehungen über Familienurlaube und Spielabende mit Kindern bis hin zum gemeinsamen Abendessen oder dem gemeinsamen Entspannen bei einer Tasse Kaffee auf dem Balkon. Doch nicht nur beim Lustgewinn, sondern vor allem auch beim Umgang mit unlustvollen Erfahrungen ist das Familiensystem oft bedeutsam. Denn auch wenn die Fähigkeit zur Selbstregulation über das Kindes- und Jugendalter wächst, sind auch Erwachsene immer wieder auf Co-Regulative und Unterstützung durch Bezugspersonen angewiesen (Murray et al., 2014). Dem Familiensystem kommt hier eine zentrale Rolle zu und ein akzeptierender und feinfühliger Umgang mit aversiven, emotionalen Zuständen von Familienmitgliedern kann ein wesentlicher Bestandteil einer erfolgreichen Stressbewältigung sein. Co-Regulation kann dabei u. a. durch das Spenden von Trost (z. B. in den Arm nehmen), das gemeinsame Ertragen der Welt (z. B. einfach nur zuhören), die Unterstützung eines Perspektivwechsels (z. B. Einbringen neuer Informationen oder eigener Erfahrungen) oder aktive Hilfe bei der Problemlösung erfolgen (z. B. Ratschläge, Übernahme von Verantwortung).

## 3.1.2 Berufsleben

### Autonomie und Freiheit

Der Beruf bzw. das Studium oder die Ausbildung nehmen bei vielen Personen einen großen Teil ihres Alltags ein. Dabei ist das Berufsleben sowohl eine Quelle von Stress als auch eine Möglichkeit zur Bedürfnisbefriedigung. Denn einerseits ist der berufliche Alltag häufig mit Einschränkungen der Autonomie und der Freiheit verbunden. Unter anderem, weil er meist mit einem Verstärkeraufschub (d. h. einem zeitlichen Abstand zwischen dem Erbringen einer Leistung und der nachfolgenden Bezahlung), Hierarchien (d. h., manche Personen sind möglicherweise weisungsbefugt gegenüber anderen) und der Notwendigkeit des Einhaltens beruflicher und sozialer Regeln (d. h. professionellem Verhalten) einhergeht. Andererseits leistet der Beruf durch die mit ihm verbundene finanzielle (Teil-)Unabhängigkeit von den Eltern, dem Sozialsystem und/oder Partner:innen sowie der daraus resultierenden Möglichkeit einer autarken Lebensführung einen wichtigen Beitrag zum Autonomieerleben. Oft ist es erst ein regelmäßig erwirtschaftetes eigenes Einkommen,

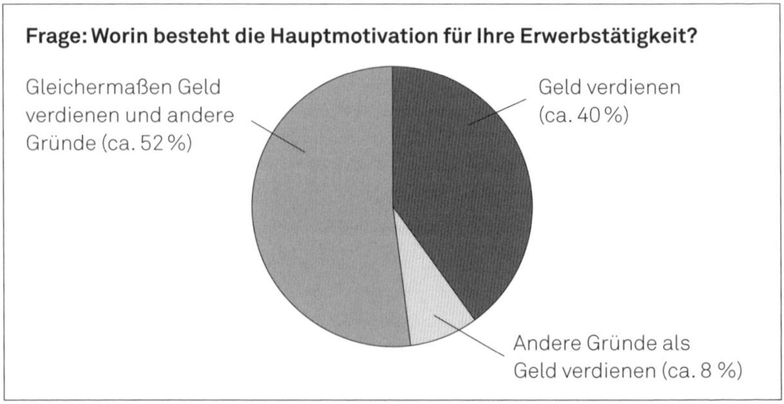


**Abbildung 7:** Etwa 60 % der Erwerbstätigen geben an, dass (auch) andere Gründe als die Notwendigkeit, Geld zu verdienen, ihre Hauptmotivation sind, zu arbeiten (DIW-Berlin, 2014).

das eine eigenständige Haushaltsführung, Mobilität und die Entwicklung eines unabhängigen Lebensstils ermöglicht. Für viele Menschen ist die Berufstätigkeit jedoch nicht nur ein Mittel, um Einkommen zu generieren, das dann in anderen Lebensbereichen lohnend verwendet werden kann (siehe Abb. 7), sondern trägt auch auf andere Weise (un)mittelbar zur Bedürfnisbefriedigung bei (DIW-Berlin, 2014). Von besonderer Relevanz sind dabei sicherlich die Bedürfnisse nach Selbstwirksamkeit und Kompetenz.

## Selbstwirksamkeit und Kompetenz

Bedürfnisse nach Kompetenzerleben und Selbstwirksamkeit werden am ehesten befriedigt, wenn das Gefühl entsteht, den Beruf gut auszuführen, den Berufsalltag aktiv mitzugestalten und/oder messbare Erfolge zu erzielen. Sie werden depriviert, wenn man negative Rückmeldung zur beruflichen Leistung erhält, das Gefühl hat, dass Entscheidungen über den eigenen Kopf hinweg getroffen werden, oder man den Eindruck gewinnt, die Ergebnisse der eigenen Bemühungen werden (von anderen) nicht anerkannt. Möglichkeiten, Kompetenzerleben und Selbstwirksamkeit im Berufsleben zu erfahren bzw. zu steigern, sind daher u.a.

- die Teilnahme an Fort- und Weiterbildungen (d.h. Steigerung des Kompetenzniveaus bzw. Erschließung weiterer Aufgabenfelder),

- die Nutzung vorhandener Entscheidungsspielräume (z. B. Einbringung von Expertise bei Projektplanungen),
- (angemessene) Übernahme von Verantwortung (z. B. Arbeitsabläufe mitstrukturieren oder, sofern möglich, Treffen eigenständiger Entscheidungen),
- das Engagement in betrieblichen Ämtern (z. B. Betriebsrät:innen) oder Funktionen (z. B. Ersthelfer:innen),
- die Unterstützung von (jüngeren bzw. unerfahreneren) Kolleg:innen (z. B. Praxisanleitung oder Interessensvertretung gegenüber Vorgesetzten),
- das Verfolgen (selbstgewählter) Karriereziele (z. B. Vorarbeiter:in, Stationsleitung),
- das Setzen (selbstgewählter) Ziele im Berufsalltag (u. a. Leistungsziele, wie z. B. Produktionsmenge, oder soziale Ziele, wie z. B. Kontakt zu Kolleg:innen pflegen),
- das Messbar- bzw. Erlebbar-Machen des eigenen Arbeitsfortschritts (u. a. anderen vom eigenen Arbeitsalltag berichten, Arbeitsfortschritte visualisieren, z. B. Protokollierung von erledigten Aufgaben).

**Beispiel**

Obwohl Joachim seinen Beruf als Sozialarbeiter grundsätzlich sehr mag, wurde er in den letzten Jahren immer unzufriedener. Er verdiente zwar ausreichend und die Kolleg:innen waren nett, aber er hatte das Gefühl, auf der Stelle zu treten. Das Kliniksystem, in dem er arbeitete, ließ ihm wenig Gestaltungsspielräume, und er hatte in Teambesprechungen den Eindruck gewonnen, dass Änderungsimpulse nicht wirklich gewünscht waren. Daher kündigte er vor etwa einem Jahre seine Stelle in einer Klinik für psychosomatische Rehabilitation und wechselte zu einer neuen Stelle in der Kinder- und Jugendhilfe. Das war für ihn mit erheblichen beruflichen Umstellungen verbunden, da die Arbeitsroutinen an seiner neuen Stelle deutlich von der Arbeit in der Klinik abwichen. Sicherlich nahm dadurch das Stressniveau in den ersten Monaten deutlich zu. Doch die Einarbeitung in ein neues Themenfeld, die Fortbildungen, die er besuchen konnte, und die größeren Entscheidungsfreiheiten in der Ausgestaltung seiner Arbeitstätigkeit gaben ihm zum ersten Mal seit Jahren das Gefühl, wieder richtig am Ball zu sein und sich vorwärtszubewegen. Und das fühlte sich ungemein gut an.

## Identität und Selbstverwirklichung

Je größer das Engagement und das Kompetenzerleben im beruflichen Alltag sind, desto wahrscheinlicher wird der eigene Beruf als sinn- und identitätsstiftend erlebt. Umgekehrt wird die Wahrscheinlichkeit eines hohen beruflichen Engagements wachsen, wenn man den eigenen Beruf als bedeutungsvoll erlebt. Die identitätsstiftende Wirkung des Berufs (in unserer westeuropäischen Kultur) sieht man auch daran, wie in unserer Gesellschaft über Berufe gesprochen wird. Zum Beispiel: Ich bin Bäcker:in. Ich bin Psychotherapeut:in. Ich bin Altenpfleger:in. Ich bin Comedian. Ich bin Lehrer:in. Sprachlich setzen wir uns häufig mit unserem Beruf gleich – er teilt uns eine soziale Rolle zu. So sind die Autor:innen dieses Buches, je nach Lebensbereich, zwar vieles, u.a. Kinder, Lebenspartner:innen, Hundliebhaber:innen, wenn wir jedoch mit unseren Patient:innen im Therapieraum sind, sind wir (vor allem) Psychotherapeut:innen. Der Beruf ist (in diesem Moment) ein Teil der Identität, die andere und wir selbst bei uns wahrnehmen. Daher ist die Berufsausübung (bei vielen Menschen) eng mit der eigenen Identitätswahrnehmung verbunden – mit allen Vor- und Nachteilen, die dies haben kann (Vanhove & Herian, 2015). Verspürt jemand das Bedürfnis, die sinn- und identitätsstiftende Wirkung des eigenen Berufs stärker erleben zu wollen, können vielleicht die folgenden Fragen bzw. Ansätze hilfreich sein:

- Welche Funktion erfüllt die eigene Tätigkeit für die Allgemeinheit? Praktisch alle Berufe gehen mittelbar oder unmittelbar mit einem gesellschaftlichen Nutzen einher. Wie ist es bei Ihnen? Sind Sie zum Beispiel direkt oder indirekt daran beteiligt, dass bei anderen das Essen auf den Tisch kommt, weil Sie z.B. im Supermarkt, in der Landwirtschaft, in einem Restaurant arbeiten? Tragen Sie dazu bei, dass andere Leute ihrer (vermutlich ebenfalls sinnvollen) Arbeit nachgehen können, weil Sie z.B. Menschen als Busfahrer:in zum richtigen Ort bringen, als Personalsachbearbeiter:in die organisatorischen Rahmenbedingungen schaffen oder als Berufsschullehrer:in Arbeitskräfte von morgen ausbilden? Helfen Sie dabei, den Alltag sicherer zu machen, weil Sie z.B. in der Stadtplanung, bei der Feuerwehr oder als Fluglots:in angestellt sind? Sich den Nutzen der beruflichen Tätigkeit und der dadurch eingenommenen gesellschaftlichen Rolle bewusstzumachen bzw. gezielt darauf hinzuwirken, den gesellschaftlichen Nutzen der eigenen Tätigkeit zu vergrößern, kann helfen, die subjektive Bedeutsamkeit der Berufstätigkeit zu steigern.

- Welche Eigenschaften meiner Person sind im Berufsalltag besonders gefragt oder können im Zuge meiner beruflichen Tätigkeit weiterentwickelt werden? Häufig erleben wir berufliche Tätigkeiten dann als identitätsstiftend, wenn sie uns entweder wie auf den Leib geschneidert sind oder wir durch sie neue Aspekte unserer Persönlichkeit entdecken bzw. (weiter)entwickeln können. Wie ist das bei Ihnen? Welche Ihrer Eigenschaften passt perfekt zu Ihrem Beruf? Welche Ihrer Eigenschaften konnten Sie durch Ihren Beruf entdecken oder (weiter)entwickeln? Ist es Ihre Gewissenhaftigkeit, die dazu beiträgt, dass alles zur richtigen Zeit am rechten Platz ist? Ihr aufgewecktes, freundliches Gemüt, das sie durch den Tag trägt und Ihren Kolleg:innen/Patient:innen/Kund:innen ein gutes Gefühl gibt? Oder Ihre Standhaftigkeit und Härte, die Ihnen hilft, Gegenwind auszuhalten und schwierige Entscheidungen zu treffen? Sich selbst Entwicklungsziele zu setzen, den Beruf als Förderer von (persönlich wichtigen) Eigenschaften zu sehen oder den Berufsalltag so gestalten zu können, dass er möglichst gut mit eigenen Einstellungen und Persönlichkeitsfacetten harmoniert, können hilfreiche Wege sein, den Beruf zu einer wichtigen Quelle der Identitätsentwicklung werden zu lassen.
- In manchen Lebensphasen findet man sich möglicherweise in einem Beruf wieder, dessen allgemeinen Nutzen man eher gering einschätzt und der möglicherweise wenig zur Entwicklung der eigenen Persönlichkeit beiträgt. In diesen Fällen kann dem Berufsalltag möglicherweise Sinnerleben abgetrotzt werden, indem man sich die Frage stellt, welche Werte oder Ziele einem in anderen Lebensbereichen wichtig sind? Zum Beispiel Umweltschutz, Familie, gegenseitige soziale Rücksichtnahme. Die nächste Frage könnte dann sein, wie man diese (bedeutsamen und sinnhaften) Werte und Ziele im eigenen Berufsalltag realisieren kann. Zum Beispiel: Wie können Sie dazu beitragen, die Berufstätigkeit „grüner" zu gestalten? Können Sie zur Familienfreundlichkeit an Ihrem Arbeitsplatz beitragen? Können Sie Kolleg:innen entlasten bzw. können Sie sich gegenseitig besser unterstützen? Auf diese Weise gelingt es vielleicht, den (eigentlich als wenig sinnhaft erlebten) Berufsalltag mit subjektiv wertvollen Handlungen anzureichern. Sind Gestaltungsspielräume auf dem Arbeitsplatz größer (z.B. wenn Sie eine Führungsposition innehaben), können Sie natürlich darüber hinaus überlegen, welche Maßnahmen dazu beitragen könnten, dass Ihre Abteilung/Ihr Unternehmen insgesamt die entsprechenden Werte und Ziele effektiver verfolgt.

## Bindung und Zugehörigkeit

In vielen beruflichen Kontexten sind Kooperation und Vertrauen notwendige Voraussetzungen, um (gemeinsame) Ziele zu erreichen. Das Zusammengehörigkeitsgefühl, das zwischen den Mitgliedern eines Teams herrscht und es zu mehr als einem losen Nebeneinander von Individuen macht, nennen Psycholog:innen „Gruppenkohäsion". Gruppenkohäsion trägt sowohl bedeutsam zu einer Steigerung des berufsbezogenen Wohlbefindens und des Teamerfolgs als auch einer Reduktion des Stresserlebens bei (Vanhove & Herian, 2015; Grossman, Nolan, Rosch, Mazer & Salas, 2022). Es liegt in der Natur der Sache, dass eine Steigerung der Gruppenkohäsion nicht einseitig möglich ist, sondern eine gemeinsame Aufgabe darstellt. Daher kann man als Individuum (egal ob Vorgesetzte:r oder Angestellte:r) eine höhere Gruppenkohäsion nicht erzwingen, sondern höchstens förderliche Angebote schaffen. Zu solchen Angeboten gehörten u.a.

- das gemeinsame Verabreden zu Pausen (z.B. zum Mittagessen, zu einer Tasse Kaffee, zu einem aktivierenden Spaziergang),
- das Setzen gemeinsamer (Entwicklungs-)Ziele, aus denen sowohl das Team- bzw. das Unternehmen als auch der:die Einzelne Vorteile ziehen kann (z.B. gemeinsame Fortbildungen, erfolgsabhängige Prämien),
- die Einführung von Team-Traditionen (z.B. Willkommens-Rituale für neue Teammitglieder, Kuchen zum Geburtstag),
- wechselseitige Unterstützung (z.B. Vertretungen übernehmen, bei hoher beruflicher Belastung aushelfen, Fahrgemeinschaften),
- der Austausch von privaten Informationen (z.B. Sommerurlaube, Hobbys, Lebenswege; natürlich unter Wahrung der Grenzen der anderen Personen),
- Team-Building-Maßnahmen (z.B. Teamausflüge, Supervision).

Die Qualität der beruflichen Beziehungen hat häufig einen großen Einfluss darauf, ob der beruflichen Tätigkeit mit Vergnügen oder Unlust nachgegangen wird. Doch die Lust an der beruflichen Tätigkeit kann auch aus anderen Quellen resultieren. Das kann u.a. der Fall sein, wenn der

Beruf mit Aktivitäten verbunden ist, die als unmittelbar verstärkend erlebt werden (z. B. ein:e Musikliebhaber:in hat auch beruflich mit Musik zu tun), oder wenn die Ausübung der Tätigkeit (un)mittelbar zu positiven Konsequenzen führt (z. B. auf eine musikalische Performance hin reagiert das Publikum mit Applaus). In vielen anderen Fällen kann zumindest versucht werden, das berufliche Unlusterleben möglichst stark zu reduzieren. Obwohl einige berufliche Aktivitäten zwangsläufig mit Anstrengungen oder unangenehmen Aspekten einhergehen, können manchmal bereits kleine Veränderungen zu einer erheblichen Reduktion beruflicher Belastungen beitragen (z. B. Veränderungen der Pausengestaltung, ergonomisch geformte Sitzmöglichkeiten, adäquate Beleuchtung). Diese Spielräume zu entdecken und zu nutzen, kann zum einen beruflicher Frustration vorbeugen und zum anderen zu einer Steigerung der beruflichen Produktivität beitragen, was sich wiederum förderlich auf das Kompetenzerleben auswirken kann.

### 3.1.3 Freizeit

Unter dem Begriff Freizeit lässt sich das Zeitkontingent zusammenfassen, das nach dem Abzug aller beruflichen, familiären und gesellschaftlichen Verpflichtungen verbleibt. Also die Zeit, die man zur freien Verfügung hat. Die Freizeit ist daher der Bereich, in dem der größte Spielraum besteht, die Deprivation von Bedürfnissen in anderen Lebensbereichen zu kompensieren. Wenn im beruflichen oder familiären Alltag zwar viel Bindung, aber wenig Autonomie erlebt wird, werden im Freizeitbereich vermutlich Solo-Aktivitäten bevorzugt werden, die ein hohes Maß an Freiheit gewährleisten. Geht der berufliche Alltag zwar mit Selbstwirksamkeits- und Kompetenzerleben einher, aber die eigene Tätigkeit wird als wenig wert- oder bedeutungsvoll wahrgenommen, können u. a. Freizeitaktivitäten mit hohem gesellschaftlichem Nutzen helfen, einen Ausgleich zu schaffen. Auf diese und ähnliche Art und Weise können im Freizeitbereich Grundbedürfnisse befriedigt werden:

- Sich ein gutes Essen gönnen, sich auf dem Balkon in die Sonne legen, ein Buch lesen, beim Fallschirmspringen den Adrenalin-Kick suchen, feiern gehen – die Möglichkeiten, im Freizeitbereich Lust zu empfinden und Unlust zu vermeiden, sind beinahe unbegrenzt.
- Das Bindungsbedürfnis kann u. a. durch Verabredungen oder Telefonate mit Freunden, Besuche bei der Herkunftsfamilie, Vereinsmit-

gliedschaften oder Aktivität in sozialen Netzwerken befriedigt werden.

- Autonomie kann gelebt werden, indem man bewusst Zeit für sich selbst reserviert, erwirtschaftetes Geld für das eigene Vergnügen investiert, Hobbys wählt, die mit wenig Verpflichtungen und viel Flexibilität einhergehen.
- Dem Kompetenzerleben kommen Aktivitäten entgegen, bei denen man den Fortschritt der eigenen Fähigkeiten beobachten kann, wie z. B. Malen und Zeichnen, Sport, Handwerk, Kochen, Musizieren, Poetry-Slam.
- Identitätsgefühl und Selbstverwirklichung können, jenseits von Familie und Beruf, vermutlich am effektivsten durch die Auseinandersetzung mit Spiritualität und gesellschaftlichem Engagement gestärkt werden.

Eingeschränkt wird die Möglichkeit zur Bedürfnisbefriedigung in der Freizeit jedoch, wenn es schwerfällt, vom Beruf oder anderen Verpflichtungen abzuschalten. Etwa vier von zehn Beschäftigten berichten, dass dies bei ihnen der Fall ist. Wie zu erwarten, wächst dieses Empfinden mit ansteigender Arbeitslast – insbesondere, wenn Arbeitsaufträge unabgeschlossen bleiben – und bei emotional belastenden Arbeitsereignissen (Lohmann-Haislah, Wendsche, Schulz, Scheibe & Schöllgen, 2019). Das Abschalten von der Arbeit kann insbesondere durch *Boundary Management, Emotionsregulation* (siehe Kapitel 4) und *Strategien zur Verbesserung des Nachtschlafes* gefördert werden (Karabinski, Haun, Nübold, Wendsche & Wegge, 2021).

**Beispiel**

Nidal ist Projektleiter bei einer Versicherungsgesellschaft und betreut dort Infrastrukturprojekte. Mit seiner Arbeit sind Überstunden, Heimarbeit und häufig sieben Arbeitstage pro Woche verbunden. Solange es auf der Arbeit gut läuft, ist das für ihn auch alles in Ordnung, denn vom erwirtschafteten Geld kann er sich ein gutes Leben leisten, er fühlt sich produktiv und wird für seine Kompetenz von Kolleg:innen geschätzt.

Doch seit ein paar Monaten ist der Wurm drin. Sein Team hat mehrere Deadlines nicht einhalten können, auch weil Mitarbeiter:innen gekündigt haben und Arbeitsplätze vorübergehend unbesetzt blieben. Durch die Mehrarbeit, die nun unter den verbliebenen Kolleg:innen aufgeteilt wird, hat sich die Stimmung im Team verschlechtert. Hinzu kommt der Druck von oben. Häufig weiß er nicht mehr, wo ihm der Kopf steht. Er schläft schlecht, ist reizbar und findet keine Lösung. Anstatt abzuschalten, versucht er weiter zu funktionieren – bis ein Infekt ihn für eine Woche flachlegt.

## Boundary Management

„Boundary Management" bezeichnet Methoden, die den zeitlichen, räumlichen und geistigen Abstand zur Arbeit vergrößern (Karabinski et al., 2021). Die so gezogene Grenze soll es erleichtern, von Arbeitsaufträgen und belastenden Ereignissen im beruflichen Kontext Abstand zu gewinnen. Das kann durch verschiedene Ansatzpunkte erreicht werden:

- Übergangsrituale, z.B. Spaziergänge oder sportliche Aktivitäten, die direkt an die Arbeit angeschlossen werden, sowie das Ablegen der Arbeits- und das Anlegen von Freizeitkleidung.
- Kontaktmöglichkeiten begrenzen, z.B. durch Stummschaltung des Handys, durch das Ausloggen aus dem E-Mail-Konto.
- Zeiten vereinbaren, in denen in der Familie und im Freundeskreis nicht über Arbeit, Studium und Schule gesprochen werden „darf". Zum Beispiel beim Abendessen oder beim Gassi gehen mit dem Hund.

Insbesondere, wenn dem Beruf (teilweise) in Heimarbeit nachgegangen wird (d.h. Home-Office-Tätigkeiten), kann eine Trennung von Arbeit und Freizeit schwierig sein. Hierbei kann es helfen:

- klare Arbeitszeiten zu definieren (mit sich und/oder den Vorgesetzten), anstatt immer wieder zwischen Alltag (z.B. Wäsche waschen) und Beruf (z.B. E-Mails schreiben) zu wechseln.
- eine räumliche Trennung zwischen Arbeit und Freizeit einzuführen, z.B. dadurch, dass der Schreibtisch nur zum Arbeiten, aber nicht für Freizeitbeschäftigung mit dem Computer genutzt wird.
- eine mediale Trennung zwischen Arbeit und Freizeit zu gewährleisten, z.B. dadurch, dass neben dem Arbeitshandy und dem Arbeitslaptop auch private elektronische Geräte genutzt werden.

Wenn es Ihnen, wie etwa jeder fünften berufstätigen Person in Deutschland, auch schwerfällt, während des Urlaubs abzuschalten (Techniker Krankenkasse, 2021), kann es hilfreich sein, die Erreichbarkeit radikal zu reduzieren (z.B. digital Detox), sich räumlich zu verändern (d.h. wegzufahren) und ein aktives (z.B. sportliche Aktivität) anstatt ein passives (z.B. am Pool liegen) Urlaubsformat zu wählen.

### Strategien zur Verbesserung der Schlafqualität

Zur Verbesserung von Schlafdauer und Schlafqualität werden neben der Nutzung von Entspannungstechniken (siehe Kapitel 4.4.4) und Methoden der Kognitiven Verhaltenstherapie (siehe Kapitel 6) das Befolgen von Schlafhygieneregeln und Stimuluskontrolltechniken empfohlen (Riemann et al., 2017). Schlafhygieneregeln beziehen sich auf das Etablieren schlaffördernder Maßnahmen. Dazu gehören:

1. feste Aufstehzeiten, aber flexible Zubettgehzeiten in Abhängigkeit von der Müdigkeit,
2. regelmäßige sportliche Aktivität, aber kein hochintensiver Sport kurz vor dem Zubettgehen,
3. Verzicht auf koffeinhaltige Getränke am Nachmittag,
4. Etablieren von Übergangsritualen zwischen alltäglichen Aktivitäten und dem Zubettgehen,
5. Etablieren einer Übergangszeit, bei der die Anforderungen alltäglicher Aktivitäten (z.B. keine Hausarbeit kurz vor dem Zubettgehen) und der Informationsinput (z.B. keine aufwühlenden Filme kurz vor dem Zubettgehen) reduziert werden,
6. das Verzichten auf Wecker oder Uhren in der Nähe des Betts (inkl. Handy), sodass bei nächtlichem Erwachen nicht auf die Uhr gesehen wird,
7. ein angenehmes Maß an Dunkelheit, präferierte Weichheit/Härte der Matratze und ruhige Geräuschkulisse,
8. Vermeidung von Alkohol und anderen Drogen,
9. auf Mittagsschlaf verzichten. Ein Mittagsschlaf senkt den Schlafdruck am Abend und erhöht dadurch die Wahrscheinlichkeit von Einschlafproblemen.

Stimuluskontrolle meint, dass das Bett, mit Ausnahme von sexuellen Aktivitäten, ausschließlich zum Schlafen genutzt wird – also nicht zum Lesen, nicht zum Fernsehen und nicht zur Nutzung eines Smartphones. Das hat u.a. damit zu tun, dass der Körper die Kopplung „Bett bedeutet Schlafenszeit" lernen soll. Darüber hinaus konterkariert die Verlagerung von Aktivitäten ins Bett auch die oben angesprochenen Übergangsrituale und Übergangszeiten. Zubettgehen sollten Sie daher erst, wenn Sie sich ausreichend müde fühlen, um einschlafen zu können. Das schließt ein, dass Sie auch nicht „vorsorglich" früh ins Bett gehen sollten, um einer erwarteten längeren Einschlafdauer vorzubeugen. Diese Strategie wird zwar häufig von Patient:innen berichtet und ist gut nachvollziehbar, wirkt sich jedoch langfristig negativ auf Schlafdauer und -qualität aus. Kann man, nachdem man ausreichend müde ins Bett gegangen ist, nicht einschlafen, empfiehlt es sich, nach gefühlten 20 Minuten erneut aufzustehen und zunächst ruhigen Aktivitäten nachzugehen (z. B. bei gedimmtem Licht im Wohnzimmer lesen), bevor erneut ins Bett gegangen wird. Wachliegen im Bett zu vermeiden, dient dabei u. a. dazu, der Entstehung von Grübelschleifen vorzubeugen, die das Einschlafen nachhaltig stören und im Regelfall nicht zu einer Lösung der gedanklich behandelten Probleme beitragen. Auch wenn sich durch die Anwendung von Stimuluskontrolle die Schlafdauer kurzfristig reduzieren kann, trägt sie langfristig zu einer Verbesserung des Schlafes bei, da sie den Körper dabei unterstützt, erneut einen natürlichen Schlafrhythmus aufzubauen. Behält man die zuvor festgelegte Aufstehzeit bei und verzichtet auf Mittagsschlaf (siehe Schlafhygiene), wird der Schlafdruck durch die kurzfristig reduzierte Schlafdauer steigen und man wird am nächsten Tag früher müde sein. Im folgenden Exkurs finden Sie weitere Hintergrundinformationen zum Thema Schlaf.

### Exkurs: Guter Schlaf

*Warum schlafen wir?*

Schlaf ist wichtig für die körperliche und psychische Gesundheit. Schlaf ist unter anderem an körperlicher und psychischer Erholung, an der Speicherung von Gedächtnisinhalten und an der Verarbeitung von Emotionen beteiligt.

*Wann schlafen wir gut?*

Die Schlafqualität wird vor allem vom sogenannten circadianen Rhythmus, dem Schlafdruck, der körperlichen und psychischen Verfassung sowie Kontextfaktoren bestimmt.

- Der circadiane Rhythmus ist die innere Uhr des Menschen, die Körperprozesse wie Körpertemperatur, Hormonausschüttung, Hungergefühl und auch Schlafbedürfnis steuert. Die innere Uhr wird u.a.

durch regelmäßige Aufstehzeiten, regelmäßige Essenszeiten, regelmäßige körperliche Aktivität und den Kontakt zu ausreichend Tageslicht „richtig“ eingestellt.

- Schlafdruck baut sich in Wachphasen auf und äußert sich z. B. durch zunehmende Unkonzentriertheit, ein Ruhebedürfnis oder auch schwere Glieder. Der Schlafdruck steigt insbesondere in Folge von körperlicher und geistiger Aktivität. Je höher der Schlafdruck, desto besser schlafen wir ein und desto tiefer schlafen wir. Will man den Schlafdruck erhöhen, um am Abend gut einschlafen zu können, sollte man daher tagsüber möglichst aktiv sein und auf Mittagsschlaf oder ausgeprägte Ruhephasen verzichten.
- Körperliche Beschwerden (z. B. Kopfschmerzen) und psychische Belastung (z. B. Stresserleben) reduzieren die Schlafqualität und erhöhen die Wahrscheinlichkeit von Schlafproblemen. Umgekehrt erhöhen Schlafprobleme die Wahrscheinlichkeit körperlicher und psychischer Beschwerden. Selbsthilfe (und/oder Behandlung) sollte bei gleichzeitigem Vorliegen von körperlichen, psychischen und schlafbezogenen Beschwerden am besten an allen Stellschrauben gleichzeitig ansetzen.
- Wichtige Kontextfaktoren eines guten Schlafes sind in der Regel relative Dunkelheit, eine geräuscharme Umgebung, ein gesättigter Zustand und fehlendes Durstempfinden. Darüber hinaus sollten die eigenen Präferenzen bzgl. der Härte der Matratze sowie (bei Paaren) im Hinblick auf getrennte oder gemeinsame Matratzen/Schlafzimmer berücksichtigt werden.

*Wie lange sollte man schlafen?*

Die „normale“ Schlafdauer nimmt mit steigendem Lebensalter ab. Während für Neugeborene eine Schlafdauer zwischen 14 und 17 Stunden normal ist, sind im Erwachsenenalter 7 bis 8 Stunden empfohlen.

*Wie häufig sind Schlafprobleme?*

Schlafprobleme sind häufig. Etwa jede dritte Person berichtet mindestens dreimal wöchentlich von Einschlaf- oder Durchschlafproblemen und etwa jede fünfte Person berichtet zusätzlich von einer schlechten Schlafqualität.

**Literatur**

Fietze, I. & Penzel, T. (2021). Schlafstörungen – Prävalenz, Bedeutung und Implikationen für die Prävention und Gesundheitsförderung. In

M. Tiemann & M. Mohokum (Hrsg.), *Prävention und Gesundheitsförderung* (S. 947–954). Springer.
Schanz, C.G., Mattheus, H.K., Equit, M. & Schäfer, S.K. (2022). *Therapie-Tools: Transdiagnostische Psychoedukation.* Beltz.
Schlack, R., Hapke, U., Maske, U., Busch, M. & Cohrs, S. (2013). Häufigkeit und Verteilung von Schlafproblemen und Insomnie in der deutschen Erwachsenenbevölkerung. *Bundesgesundheitsblatt Gesundheitsforschung Gesundheitsschutz, 56*(5–6), 740–748.

## 3.2 Grundbedürfnisspezifische Konfliktfelder

Bei dem Versuch, Grundbedürfnisse zu befriedigen, stoßen wir manchmal auf Hindernisse. Diese können sowohl im Innen als auch im Außen liegen. Sie zu prüfen und falls notwendig zu überwinden, zu umgehen oder abzubauen, kann maßgeblich dazu beitragen, das eigene Wohlbefinden zu fördern. Im Folgenden erläutern wir daher zu allen Grundbedürfnissen jeweils Konfliktfelder, die uns in der psychotherapeutischen Praxis am häufigsten begegnen. Tabelle 5 gibt einen Überblick über die Themen, auf die wir hierbei eingehen.

**Tabelle 5:** Grundbedürfnisse und Konfliktfelder

| Grundbedürfnisse | Typische Konfliktfelder |
|---|---|
| **Lustgewinn und Unlustvermeidung** | Prokrastination in Folge von Kurzzeit-Hedonismus und Frustrationsintoleranz |
| **Bindung und Zugehörigkeit** | Misstrauen und daraus resultierende Beziehungsprobleme |
| **Autonomie und Freiheit** | Konkurrenz zwischen individualistischer Unabhängigkeit und dem Zugewinn an Handlungsspielraum durch Kooperation |
| **Wirksamkeit und Kompetenzerleben** | Gleichsetzen von Selbstwert und Kompetenz |
| **Identität und Selbstverwirklichung** | Ablehnung von Teilen der Identität, Rollenkonflikte und Lebensphasenübergänge |

### 3.2.1 Lustgewinn, Unlustvermeidung und Prokrastination

Probleme, die uns in der klinischen Praxis im Zusammenhang mit Lustgewinn und Unlustvermeidung häufig begegnen, sind Kurzzeit-Hedonismus und Frustrationsintoleranz (Stavemann, 2023). Die beiden sind eng miteinander verwandt. Während beim Kurzzeit-Hedonismus die kurzfristige Maximierung von Lustgewinn im Vordergrund steht, geht es bei Frustrationsintoleranz um die kurzfristige Vermeidung von Unlust. Beides kann zu Lasten einer langfristigen Bedürfnisbefriedigung gehen. Unser Alltag hält nahezu unbegrenzte Möglichkeiten für kurzfristiges Lustempfinden oder Ablenkung bereit. Diese reichen von „lustigen" Videos auf Videoplattformen, dem Verzehr hochkalorischer Lebensmittel und Binge Watching über Shopping, Konzerte und Partys bis hin zu Sex, Luxusurlauben und Drogenkonsum. Eine übermäßige Nutzung dieser Angebote kann, je nach Kontext und Intensität, mit unterschiedlichen Problemen einhergehen. Das in diesem Kontext vermutlich am häufigsten anzutreffende Phänomen ist Prokrastination. Prokrastination bezeichnet das Aufschieben beruflicher oder privater Verpflichtungen. Viele berufliche (z.B. sich in ein neues Themenfeld einarbeiten) oder private (z.B. die Steuererklärung machen) Verpflichtungen gehen einerseits mit einem kurzfristigen Unwohlgefühl einher und sind andererseits häufig nicht „so dringend", dass sie unmittelbar erledigt werden müssten. Das schafft Raum für Prokrastination. Prokrastination beginnt häufig mit kurzfristigem Hedonismus. Das heißt, es gibt Verhaltensalternativen, die kurzfristig attraktiver als die Verpflichtung sind, weshalb sie vorgezogen werden (z.B. Kaffee mit Kolleg:innen trinken, Serien streamen, Routineaufgaben abarbeiten). Im weiteren Verlauf geht das angenehme Gefühl des kurzfristigen Hedonismus dann zunehmend in Frustrationsvermeidung über. Denn wurde eine wichtige Aufgabe (zu) lange aufgeschoben, kommen zur eigentlichen Arbeitslast Zeitdruck und ein schlechtes Gewissen hinzu, die die Beschäftigung mit der Aufgabe immer unangenehmer werden lassen. Im Zentrum steht dann oft eine Misserfolgsangst verbunden mit Schamgefühlen (Hollas, 2020). Je länger eine Prokrastination andauert, desto schwerer ist es, sie zu beenden. Hinzu kommt, dass das Unlusterleben durch die Prokrastination häufig länger und intensiver wird, denn oftmals legt sich das (anfangs unterschwellige) Anspannungsgefühl über andere (eigentlich positive) Alltagsaktivitäten, da man immer weiter im Hinterkopf hat: „Eigentlich müsste ich XY erledigen". Wenn man weiß, dass man zu Prokrastination tendiert, ist es daher zielführend, aktiv gegenzusteuern:

1. Sich die negativen Auswirkungen von Prokrastination (d.h. langfristig mehr Stress, Scham- und Inkompetenzerleben) und die positiven Auswirkungen einer schnellen Aufgabenerledigung visualisieren (d.h. Abfall der Anspannung, Erfolgserlebnis, Selbstwirksamkeitserleben).
2. Dinge, die man bislang zur Prokrastination nutzte, zukünftig als Belohnung für die Erledigung von Aufgaben nutzen (z.B. Einkaufen gehen, spazieren gehen, Videos schauen). Das heißt, sie *nach* statt *vor* der Erfüllung der Aufgabe zu genießen.
3. Sich mit den eigenen Werten und Zielen auseinandersetzen und sich die Relevanz der jeweiligen Aufgabe als Zwischenschritt zur Erreichung wichtiger kurz-, mittel- oder langfristiger Ziele vergegenwärtigen. Sich also bewusst zu machen, dass das Erledigen einer einzelnen unangenehmen Aufgabe zwar in der Regel nicht übermäßig wichtig ist, diese aber ein relevanter Zwischenschritt zur Erreichung wichtigerer Dinge sein kann (z.B., um am Arbeitsplatz befördert zu werden oder für einen guten Studienabschluss).
4. Aufgaben, von denen man bereits weiß, dass man sie gerne aufschiebt, priorisiert terminieren. Dabei kann es helfen, Kolleg:innen, Kommiliton:innen oder dem privaten Umfeld anzukündigen, dass man bis zu Zeitpunkt X die Aufgabe erledigt haben wird. Dadurch kann die Selbstverpflichtung gesteigert und externe Kontrolle genutzt werden.
5. Sich selbst (unmissverständliche) Hinweisreize geben. Zum Beispiel die Materialien für eine Aufgabe, die man für den nächsten Tag terminiert hat, bereits am Vorabend auf den Schreibtisch legen oder die gepackte Sporttasche bereits an die Haustür stellen.
6. Ein Arbeitsumfeld ohne Ablenkung schaffen (z.B. das Handy ausschalten, ins Arbeitszimmer gehen).

Wenn man in der Vergangenheit zu Prokrastination tendierte, ist es wahrscheinlich, dass sie sich auch zukünftig hin und wieder einschleichen wird. Das liegt daran, dass „der Körper“ gelernt hat, dass Prokrastination etwas Gutes ist, denn beim Aufschieben fällt kurzfristig Anspannung ab und das ist angenehm. Das heißt, „der Körper“ muss zunächst wieder umlernen und die Möglichkeit haben, wiederholt festzustellen, dass die schnelle Erledigung der Aufgaben ebenfalls zu einem Abfall der Anspannung führt und dieser Abfall sogar nachhaltiger ist. Erst dann kann ein handlungsorientierter Problemlösungsstil zur (guten) Gewohnheit werden. Auf dem Weg dahin gilt es daher, zwar einerseits konsequent an der Reduktion der Prokrastination zu arbeiten (mit den oben dargestellten Methoden), aber andererseits auch geduldig mit sich zu sein, da nicht alles von heute auf morgen (vollständig) funktionieren wird. Bewährt hat es sich dabei, sich anstelle von rigiden Zielen (z. B. „Ich lerne jetzt jeden Tag acht Stunden lang für die Klausur") kleinschrittige und differenzierte Ziele zu setzen und bei deren Formulierung bereits funktionale Handlungskonsequenzen mitzudenken, die je nach Grad der Zielerreichung folgen werden (Kiresuk & Sherman, 1968). Dazu kann man sich eine Zielerreichungsskala überlegen, wie sie in Tabelle 6 beispielhaft dargestellt ist (Kiresuk und Sherman, 1968).

Auf dem „Arbeitsblatt 4: Zielerreichungsskalierung" finden Sie eine Vorlage zur Formulierung von Zielerreichungsskalen.

**Tabelle 6:** Beispiel für eine Zielerreichungsskalierung

| Ziel: Klausurvorbereitung | | |
|---|---|---|
| **Grad der Zielerreichung** | **Zielcharakteristika** | **Handlungskonsequenz** |
| Viel besser als gedacht | Ich lerne vier oder mehr Stunden am Tag und schaffe dabei mehr als ein Kapitel. | Ich belohne mich und lerne am nächsten Tag nach dem bisherigen Plan weiter. Ich erzähle anderen, dass ich mein Lernziel übertroffen habe. |
| Besser als gedacht | Ich lerne drei Stunden am Tag und schaffe dabei mehr als ein Kapitel. | Ich belohne mich und lerne am nächsten Tag nach dem bisherigen Plan weiter. Ich erzähle anderen, dass ich mein Lernziel übertroffen habe. |
| Wie erwartet | Ich lerne drei Stunden am Tag und schaffe dabei ein Kapitel. | Ich lerne am nächsten Tag nach dem bisherigen Plan weiter und belohne mich. Ich erzähle anderen, dass ich mein Lernziel erreicht habe. |

**Tabelle 6:** Fortsetzung

| Ziel: Klausurvorbereitung | | |
|---|---|---|
| Schlechter als gedacht | Ich lerne weniger als drei Stunden am Tag oder schaffe weniger als ein Kapitel. | Ich schaue, woran es gelegen hat (z.B. Ablenkung). Ich lerne am nächsten Tag weiter und versuche Kleinigkeiten zu verändern, um den Plan besser umzusetzen. Ich bespreche mich mit anderen, um Input zu bekommen, was ich ändern könnte. |

### 3.2.2 Bindung und Misstrauen

Ein häufiges Konfliktthema, das viele Personen im Zusammenhang mit Bindung und Zugehörigkeit beschäftigt, ist „Vertrauen". Die Basis zwischenmenschlichen Vertrauens oder Misstrauens wird in der frühen Kindheit gelegt (Ainsworth et al., 1978). Reagieren Bezugspersonen immer wieder prompt, adäquat und verlässlich auf kindliche Bedürfnisse, wächst das Vertrauen, dass Beziehungen unterstützend, verlässlich und wohltuend sind. Personen, die mit einer starken Vertrauensbasis in den Kindergarten, die Grundschule, Freundschaften und Paarbeziehungen starten können, werden sich in diesen wahrscheinlich offen und authentisch präsentieren. Sie werden sowohl positive Erfahrungen machen als auch ab und zu enttäuscht werden. Dadurch haben sie die Chance, nach und nach zu einer differenzierten und realistischen Einschätzung bezüglich der Solidarität, Verlässlichkeit und Vertrauenswürdigkeit von Mitmenschen zu gelangen und ihr Verhalten flexibel daran anzupassen.

**Beispiel**

Ariana wuchs in einem stabilen und warmherzigen Elternhaus auf. Sie erfuhr Spiel, Spaß, Grenzen und Empathie. Als sie älter wurde, wuchs ihr soziales Umfeld. Neben ihren Eltern baute sie Beziehungen zu ihren Großeltern, Onkeln und Tanten und schließlich auch zu Fremden auf. Sie sammelte Erfahrungen mit Mitschüler:innen, Lehrer:innen, Verkäufer:innen sowie später mit Kolleg:innen, Internetbekanntschaften und Gemeindemitgliedern. Sie lernte, dass nicht alle Menschen es gut mit einem meinen und nicht jede:r ein offenes Ohr für die Sorgen und Bedürfnisse anderer hat. Manche Beziehungen führte sie distanziert, andere nah. Manchen Menschen konnte sie alles mitteilen, anderen gegenüber war sie verschlossen. Und sie wusste, dass sie sich auf die Personen, auf die es ankam, verlassen konnte.

Sind Bindungsangebote in der frühen Kindheit hingegen vernachlässigend oder inadäquat, kann das zum Nährboden für die Entstehung von Misstrauen gegenüber zukünftigen Beziehungsangeboten werden. Ein offener, authentischer Umgang mit anderen erscheint den Betroffenen dann häufig zu gefährlich, weshalb sie (dysfunktionale) Bewältigungsstrategien entwickeln, um (trotz der vermeintlichen Unzuverlässigkeit oder Gefährlichkeit von Beziehungen) mit anderen Personen zurechtzukommen. Bewältigungsversuche können dabei überkompensatorisch oder distanziert sein (Jacob & Arnoud, 2015).

- *Überkompensatorische Bewältigungsversuche* sind bei einer ausgeprägten unsicher-ambivalenten Bindung am wahrscheinlichsten (Mikulincer & Shaver, 2007). Personen, bei denen dieser Bewältigungsstil ausgeprägt ist, gehen zwar Beziehungen ein, zeigen dabei jedoch überkompensatorische Verhaltensweisen, die eine Enttäuschung oder ein Verlassenwerden verhindern sollen. Entsprechende Strategien bestehen häufig in einem ausgeprägten Kontrollverhalten (z.B. das Handy von Partner:innen kontrollieren) oder anklammerndem Verhalten (z.B. darauf drängen, „alles" gemeinsam zu machen). Das Kontrollverhalten geht dabei häufig stark zu Lasten der Beziehungsqualität. Denn zum einen schränkt es die Autonomie und Freiheit der Beziehungspersonen stark ein, wodurch bei diesen der Drang entstehen kann, aus der Umklammerung und Kontrolle auszubrechen. Zum anderen ist das Verhalten auch für die Betroffenen selbst mit einer hohen Stressbelastung und einem hohen Ressourcenverschleiß verbunden, ohne dass die angestrebte Sicherheit je nachhaltig erreicht wird.

**Beispiel**

Barbara hat das Gefühl, in einer endlosen Schleife aus Hoffnungen und Enttäuschungen festzusitzen. Wenn sie eine neue Beziehung eingeht, fühlt sich das häufig zunächst wie ein Rausch an, auf den jedoch stets ein Kater folgt. Sie wird von Verlustängsten und Zweifeln geplagt. Sie wünscht sich nichts mehr als Offenheit, Stabilität und Vertrauen. Doch irgendwie scheint ihr das niemand geben zu wollen, egal wie viel sie investiert. Je mehr sie macht, desto mehr scheinen sich (potenzielle) Partner zurückzuziehen. Das verunsichert Barbara, weshalb sie umso mehr nach Bestätigung sucht. Oftmals hat sie schon nachts wachgelegen, um zu schauen, ob ihr Schwarm bei WhatsApp online ist und vielleicht mit anderen schreibt. In dieser Phase der Beziehung ist sie unter dauerhafter Anspannung und stark gestresst.

- *Distanzierte Bewältigungsversuche* kommen vor allem bei unsicher-vermeidenden Bindungsmustern vor (Mikulincer & Shaver, 2007). Hier versuchen die Betroffenen Vertrauensbrüchen vorzubeugen, indem sie einen Sicherheitsabstand zu anderen Menschen einhalten. Das heißt, es werden zwar professionelle Beziehungen auf der Arbeit und oberflächliche Beziehungen in Freundschaften und Partnerschaften eingegangen, aber es ist schwer, eine Beziehungstiefe zu erreichen, die das Bindungsbedürfnis zu befriedigen weiß. Problematisch ist hierbei, dass es nicht zu korrigierenden Erfahrungen kommen kann, die einen nachhaltigen Aufbau von Vertrauen unterstützen würden. Denn die Betroffenen machen häufig Vertrauen zur Voraussetzung für Beziehungen. Das ist jedoch leider ein Trugschluss, denn Beziehungserfahrungen sind vielmehr eine Vorausetzung für das Entstehen von Vertrauen (Simpson, 2007).

**Beispiel**

Juri ist ein Einzelgänger. Früh hat er für sich entschieden, dass man (vermeintlich) am besten klarkommt, wenn man sich nicht zu sehr auf andere verlässt. Natürlich kann er auch nicht alles allein machen und manchmal ist er auf andere angewiesen. Dann ist es für ihn jedoch wichtig, dass „eine Hand die andere wäscht" und er den Gefallen durch eine Gegenleistung kompensiert. Er will niemandem etwas schuldig sein. Seit zwei Jahren ist er mit Katharina zusammen. Er weiß, dass sie sich wünscht, dass sie zusammenziehen. Er glaubt, sie wünscht sich, dass er ihr bald einen Heiratsantrag macht. Er hat Angst, dass sie in den nächsten Jahren Kinder will. Er glaubt, ihr nichts davon geben zu können. Bei dem Gedanken daran fühlt er Druck auf der Brust, denn er glaubt nicht, dass ihre Beziehung halten wird. Insgeheim ist er sicher, dass es schiefgehen wird. Früher oder später wird die Beziehung enden. Darum scheint es ihm besser, sich erst gar nicht zu stark auf diese Bindung einzulassen.

Sowohl überkompensierendes Kontroll- und Anklammerungsverhalten als auch das Wahren (emotionaler) Distanz halten sich selbst aufrecht, indem sie einen nachhaltigen Aufbau von Vertrauen verhindern. Denn Vertrauen kann nur wachsen, wenn Unsicherheiten und Verletzlichkeiten offenbart werden und sich Beziehungspersonen dann feinfühlig, solidarisch und verlässlich zeigen (Simpson, 2007). Wird jedoch versucht, entsprechenden Momenten durch Kontrolle, anklammerndes Verhalten oder Distanz vorzugreifen, werden die entsprechenden, korrigierenden Erfahrungen verhindert – also das Erleben der (positiven und hilfreichen) Erwartungsenttäuschung. Die Folge ist, dass sich das gewählte Bewältigungsmuster immer weiter verstärkt – manchmal bis es beziehungsgefährdend ist. Der Ausweg besteht daher in einem (probeweisen) Verzicht auf die Bewältigungsstrategien und dem Gewähren eines Vertrauensvorschusses. Das bedeutet, sich anderen gegenüber zu öffnen, Unterstützung anzunehmen und andere zu unterstützen, Nähe zuzulassen und Stabilität anzubieten. So kann Vertrauen entstehen: Nicht blind, sondern sehend, aber ohne überkompensierend oder distanzierend zu werden. Das erfordert Mut, denn kleinere und größere Enttäuschungen sind wahrscheinlich. Jedoch bietet es zugleich die Chance, Bindung, Verlässlichkeit sowie Unterstützung nachhaltig zu erfahren.

### 3.2.3 Autonomie, Freiheit und Handlungsspielraum

Autonomie und Freiheit haben mehrere Facetten. Zwei wichtige Facetten können dabei in Konflikt miteinander geraten. Autonomie betrifft v.a. die Unabhängigkeit der Wahl zwischen zur Verfügung stehenden Handlungsmöglichkeiten. Freiheit betont v.a. die Anzahl und Breite der zur Verfügung stehenden Handlungsmöglichkeiten.

**Beispiel für große Unabhängigkeit der Entscheidung bei wenigen zur Verfügung stehenden Handlungsalternativen**

Nehmen wir an, Sie gehen zu einem Gebrauchtwagenhändler, da Ihr altes Auto nach einem Unfall einen Totalschaden hat. Sie waren auf die Anschaffung nicht vorbereitet, daher stehen Ihnen mit Ihrem Budget nur drei verschiedene Modelle zur Auswahl, die Sie sich leisten können. Zwischen diesen dreien können Sie aber ganz frei wählen.

**Beispiel für reduzierte Unabhängigkeit der Entscheidung bei vielen zur Verfügung stehenden Handlungsalternativen**

Stellen Sie sich die gleiche Situation vor. Diesmal sind Sie jedoch seit mehreren Jahren mit Ihrer:m Partner:in zusammen, die:der sich an der Anschaffung beteiligt. Mit dem gemeinsamen Budget stehen Ihnen neun Modelle zur Auswahl. Allerdings müssen Sie gemeinsam mit Ihrem:r Partner:in zu einer Entscheidung kommen.

In Konflikt stehen können Freiheit und Autonomie u.a. in Paarbeziehungen. Geht man eine längerfristige Partnerschaft ein, geht das in den meisten Fällen mit Kompromissen einher. Zum Beispiel bei der Wahl der Freizeitgestaltung, der Wohnungseinrichtung, dem Investment von Geld, der Auswahl des Abendessens. Das heißt, für den:die Einzelne:n sinkt in Teilen die Unabhängigkeit bei der Wahl zwischen Handlungsalternativen. Manche Personen hält das davon ab, die Nähe und wechselseitige Verpflichtung in Paarbeziehungen zu vertiefen oder sie gehen diese ein und erleben gleichzeitig sehr viel Stress. Sie haben Angst, dass ihre Freiheit beschnitten wird. Was dabei häufig unberücksichtigt bleibt, ist, dass in Paarbeziehungen in der Regel – parallel zum Sinken der Unabhängigkeit bei einzelnen Entscheidungen – die zur Verfügung stehenden Handlungsalternativen insgesamt zunehmen. Das liegt zum einen in der Möglichkeit des Zusammenlegens von Ressourcen (z.B. sich gemeinsam ein Haus kaufen, für das man allein keinen Kredit bekäme) und der wechselseitigen Unterstützung (z.B. Zeitersparnis durch Aufteilung von Aufgaben, gegenseitige Unterstützung und Beratung). Zum anderen liegt es daran, dass manche Lebensentwürfe leichter in Beziehungskonstellationen als allein möglich sind (z.B. Gründen einer Familie).

**Beispiel**

Nick war seine Freiheit immer wichtig. Schon seine Herkunftsfamilie und die Schulzeit empfand er als einengend und er war froh, als er „endlich" eigenständig machen konnte, was er wollte. Er führte zahlreiche Beziehungen, wechselte mehrmals den Beruf und investierte seine Zeit und seine Ressourcen in das, was er wollte. Eingeholt hat ihn das erst spät. Mit Anfang 60 wurde er krank und teilweise erwerbsunfähig. In dieser Zeit fehlte es ihm an Personen, die ihn emotional beim Durchleben dieser Situation unterstützt hätten, und auch am finanziellen Rückhalt, um seinen Lebensstandard aufrechtzuerhalten. Da er mit seiner erworbenen Gehbehinderung auf sich allein gestellt war, schränkten sich zudem seine Möglichkeiten stark ein, den Alltag zu bewältigen. Das machte ihn abhängig von Pflegediensten und kostete ihn viel Lebenszufriedenheit.

Auch wenn dieser Effekt in Paarbeziehungen besonders ausgeprägt ist, findet sich ähnliches auch in freundschaftlichen Beziehungen oder im Beruf. Auch hier ist die Unabhängigkeit bei der Entscheidungsfindung durch Kompromissbildung und Kooperation teilweise eingeschränkt, wodurch auf der anderen Seite Möglichkeiten zur Bedürfnisbefriedigung und/oder zum Erreichen wichtiger (beruflicher) Ziele steigen. Passend zur Thematik besteht der Königsweg der Konfliktlösung vermutlich in einem Kompromiss. Das heißt darin, Beziehungen, Freundschaften und Kooperationen einzugehen, offen für Meinungsaustausch und Interessensabwägung zu sein und zugleich eigene Positionen nicht (zwangsläufig) aufzugeben und konstruktiv zur gemeinsamen Entscheidungsfindung beizutragen.

**Beispiel**

Jedes Jahr fährt Aiko mit ihrer „Mädelsgruppe" eine Woche in Urlaub. Sie genießt die gemeinsame Zeit und die vielen Erinnerungen, die die Gruppe gemeinsam sammeln konnte. Bei der Organisation der Urlaube wechseln sich die Gruppenmitglieder ab und die Kosten für die Ferienwohnung werden geteilt. Natürlich waren über die Jahre auch Reiseziele und Unterkünfte dabei, die Aiko allein so nicht ausgesucht hätte, aber ebenso häufig war ein richtiger Glücksgriff dabei. Am Urlaubsort angekommen findet die Gruppe in der Regel eine gute Mischung aus Gruppen-, Kleingruppen- und Soloaktivitäten, sodass jede die Mischung an Aktivität und Entspannung finden kann, die sie gerade braucht.

Ein anderes Konfliktfeld im Zusammenhang mit Autonomie und Freiheit betrifft die Übernahme von Verantwortung beim Treffen von Entscheidungen. Diese Verantwortung wird von manchen Personen gescheut. Entweder weil sie sich selbst keine guten Entscheidungen zutrauen oder weil sie den potenziell drohenden Schuldgefühlen vorbeugen wollen. Das Thema Schuld wird in Kapitel 4.3.3 und das Treffen aktiver Entscheidungen in Kapitel 5.4 näher behandelt.

### 3.2.4 Kompetenz und Selbstwert

Das häufigste Konfliktfeld, das uns im Zusammenhang mit Kompetenzerleben begegnet, ist die Gleichsetzung von Kompetenz und Selbstwert. Das heißt, dass der eigene Wert an Bedingungen geknüpft wird. Zum Beispiel an vermeintlich positive Eigenschaften, beispielsweise daran besonders dünn, sportlich oder klug zu sein. Oder auch an das Erreichen bestimmter Ziele, wie etwa akademische Titel, Reichtum oder das Erklimmen der Karriereleiter. Typischerweise ist die Latte hierbei übermäßig hochgelegt (z. B. „Immer die klügste Person im Raum sein."). Besonders wahrscheinlich ist eine entsprechende Gleichsetzung von Kompetenz und Selbstwert, wenn die Befriedigung von Bedürfnissen bereits in der Kindheit an Bedingungen geknüpft wurde (Sachse, 2010). Ist dies der Fall, entwickeln Menschen zur Stabilisierung ihres Selbstwerts Bewältigungsmechanismen, die dazu beitragen sollen, die (vermeintlich) geforderten Bedingungen zu erfüllen. Diese Bewältigungsmechanismen sind häufig mit Kosten verbunden (d. h. Beziehungskonflikte, Ressourcenverschleiß). Je stärker die Bewältigungsmechanismen ausgeprägt sind, desto höher die Kosten.

- Ein Weg, mit dem Betroffene versuchen, die Erfüllung der geforderten Bedingungen sicherzustellen, ist *Perfektionismus*. Das heißt, die Betroffenen verfolgen Ziele mit übermäßig hohen Ansprüchen, überbordender Leistungsbereitschaft und zwanghafter Kontrolle. Was dadurch erreicht werden soll, ist zumeist Sicherheit, Solidarität, Stabilität oder auch Unabhängigkeit. Das Problem ist, dass Perfektion bei den meisten Dingen im Leben nicht erreicht werden kann. Entweder weil Perfektion im Auge der Betrachter:innen liegt (z. B. bei Kunst, bei Schönheit, bei Geschmack) oder weil eine weitere Verbesserung immer möglich bleibt (z. B. bei sportlicher Leistung, bei Umsatz und Gewinn). Perfekte Ergebnisse können in der Regel nur in sehr spezifischen Situationen erreicht werden, die jedoch zumeist nur eine Momentaufnahme darstellen (z. B. ein perfektes Ergebnis in einem Test, bei der Abiturprüfung, in einer spezifischen Leistungsbeurteilung). Dadurch erfordert Perfektionsstreben immer wieder immensen Aufwand und führt, da es regelhaft mit starken Versagensängsten verbunden ist, zu starkem Stresserleben. Die (eigentlichen) Bedürfnisse der Betroffenen (z. B. Beziehungen stabilisieren, Anerkennung gewinnen, Sicherheit erlangen) werden gleichzeitig nur selten durch das perfektionistische Verhalten erreicht. Das heißt, die Kosten-Nutzen-Rechnung von Perfektionismus ist schlecht. Die Alternative besteht darin, sich selbst mit Stärken und Schwächen anzunehmen, die eigenen Ressourcen auf verschiedene Lebensbereiche aufzuteilen und nur (kurzfristig) starken Aufwand zu investieren, wenn es für eine langfristige Bedürfnisbefriedigung oder zur Stressbewältigung erforderlich scheint (aber nicht als Selbstzweck).

- Ein anderer häufiger Ansatz, mit dem Personen, die an die Gleichsetzung von Selbstwert und Kompetenz glauben, ihren Selbstwert zu stabilisieren versuchen, ist das zur Schau stellen (vermeintlicher) *Erfolge*. Im Unterschied zum Perfektionismus ist es hierbei weniger die tatsächlich erreichte Leistung, die den Selbstwert stabilisiert und ein Gefühl von Kontrolle gibt, sondern vielmehr die mit der Zielerreichung verbundene Anerkennung und Aufmerksamkeit von anderen. Zum Erreichen von Anerkennung und Aufmerksamkeit werden häufig Statussymbole, Wissen oder die Bekanntschaft zu „wichtigen" Personen genutzt. Manchmal jedoch auch Lügen, Manipulation oder die Abwertung von anderen. In allen Fällen erreichen die Betroffenen in der Regel nicht ihr eigentliches Ziel: Um ihrer selbst willen geliebt werden. Denn die Befriedigung dieses – vollkommen legitimen Bedürfnisses – ist nur nachhaltig möglich, wenn man sich anderen gegenüber authentisch verhält, sodass sie einen mit allen Stärken und Schwächen sowie - deutlich wichtiger - der gesamten Persönlichkeit erleben können.

- Glauben Menschen, dass der Wert der eigenen Person und ihre Kompetenz zusammenhängen, und haben gleichzeitig kein Vertrauen in die eigenen Fähigkeiten, kann dies in der *Vermeidung von Leistungssituationen* resultieren (z. B. Verzicht auf eine Bewerbung auf besser bezahlte Stellen). Ist dies nicht möglich, wählen misserfolgsvermeidende Personen am wahrscheinlichsten Aufgaben bzw. Ziele mit sehr geringem oder sehr hohem Schwierigkeitsgrad (Atkinson, 1957). Diese Strategie dient dazu, entweder die Misserfolgswahrscheinlichkeit zu minimieren (im Falle der geringen Schwierigkeit) oder einen erwartbaren Misserfolg durch den hohen Schwierigkeitsgrad extern erklärbar zu machen (sehr hoher Schwierigkeitsgrad; siehe Abb. 8). Das Problem dabei ist, dass die Bewältigung einer Aufgabe bei sehr geringer Schwierigkeit von den Betroffenen zumeist nicht als Erfolg gewertet wird und das Kompetenzerleben daher nicht befriedigt, während eine Bewältigung sehr schwieriger Aufgaben erstens unwahrscheinlich ist und zweitens - selbst im Erfolgsfall - meist dem Zufall zugeschrieben wird.

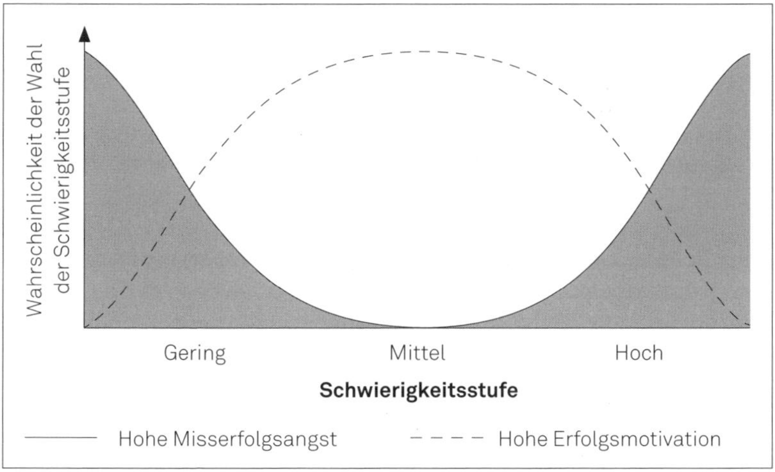


**Abbildung 8:** Personen mit hoher Misserfolgsangst wählen häufig Aufgaben bzw. Ziele mit geringer oder hoher Schwierigkeit (durchgezogene Linie und grau gefärbt). Im Gegensatz dazu wählen Personen mit hoher Erfolgsmotivation wahrscheinlicher Aufgaben bzw. Ziele mit mittlerer Schwierigkeit (gestrichelte Linie; modifiziert nach Atkinson, 1957).

Daher verhindert diese Bewältigungsstrategie langfristig die Befriedigung des Bedürfnisses nach Kompetenzerleben und Selbstwirksamkeit, wodurch einerseits der Selbstwert niedrig bleibt und andererseits keine realistische Perspektive auf das eigene Kompetenzniveau entwickelt werden kann. Um diesem Fallstrick zu entgehen, ist es am zielführendsten, Aufgaben zu wählen und Ziele zu formulieren, die zwar realistisch erreichbar scheinen, jedoch mit Anstrengungen verbunden sind (mittlerer Schwierigkeitsgrad).

Dadurch können mit ausreichender Wahrscheinlichkeit Erfolge erzielt werden, die weder dem Zufall noch der geringen Schwierigkeit, sondern den eigenen Fähigkeiten und Bemühungen zuzuschreiben sind. Wird der Anforderungsgrad der Ziele zudem entsprechend der Bewältigung oder Nicht-Bewältigung der assoziierten Aufgaben nach oben oder unten korrigiert, kann mit der Zeit eine realistische Einschätzung des eigenen Kompetenzniveaus erreicht werden.

### 3.2.5 Identität, Selbstverwirklichung und Rollenkonflikte

Identitäts- und Selbstverwirklichungskonflikte beginnen in der Regel ab dem Jugendalter und können vielfältig sein. Schwierigkeiten können unter anderem entstehen, wenn man Teile der eigenen Identität ablehnt (z.B. „Ich will auf keinen Fall sein wie mein Vater.“) oder soziale Rollen nicht flexibel zwischen Lebensbereichen gewechselt werden (z.B. legt man seine Rolle als Chef:in im familiären Kontext nicht ab). Turbulenzen können auch an Übergängen von Lebensphasen entstehen, die mit neuen Rollenanforderungen einhergehen (z.B. Elternschaft oder Berentung).

- *Abgelehnte Selbstanteile.* Jeder Mensch hat Anteile, die ihn:sie stören oder die er:sie als problematisch empfindet. Nicht selten spielen dabei auch Eigenschaften eine Rolle, die wir unseren Eltern zuschreiben würden. Aus unserer therapeutischen Erfahrung wissen wir, dass manche Personen versuchen, diese Anteile mit aller Kraft zu unterdrücken – was ihnen jedoch in der Regel nicht gelingt. Denn oftmals geht es dabei um Anteile, die jeder Mensch in einem bestimmten Umfang hat und deren vollständige Unterdrückung keineswegs gesund wäre (z.B. Egoismus oder Wut). Ein wichtiger Schritt zur Akzeptanz dieser Anteile ist daher häufig, sie zunächst als genau das zu sehen – einen Anteil, nicht als das große Ganze. Als nächstes lohnt es sich häufig, den Blick auf die (frühere oder eigentliche) Funktion der Eigenschaft zu richten; denn vieles, was wir möglicherweise heute an uns ablehnen (z.B. zu große Passivität bei Konflikten), war womöglich früher sehr hilfreich (z.B. weil als Kind eine Gegenwehr zu schlimmeren Konsequenzen geführt hätte) oder kann noch immer hilfreich sein, wenn Intensität und Timing passen (z.B. Wut, wenn man unfair behandelt wird). Durch eine Auseinandersetzung mit diesen Funktionen und eine gleichzeitig kritische Würdigung der Nachteile der jeweiligen Eigenschaft ist oftmals eine (teilweise) Aussöhnung mit schwierigen Persönlichkeitsanteilen möglich (Mikulincer & Shaver, 2007). Dadurch gelingt es eher, sein eigenes Verhalten so anzupassen, wie man es sich wünscht (z.B. in Konfliktsituationen nicht „aus der Haut zu fahren", sondern lösungsorientiert zu bleiben), ohne dabei eigene Anteile zu verleugnen (z.B. trotzdem für Dinge, Werte, Menschen, die einem wichtig sind, in Konflikte gehen).

- *Zu wenig Flexibilität beim Wechsel zwischen sozialen Rollen.* Jeder Mensch hat verschiedene soziale Rollen, in denen er:sie anders denkt, fühlt, handelt. Das hat nichts mit fehlender Authentizität oder „sich verstellen" zu tun, sondern ist normal und außerordentlich hilfreich. Denn in soziale Rollen zu schlüpfen, erlaubt es uns, schnell und ohne langes Überlegen Entscheidungen zu treffen und Verhaltensweisen zu zeigen, die (der Erfahrung der betroffenen Person nach) in einer bestimmten sozialen Situation am erfolgversprechendsten sind. Schwierig wird es jedoch, wenn eine unpassende soziale Rolle aktiviert ist und man z.B. mit Kindern wie mit Erwachsenen spricht (z.B. ihnen von Problemen erzählt, die für Kinder überfordernd sind), Partner:innen wie Angestellte behandelt (z.B. sie im eigenen Zuhause zurechtweist) oder gegenüber Vorgesetzten eine kindliche Rolle einnimmt (z.B. anstelle professionell mit Kritik umzugehen oder sich zur Wehr zu setzen). Stellt man fest, dass man sich des Öfteren in einer Rolle wiederfindet, in der man in der jeweiligen Situation nicht sein möchte, lohnt es sich manchmal zu überprüfen, wodurch die jeweilige Rolle aktiviert wurde. Manchmal reicht z.B. eine bestimmte Körperhaltung oder der Tonfall des Gegenübers, um kindliche Rollen zu aktivieren, oder eine (vermeintliche) Respektlosigkeit, um in einen Angriffs-Modus zu wechseln. Dadurch kann das eigene Auge für solche Situationen in Zukunft wachsamer werden, sodass man eigene „Sollbruchstellen" kennt und gegensteuern kann. Dabei kann es hilfreich sein, Selbstinstruktionen zu formulieren. Das heißt, zu planen, wie man in den kritischen Situationen zukünftig eher reagieren möchte.

**Beispiel**

Bernd merkt, dass er seiner Partnerin gegenüber schnell dominant und angreifend wird, wenn diese vor anderen einen Scherz macht, der auch auf seine Kosten geht. Er selbst macht häufig auch Scherze über andere und würde sich einen entspannteren Umgang mit Witzen wünschen, die auf Kosten seiner Person gehen. Manchmal geht es aber dennoch mit ihm durch und er wird dann sehr wütend. Um das nach und nach zu ändern, hat er sich Selbstinstruktionen formuliert, die er seit einigen Wochen in entsprechenden Situationen nutzt:

- Dass sie den Scherz macht, während ich dabei bin, zeigt, dass es nur Spaß ist.
- Meine Freundin lacht mit mir, nicht über mich.
- Im Humor ist alles erlaubt.
- Ich lache mit oder, wenn mir nicht danach ist, lächele ich einfach.
- Wenn mir danach ist, schiebe ich einen Scherz über mich selbst hinterher.

- *Sich verändernde Rollenanforderungen.* In jedem Leben kommt es zu Phasenübergängen, in denen die Wahrscheinlichkeit von Identitätskonflikten besonders hoch ist. Zu entsprechenden Phasenübergängen können unter anderem der Einstieg in Ausbildung, Studium und Beruf, der Auszug aus dem Elternhaus, der Beginn einer stabilen Partnerschaft, die Geburt eigener Kinder, der Auszug der eigenen Kinder und der Beginn der Rente gehören. Die jeweiligen Übergänge gehen mit Entwicklungsaufgaben einher, bei denen wir mit Herausforderungen konfrontiert sind, die wir zuvor in dieser Weise noch nicht kennengelernt haben. Regelhaft fordert das das Erproben neuer Erlebens-, Verhaltens- und Regulationsstrategien, die in der Ausbildung neuer sozialer Rollen münden. Dabei kann es zu Konflikten kommen. Beispielsweise, wenn die Rolle als Eltern die Rollen als Partner:innen verdrängt (z. B. Exklusivzeit, Sexualität) oder wenn wichtige Quellen der Bedürfnisbefriedigung mit dem Rentenbeginn wegzufallen drohen (z. B. soziale Kontakte mit Arbeitskolleg:innen, berufliche Bestätigung als Quelle von Selbstwirksamkeitserleben). Solche Übergänge können eine neue Priorisierung von Werten (z. B. Fürsorge für das Kind) oder die Definition neuer Lebensziele erforderlich machen (z. B. Unterstützung der Enkelkinder). Wichtig ist es zudem, zu prüfen, wie die neue Lebenssituation angepasst werden kann, um entweder alte

Wege der Bedürfnisbefriedigung zu erhalten (z. B. Unterstützungsangebote aus dem Umfeld nutzen, um auch als frisches Elternpaar Exklusivzeit zu erleben) oder neue Wege der Bedürfnisbefriedigung zu entwickeln (z. B. soziales Engagement, um in der Rente das Sinn- und Selbstwirksamkeitserleben zu fördern).

**Zusammenfassung: Grundbedürfnisse befriedigen**

- Um Grundbedürfnisse zuverlässig und krisensicher zu befriedigen, ist es hilfreich, seinen Alltag nicht nur auf einer, sondern mehreren tragenden Säulen aufzubauen.
- In allen Lebensbereichen können alle Grundbedürfnisse befriedigt werden, wobei meistens das Familienleben besonders für Bindung, Zugehörigkeit und Identität, das Berufsleben für Kompetenzerleben, Autonomie und Selbstverwirklichung sowie die Freizeit für Lust- und Freiheitbedürfnisse relevant sind.
- Konflikte im Bereich des Lustempfindens und der Unlustvermeidung drehen sich zumeist um Kurzzeit-Hedonismus und Frustrationsintoleranz, aus denen Prokrastination resultieren kann.
- Wurde (in der Kindheit) ein grundlegendes Misstrauen gegenüber Beziehungen gelernt, können zur Kompensation der damit verbundenen Probleme überkompensierende oder distanzierende Beziehungsmuster entstehen, die die Wahrscheinlichkeit von Stress erhöhen und die Chance von Bedürfnisbefriedigung senken.
- Ein übermäßiger Wunsch nach Unabhängigkeit kann Kooperation, gemeinsame Lebensplanung und das Teilen von Ressourcen erschweren und dadurch den Handlungsspielraum empfindlich beschränken.
- Wird der Selbstwert eng an das eigene Kompetenzerleben gekoppelt, können daraus dysfunktionale Verhaltensstrategien entstehen, die zwar kurzfristig erfolgsversprechend scheinen, aber langfristig die Stabilisierung des Selbstwerts konterkarieren.
- Identitätskonflikte (abgelehnte Selbstanteile), wenig flexible soziale Rollen sowie sich verändernde Rollenanforderungen können zur Herausforderung für die Befriedigung der Bedürfnisse nach Identitätsgefühl und Selbstverwirklichung werden.

# 4 Regulation von Emotionen und Stress

Die Regulation von Emotionen und Stress ermöglicht es uns, auch in schwierigen Situationen funktionales und flexibles Verhalten zu zeigen. Dadurch ist sie eine wichtige Säule zur Befriedigung von Bedürfnissen und der Steigerung bzw. Aufrechterhaltung unseres Wohlbefindens. Um Sie bei der Regulation Ihrer Emotionen zu unterstützen, werden in diesem Kapitel dysfunktionale Regulationsstrategien kritisch reflektiert und funktionale Alternativen erläutert. Da es jedoch wichtig ist, die Regulation von Emotionen nicht mit deren Unterdrückung zu verwechseln, stellen wir diesen Inhalten ein Unterkapitel zu den wichtigsten Funktionen von Emotionen voraus (vgl. Kapitel 4.1).

> Zu diesem Kapitel gibt es Arbeitsblätter, die zum Download zur Verfügung stehen (eine Liste der Arbeitsblätter sowie eine Anleitung zum Download findet sich im Anhang des Buchs). Die Arbeitsblätter können Ihnen helfen, die Buchinhalte in den Alltag zu übertragen.

## 4.1 Funktionalität von Emotionen

Umgangssprachlich bezeichnet der Begriff Emotion häufig ein „Gefühl", das durch bestimmte Situationen bzw. deren Interpretation ausgelöst wird. Psychologisch betrachtet ist der Begriff breiter (VandenBos, 2007). Neben einem Gefühl gehören zu spezifischen Emotionen Veränderungen der Wahrnehmung, bestimmte Verhaltenstendenzen, körperliche Reaktionen, eine spezifische Mimik und eine charakteristische Gestik. Emotionen *resultieren* aus einem Informationsverarbeitungsprozess. Je nachdem, wie eine Situation bewertet wird, entsteht eine andere emotionale Reaktion (wird eine Situation z.B. als unfair bewertet, empfinden wir in der Regel Ärger). Umgekehrt *beeinflussen* Emotionen auch unseren Informationsverarbeitungsprozess (wenn wir Ärger empfinden, verarbeiten wir z.B. bevorzugt Informationen, die als Grenzverletzung interpretiert werden können). Emotionen sind sehr nützlich. Das sieht man allein daran, dass sich Emotionen in der Evolution aller Säugetiere durchgesetzt haben. Egal ob Hund, Bär, Katze, Maus, Delphin oder Robbe, alle Säugetiere empfinden Angst, Ärger und Freude. Andere Emotionen haben sich erst später in der Evolution entwickelt. So kann Schuld nur von einigen wenigen Säugetieren und Scham vielleicht nur von Menschen empfunden werden. Alle Emotionen sind für unser tägliches (Über-)Leben hilfreich, solange sie in angemessener Intensität, Dauer und Häufigkeit auftreten (Schanz, Mattheus, Equit & Schäfer, 2022).

*Freude.* Erleben wir etwas als (überraschend) positiv und bedürfnisbefriedigend, löst dies Freude aus. Freude ist angenehm und motiviert zu Annäherungsverhalten. Das heißt, die Ereignisse/Dinge/Personen, die bei uns Freude auslösen, werden wir in Zukunft häufiger erleben/tun/treffen wollen. Freudige Mimik und Gestik signalisieren anderen, dass uns die gegenwärtige Situation gefällt. Das Empfinden von Freude ist ein wichtiger Antrieb und Verhaltensmotor. Empfinden Menschen einen Mangel an Freude, steigt langfristig die Wahrscheinlichkeit psychischer Probleme. In seltenen Fällen kann auch ein Überschuss an Freude problematisch sein.

**Zu wenig Freude:** Ein Mensch, der keine oder wenig Freude erlebt, würde vermutlich nicht den Aufwand betreiben, Freundschaften zu schließen, sich auf eine Prüfung vorzubereiten oder Sport zu treiben. Er oder sie hätte große Schwierigkeiten, sich zu funktionalem, bedürfnisbefriedigendem Verhalten zu motivieren.

**Zu viel Freude:** Steigert sich Freude zu Euphorie, kann der Überschwang manchmal in distanzloses Verhalten übergehen, das andere als überfordernd oder aufdringlich empfinden können – insbesondere, wenn diese das Hochgefühl nicht teilen oder sogar betrübt sind.

*Traurigkeit.* Traurigkeit empfinden wir, wenn wir jemanden oder etwas verlieren, der/das uns wichtig war, oder wenn ein (erwartetes) positives Ereignis doch nicht eintritt. Traurigkeit ist unangenehm. In ihrer reinen Form motiviert sie uns häufig dazu, Trost zu suchen und/oder uns mit

dem Verlust zu beschäftigen, um ihn zu verarbeiten. Wenn sich Scham oder Schuld in die Traurigkeit mischen, entsteht hingegen häufig sozialer Rückzug und die Wahrscheinlichkeit zu grübeln nimmt zu. Während wir im Allgemeinen also dazu motiviert sind, das Erleben von Traurigkeit zu vermeiden, kann ein Zustand von Traurigkeit sowohl Annäherungs- als auch Vermeidungsverhalten auslösen.
Bei anderen lösen die mit Traurigkeit einhergehende Mimik, Gestik und Körperhaltung häufig tröstendes und fürsorgliches Verhalten aus. Empfinden und zeigen Menschen zu wenig Traurigkeit, gehen sie wahrscheinlicher über Verluste hinweg, mit denen eine Auseinandersetzung möglicherweise sinnvoll gewesen wäre – zudem erhalten sie häufig weniger Trost als sie brauchen. Wenn Menschen Traurigkeit im Übermaß erleben, kann es passieren, dass sich ihr Erleben auf den Verlust einengt und sie zu wenig im Hier und Jetzt sind.

**Zu wenig Traurigkeit.** Wenn jemand keine oder nur wenig Traurigkeit erlebt, wird er Verluste vermutlich nicht angemessen verarbeiten und von anderen nicht die Unterstützung erhalten und annehmen können, die er:sie eigentlich gebraucht hätte.

**Zu viel Traurigkeit:** Erlebt jemand dauerhaft und/oder sehr intensiv Traurigkeit, wird er vermutlich sein Annäherungsverhalten einstellen, viel grübeln und mehr und mehr in der Vergangenheit leben.

*Angst.* Angst empfinden wir in Situationen, die wir als bedrohlich erleben und in denen wir uns als nicht wehrhaft genug wahrnehmen, um diese Bedrohung abwenden zu können. Mimik und Gestik bei Angsterleben vermitteln umstehenden Personen, dass wir eine Schädigung befürchten und sie uns entweder verschonen oder uns helfen sollen. Angst aktiviert Verhaltenstendenzen (d.h. Vermeidung oder Flucht), die dazu beitragen sollen, die Gefahr einer Schädigung zu reduzieren. Um diese Verhaltenstendenzen

umsetzen zu können, geht Angst – wie alle Emotionen – mit einer körperlichen Aktivierung einher (u.a. Anstieg des Herzschlags, Anstieg des Blutdrucks, Erweiterung der Bronchien). Angst ist unangenehm, aber häufig nützlich. Tritt Angst mit angemessener Intensität und Dauer auf, hilft sie uns, Gefahren aus dem Weg zu gehen. Tritt Angst zu stark oder zu schwach bzw. zu oft oder zu selten auf, gehen damit Probleme einher.

**Zu wenig Angst:** Jemand, der nie Angst erleben würde, würde vermutlich schnell verunfallen oder auf andere Art (tödlichen) Schaden nehmen.

**Zu viel Angst:** Jemand, der ständig intensive Angst erlebt, würde sich vermutlich nicht trauen, Schritte zu unternehmen, die ihn:sie einer langfristigen Bedürfnisbefriedigung näher bringen.

*Scham.* Schamerleben ist eine spezifische Form des Angsterlebens. Es tritt vermutlich nur beim Menschen auf und auch hier erst ab dem dritten oder vierten Lebensjahr (Lewis & Sullivan, 2005). Das hat damit zu tun, dass Scham (wie auch Schuld) ein Verständnis von sozialen Rollen in Gruppen voraussetzt – eine Fähigkeit, die sich auch beim Menschen erst mit der Zeit entwickelt. Schamerleben tritt auf, wenn wir befürchten, aus einer sozialen Gruppe ausgeschlossen zu werden oder unseren Platz oder unser Ansehen in dieser Gruppe zu verlieren (Schanz et al., 2022). Schamerleben tritt daher auf, wenn wir glauben, schwächer, verletzlicher, dümmer, ungeschickter, weniger attraktiv usw. zu sein als die Gruppe oder wir selbst es von uns erwarten. Mimik und Gestik bei Schamerleben signalisieren anderen, dass wir uns unterordnen und sie uns schonen sollen. Scham aktiviert angepasstes Verhalten, dass sicherstellen soll, dass wir Teil der Gruppe bleiben. Ein angemessenes Schamempfinden hilft daher bei der Stabilisierung sozialer Systeme und unserer Position in diesen Systemen.

**Zu wenig Schamerleben:** Jemand, der schamlos wäre, würde sich häufig sozial unangepasst verhalten und hätte große Schwierigkeiten sowohl im beruflichen als auch privaten Kontext Teil einer funktionierenden sozialen Gruppe zu sein.

**Zu viel Schamerleben:** Eine Person, die ständig ein intensives Ausmaß an Scham erleben würde, würde sich nie trauen, sie selbst zu sein, ihre Bedürfnisse zu kommunizieren und sich in Gruppen einzubringen.

*Schuld.* Schulderleben ist eng mit Schamerleben verwandt, denn auch Schulderleben entsteht, wenn wir glauben, gegen Normen und Werte verstoßen zu haben, und wir Bestrafung durch die Gruppe befürchten. Im Vergleich zu Schamerleben setzt Schuld jedoch voraus, dass wir uns für einen (vermeintlich) verursachten Schaden verantwortlich fühlen. Das ist bei Schamerleben nicht der Fall. Ebenso setzt Schulderleben voraus, dass wir den Schaden hätten abwenden können (bzw. dass wir dies glauben). Auch das ist bei Schamerleben nicht der Fall – wir können uns für Dinge schämen, bei denen uns vollkommen klar ist, dass wir sie nicht mitverursacht haben (z. B. unsere vermeintliche Dummheit, unser Aussehen, unsere Eltern). Der mimische und gestische Ausdruck von Schuld soll anderen unser Bedauern zeigen und die Wahrscheinlichkeit erhöhen, dass sie gnädig mit uns sind. Schulderleben trägt wie Schamerleben dazu bei, soziale Systeme und unseren Platz in diesen zu stabilisieren, denn es motiviert zu moralischem Handeln, begrenzt Selbstsüchtigkeit und erhöht die Hemmschwelle, andere zu schädigen.

**Zu wenig Schulderleben:** Jemand, der frei von Schulderleben wäre, würde vermutlich rücksichtslos agieren, andere manipulieren und sie schädigen. Daraus würden für ihn:sie vermutlich juristisch oder sozial unangenehme Konsequenzen erwachsen.

**Zu viel Schulderleben:** Jemand, der ständig Schuld erlebt, würde große Probleme entwickeln, Entscheidungen zu treffen, und hätte große Schwierigkeiten, sein Verhalten zukunfts- und lösungsorientiert auszurichten.

*Ärger.* Ärger entsteht, wenn wir etwas als grenzverletzend, normverletzend oder unfair erleben. Er motiviert dazu, uns zu verteidigen und Hindernisse auf dem Weg zu räumen, die die Erreichung unserer Ziele blockieren. Mimik und Gestik beim Erleben von Ärger sollen andere Personen abschrecken und zum Einlenken bzw. zum Rückzug bewegen. Ärger ist hilfreich, wenn er uns in angemessener Art und Weise motiviert, unsere Bedürfnisse durchzusetzen und unsere Interessen zu verteidigen.

**Zu wenig Ärger:** Ein Mensch ohne Ärgererleben würde anderen vermutlich keine Grenzen setzen, sich nicht durchsetzen und nicht für seine:ihre Rechte kämpfen. Er oder sie würde vermutlich häufig ausgenutzt werden und Schwierigkeiten haben, seine:ihre Bedürfnisse auch bei Widerständen zu befriedigen.

**Zu viel Ärger.** Eine Person mit ständigem oder übermäßigem Ärger wäre anderen gegenüber vermutlich unverträglich, würde Menschen abschrecken und vor den Kopf stoßen. Sie hätte große Probleme, Kompromisse einzugehen und Beziehungen zu stabilisieren.

Situationsangemessene Emotionen sind daher eine Bereicherung des Alltags und erhöhen die Funktionalität. Eine generelle Unterdrückung von Emotionen führt hingegen zu ähnlich großen Problemen wie eine überschießende emotionale Reaktivität. Regulation von Emotionen bedeutet daher:

- nicht nur Emotionen kontrollieren zu können, sondern ebenso loslassen und Emotionen empfinden zu können.
- nicht nur emotionale Intensität reduzieren zu können, sondern auch die Möglichkeit zu haben, emotionales Erleben zu vertiefen.

Für den Fall, dass Emotionen doch einmal zu stark sind oder zu häufig auftreten, um funktional zu sein, steht uns ein breites Repertoire an Regulationsstrategien zur Verfügung. Um funktionale Regulation von Stress und Emotionen zu verstehen, lohnt es sich, sowohl den Zeitpunkt der Regulation als auch konkrete Regulationsstrategien und deren flexible Anwendung zu betrachten.

## 4.2 Der Zeitpunkt der Regulation

Vorsicht ist besser als Nachsicht. Diesen Satz kennen wir alle. Aber ist man zu vorsichtig, wird man zwangsläufig auch so manche Chance verpassen. Daher ist es zwar sinnvoll, manchen Stressor vorausschauend zu umschiffen (proaktive Stressregulation), anderem Stress wird man sich jedoch, auch im Dienst der eigenen Bedürfnisse, zwangsläufig stellen müssen (reaktive Stressregulation; Gross, 2002).

Die *proaktive Stressregulation* hat das Ziel, der Entstehung von Stress vorzubeugen bzw. sich optimal auf einen Stressor vorzubereiten. Das heißt, proaktive Strategien werden angewendet, bevor eine Bedrohung eingetreten ist. Proaktive Strategien sind funktional, wenn die Wahrscheinlichkeit des Eintretens des Stressors (relativ) hoch ist, die Wahrscheinlichkeit des Eintretens des Stressors oder seine Intensität gezielt beeinflussbar sind und die Intensität des potenziellen Stressors in einem angemessenen Verhältnis zum Aufwand der proaktiven Strategie steht. Optimalerweise geht die Strategie zudem mit einer Befriedigung relevanter Bedürfnisse einher.

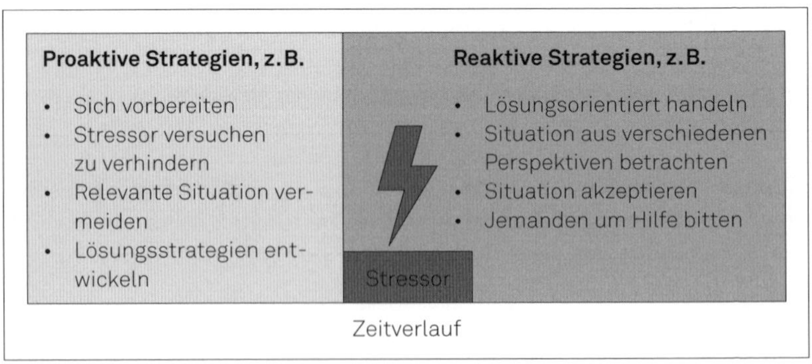


**Abbildung 9:** Die Regulation von Stress kann vor Eintreten des Stressors (proaktive Strategien) oder während bzw. nach dem Eintreten des Stressors beginnen (reaktive Strategien).

**Beispiel**

Kevin hat in zwei Wochen eine Klausur. Der Gedanke an die Prüfung beunruhigt ihn und er erwartet, dass sie mit großem Stress für ihn verbunden sein wird.

**Funktionale proaktive Stressregulation:** Kevin bereitet sich zwei Wochen lang auf die Prüfung vor. Aufgrund seiner guten Vorbereitung fühlt er sich während der Prüfung relativ wohl und besteht sie. Seine Vorbereitung hat daher sowohl das Stresserleben gesenkt als auch zur Befriedigung seiner Bedürfnisse nach Kompetenz und Selbstwirksamkeit beigetragen.

**Dysfunktionale proaktive Stressregulation:** Kevin vermeidet die Auseinandersetzung mit den Prüfungsthemen und meldet sich am Tag der Prüfung krank. Dadurch vermeidet er zwar kurzfristig eine stressige Situation, handelt jedoch auch entgegen seinen Bedürfnissen.

Die *reaktive Stressregulation* hat die Aufgabe, eine bereits eingetretene Stressreaktion so zu modulieren, dass funktional auf sie reagiert werden kann. Reaktive Stressregulation wird also angewendet, wenn ein Stressor aktuell vorhanden ist bzw. in der Vergangenheit eingetreten ist. Reaktive Stressregulation ist effektiv, wenn sie das aversive Erleben senkt, das mit dem Stressor einhergeht, einen bedürfnisbefriedigenden Umgang mit der Situation ermöglicht und die Kosten der Regulationsstrategie in einem angemessenen Verhältnis zur Intensität des Stressors stehen.

**Beispiel**

Kevin sitzt in der Klausur. Als er eine Frage nicht beantworten kann, wird er nervös. Sein Hals ist trocken und er hat das Gefühl, keine Luft mehr zu bekommen. Er erlebt psychischen und körperlichen Stress.

**Funktionale reaktive Stressregulation:** Kevin trinkt einen Schluck aus seiner Wasserflasche. Er fixiert einen Punkt vor sich im Raum und atmet langsam durch die Nase ein und dann langsam durch die Nase wieder aus. Das wiederholt er mehrfach, um seinen Atem und sich zu beruhigen. Im Anschluss markiert er die Frage, deren Antwort er gerade nicht weiß, und macht mit der nächsten Frage weiter.

**Dysfunktionale reaktive Stressregulation:** Kevin denkt immer wieder über die Frage nach. Er glaubt, dass das Thema in dem Kapitel behandelt wurde, das er aus Zeitgründen nur überflogen hatte. Er fragt sich, wie man so dumm sein konnte. Hätte er doch nur dieses blöde Kapitel gelesen. Er wird immer nervöser. Die Zeit rennt ihm davon.

Zur nachhaltigen Befriedigung der eigenen Bedürfnisse braucht es sowohl proaktive als auch reaktive Stressregulation. Einerseits ist es nicht sinnvoll, jede „Katastrophe“ zunächst geschehen zu lassen, um im Anschluss Lösungswege zu finden. Andererseits muss man auch akzeptieren, dass wir die Zukunft nicht vorhersehen können und wir uns unmöglich auf alle Eventualitäten vorbereiten können. Würde man dies versuchen, würde es vermutlich mit unverhältnismäßig hohen Kosten einhergehen.

**Beispiel**

Angenommen wir haben die Sorge, unserem Kind könnte etwas zustoßen. Natürlich gibt es einige Dinge, die wir tun können, um das zu verhindern. Wir können ihm zum Beispiel beibringen, nur bei Grün über die Fußgängerampel zu gehen. Aber können wir dadurch einen Unfall unseres Kindes wirklich ausschließen? Zu warten, bis die Fußgängerampel grün wird, schützt wenig gegen Autofahrer:innen, die bei Rot über die Ampel fahren. Darüber hinaus gibt es im Alltag viele andere Gefahrenquellen, z. B. Krankheiten, Treppen, Schulhofstreitigkeiten. Würden wir unser Kind vor allen Eventualitäten schützen wollen, müssten wir seine Autonomie dafür massiv einschränken – woraus aber auch nur wieder andere Gefahren für die Gesundheit des Kindes resultieren würden. Absolute, hundertprozentige Sicherheit gewinnen zu wollen, ist nur in der Fantasie, aber nie unter realen Bedingungen möglich. Das darf man bedauerlich finden, es als Tatsache zu akzeptieren, ist aber alternativlos, um funktional mit Alltagssituationen umgehen zu können.

## 4.3 Umgang mit dysfunktionalen Regulationsstrategien

Es gibt eine große Zahl unterschiedlicher Regulationsstrategien. Manche Regulationsstrategien führen dabei mit hoher Wahrscheinlichkeit zu einer effektiven Emotionsregulation. Das heißt, sie führen kurz- und langfristig zu weniger Stress und unterstützen die Befriedigung von Bedürfnissen (Kraiss, Ten Klooster, Moskowitz & Bohlmeijer, 2020). Diese Strategien bezeichnen Psycholog:innen als „funktional“ bzw. „adaptiv“, denn sie erhöhen die Funktionsfähigkeit im Alltag und erlauben eine gute Anpassung (d.h. Adaptation) an verschiedene Situationen. Andere sind „dysfunktional“ bzw. „maladaptiv“, d.h., sie führen wahrscheinlicher zu einer (langfristigen) Intensivierung von Stress oder blockieren die Bedürfnisbefriedigung. Im Folgenden wollen wir zunächst mehrere (eher) dysfunktionale Emotionsregulationsstrategien besprechen und herausstellen, wie sich diese in eine funktionale Regulation umwandeln lassen. In Kapitel 4.4 werden anschließend Strategien und Übungen zur funktionalen Emotionsregulation vorgestellt.

## 4.3.1 Sorgenketten und Grübelschleifen

### Sorgenketten

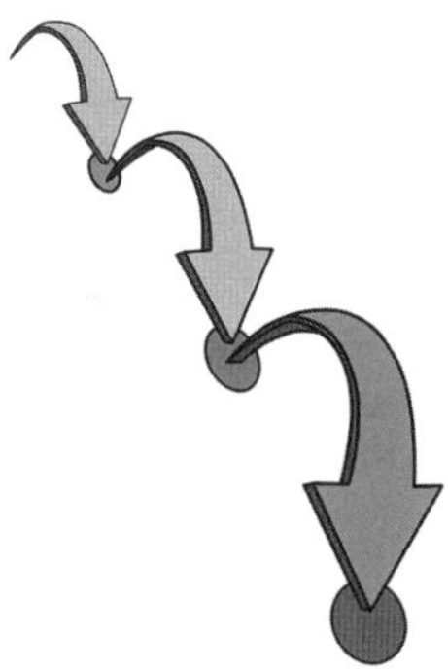

Sorgenketten und Grübelschleifen sind eng miteinander verwandt, sind aber nicht das Gleiche (Fresco et al., 2002). Bei Sorgenketten reihen sich Gedanken aneinander, die sich auf zukünftige Bedrohungen beziehen. Sorgenketten sind eine dysfunktionale Form der proaktiven Regulation (d.h., der befürchtete Stressor ist noch nicht eingetreten und wird vielleicht auch niemals eintreten). Typisch an Sorgenketten ist, dass einzelne Sorgen nicht zu Ende gedacht werden. Stattdessen wird von Gedanken zu Gedanken, von Szenario zu Szenario und von Katastrophe zu Katastrophe gesprungen. Obwohl sich die Betroffenen insgesamt also sehr lange mit ihren Sorgen beschäftigen, erfolgt die Verarbeitung der einzelnen Glieder der Sorgenkette häufig nur oberflächlich. Ursache hierfür ist eine innere Ambivalenz. Einerseits empfinden es die Betroffenen als sehr unangenehm, sich mit einer Sorge vertieft zu beschäftigen, weil es sie nervös macht und mit Angst einhergeht. Andererseits glauben sie, dass es sehr wichtig ist, sich mit zukünftigen Bedrohungen auseinanderzusetzen, um vorbereitet zu sein, weshalb sie gedanklich immer wieder zu den Sorgenthemen zurückkehren und diese weiterspinnen (Wells, 2006).

**Beispiel: Svenja und ihre Sorgenkette**

Am Auto von Svenjas Mutter ist vor zwei Monaten der Keilriemen gerissen. Seitdem macht sich Svenja fast jeden Tag Sorgen darüber, dass das auch bei ihrem Auto passieren könnte. Wenn bei ihrem Auto der Keilriemen reißen würde, wüsste sie gar nicht, ob sie das überhaupt bezahlen könnte. Und selbst wenn, dann wäre das Auto ja vermutlich Tage oder Wochen in der Werkstatt. Wie würde sie denn dann zur Uni kommen? Ihre Dozent:innen waren schon in der Vergangenheit bei Fehlterminen nicht kulant. Wie soll sie so die nächsten Seminare bestehen? Wenn sie ihr Studium nicht zu Ende bringen könnte, wäre das schrecklich. Schließlich hat sie durch den BAföG-Bezug bereits einen Kredit aufgenommen.

Hinzu kommt, dass das Denken während Sorgenketten häufig problem- statt lösungsorientiert ist. Das heißt, dass der gedankliche Fokus darauf liegt, was zukünftig alles schiefgehen und wie ein Problem das nächste ergeben könnte. Dadurch kommt es zu einer Überschätzung der Wahrscheinlichkeit zukünftiger negativer Ereignisse, wodurch die innere Unruhe steigt. Außerdem ist der Blick der Betroffenen nicht mehr auf die einzelnen Sorgen gerichtet (die vermutlich einzeln gut handhabbar wären), sondern sie sehen sich mit einem (vermeintlich) unüberwindbar großen Sorgenberg konfrontiert. In der Folge sind die Betroffenen oftmals eingeschüchtert und fühlen sich überfordert, weshalb sie kapitulieren, ehe sie überhaupt Lösungsversuche unternommen haben. Ausgehend von diesen Annahmen besteht ein Weg heraus aus den Sorgenketten in einer vertieften lösungsorientierten Verarbeitung mit klarem Handlungsfokus.

**Der Weg aus der Sorgenkette**

1. Greifen Sie das erste Glied der Sorgenkette heraus und sammeln Sie Informationen, die Ihnen helfen, einzuschätzen, wie wahrscheinlich die (vermeintliche) Bedrohung eintreten kann und wie groß der (vermeintliche) Schaden sein könnte. Stellen Sie dabei fest, dass das Eintreten der Bedrohung sehr unwahrscheinlich bzw. der potenziell drohende Schaden marginal ist, ist die Bearbeitung der Sorgen bereits an dieser Stelle abgeschlossen. Andernfalls werden die folgenden Schritte relevant.

2. Prüfen Sie, ob die Eintretenswahrscheinlichkeit und/oder Schwere der Bedrohung potenziell beeinflusst werden kann. Falls dies nicht der Fall ist (z.B. bei der Sorge „mein Sohn könnte während des Rückflugs aus Australien abstürzen"), bleibt uns nichts anderes übrig, als dieses Risiko zu akzeptieren (siehe Kapitel 4.4.1 „Neubewerten" und Kapitel 4.4.3 „Akzeptieren").
3. Falls das Eintreten der Bedrohung bzw. deren Schwere vermutlich beeinflusst werden kann, gilt es, Informationen zu sammeln, die zur Identifikation potenzieller Lösungswege führen können.
4. Auf Basis der gesammelten Informationen sollten Lösungswege entwickelt und umgesetzt werden. Dabei ist es wichtig, zu akzeptieren, dass alle Lösungswege immer mit einem Restrisiko einhergehen werden.
5. Zuletzt bietet es sich an, zu überprüfen, ob die proaktive Stressregulation erfolgreich war, und abzuschätzen, ob ggf. weitere Handlungsschritte notwendig sind.

**Fortführung des Beispiels „Svenja und ihre Sorgenkette"**

Schritt 1: Die erste Station von Svenjas Sorgenkette ist „Der Keilriemen meines Autos könnte reißen". Sie sammelt im Internet Informationen zu diesem Sachverhalt und stellt fest, dass ein Keilriemen nach 80 000 bis 90 000 Kilometern ausgetauscht werden sollte und ein Reißen des Keilriemens viel Schaden am Motor anrichtet. Da der Kilometerstand ihres Autos bei 85 000 Kilometern liegt, ist ein baldiges Reißen des Keilriemens nicht ausgeschlossen.

Schritt 2: Svenja überlegt, ob es möglich ist, dem Reißen des Keilriemens vorzubeugen, und kommt dabei zu dem Schluss, dass die Wahrscheinlichkeit eines Keilriemenrisses durch aktives Handeln beeinflusst werden kann.

Schritt 3: Svenja informiert sich, wie viel es kosten würde, den Keilriemen austauschen zu lassen, und wie lange es dauern würde. Sie findet heraus, dass der Austausch eines Keilriemens zwischen 70 und 150 Euro kostet und in der Werkstatt nur eine Arbeitsstunde in Anspruch nimmt.

Schritt 4: Svenja vereinbart mit ihrer Chefin, dass sie die nächsten beiden Wochenenden nicht nur samstags, sondern auch sonntags kellnern möchte. Dadurch kann sie sich etwas dazu verdienen und die Kosten für den Keilriemen auf jeden Fall tragen. Da sie nicht erst warten muss, bis ihr Keilriemen tatsächlich reißt, sondern durch die vertiefte Auseinandersetzung mit der Sorge proaktiv handeln kann, kann sie den Werkstatttermin so legen, dass er für sie zeitlich gut passt und sie für den Rest des Tages auf das Auto verzichten kann. Natürlich verbleibt auch in diesem Szenario ein Restrisiko. Zum Beispiel könnte es sein, dass Svenjas Keilriemen auf dem Weg in die Werkstatt reißt. Dieses Restrisiko muss sie jedoch akzeptieren.

Schritt 5: Durch die vertiefte Auseinandersetzung mit der ersten (vermeintlichen) Bedrohung kann Svenja den Sprung zu den nachfolgenden Schritten der Sorgenkette verhindern. Zudem erlaubt ihr die vertiefte Verarbeitung die Entwicklung von Lösungsstrategien, die sie im Anschluss mit geringem Aufwand umsetzen kann. Dadurch empfindet sie weniger Stress und die Wahrscheinlichkeit einer Befriedigung ihrer Bedürfnisse wird erhöht (z. B. dadurch, dass auch langfristig ihre Mobilität gewährleistet ist).

„Arbeitsblatt 5: Aus Sorgenketten aussteigen“ kann Sie dabei unterstützen, Ihre Sorgenkette funktional zu unterbrechen.

## Grübelschleifen

Beim Grübeln verlieren sich die Betroffenen in Gedankenschleifen, d.h., sie durchdenken immer wieder die gleichen Szenarien, ohne dabei eine zufriedenstellende Antwort finden zu können (Teismann, Hanning, Brachel & Willutzko, 2017). Grübelthemen sind dabei zumeist vergangene Stressoren (z. B. Verlusterlebnisse) und deren (vermeintliche) Ursachen (z. B. die eigene Dummheit). Grübeln ist also ein Versuch der reaktiven Emotionsregulation, denn der Stressor liegt bereits in der Vergangenheit. Dysfunktional ist dieser Versuch aufgrund der Art und Weise wie über die Grübelthemen nachgedacht wird. Denn die Betroffenen denken dabei meist in hypothetischen Szenarien (z. B. „Wenn ich das nur ändern könnte, dann ..."), stellen Fragen, die sie (mit den zur Verfügung stehenden Informationen) unmöglich beantworten können (z. B. „Was hat sie *wirklich* für mich empfunden?") und/oder denken sowohl vergangenheitsorientiert („Wäre das nur alles nicht passiert") als auch emotionsfokussiert („Diese Schuldgefühle sind unerträglich").

**Beispiel: Tom und seine Grübelschleife**

Toms Vater ist vor drei Jahren an den Folgen einer Hautkrebserkrankung gestorben. Der Krebs war bereits Jahre zuvor diagnostiziert und operiert worden, jedoch hatte er bereits gestreut. Seit dem Tod seines Vaters denkt Tom immer wieder über die damalige Zeit nach. Beinahe jeden Tag verfolgt ihn die Frage, ob er nicht mehr hätte tun können. Heute weiß er, dass sein Vater nicht regelmäßig zu Nachsorgeterminen gegangen ist. Vielleicht hätte er ihn hinfahren sollen? Sein Vater hatte auch nicht aufgehört zu rauchen. Vielleicht wäre er noch am Leben, wenn Tom ihn dazu motiviert hätte, mit dem Rauchen aufzuhören? Zu Toms Wahrheit gehört wohl auch, dass er und sein Vater nie einen besonders guten Draht zueinander gehabt hatten. Sie haben eigentlich kaum miteinander geredet. Tom fragt sich immer wieder, ob sein Vater ihn geliebt hat? Ob er heute stolz auf ihn wäre? Was er in der Beziehung zu seinem Vater anders hätte machen können?

**Der Weg aus der Grübelschleife**

1. Akzeptanz der Realität („Die Situation ist so und so") und existenzieller Wahrheiten („Niemand wird jemals sicher wissen, was andere denken und fühlen").
2. Gegenwarts- und handlungsorientiertes Nachdenken.

**Fortführung des Beispiels „Tom und seine Grübelschleife"**

Schritt 1: Tom verliert sich in seinen Grübelschleifen immer wieder in „Was-wäre-wenn"-Szenarien (z. B. „Wenn wir dieses oder jenes getan hätten, könnte mein Vater noch leben"). An der Akzeptanz der Tatsache („Mein Vater ist tot und das ist unveränderlich") führt jedoch leider kein (funktionaler) Weg vorbei. Darüber hinaus muss Tom auch eine andere existenzielle Wahrheit akzeptieren: Wir werden nie wissen, wie andere Menschen (auch der eigene Vater) *wirklich* über uns denken bzw. gedacht haben. Wir können versuchen, uns einer Antwort anzunähern, z. B. indem wir die Betroffenen oder nahe Vertraute danach fragen, aber hundertprozentige Gewissheit zu erlangen, ist unmöglich. In Toms Fall könnte er versuchen, mit seiner Mutter darüber zu sprechen, was sein Vater für ihn empfunden haben könnte. Aber Gewissheit wird er so nicht erlangen.

Schritt 2: Tom kann die Vergangenheit nicht ändern und seine offenen Fragen können nicht abschließend beantwortet werden. Dennoch ist der Tod seines Vaters für Tom ein zu relevantes Lebensereignis, um es zu verdrängen oder einfach zu ignorieren. Gedanken an dieses Ereignis und an seinen Vater sind normal. Damit sie auch funktional sein können, ist es in Toms Fall jedoch sinnvoll, sie auf die Gegenwart zu richten und handlungsleitend zu gestalten:

- Wie kann sich Tom seinem Vater in der Gegenwart positiv nah fühlen? Das gelingt ihm zum Beispiel beim Wandern, denn in seiner Kindheit taten sie das häufig gemeinsam.
- Wie kann Tom in der Gegenwart das Gefühl gewinnen, dass sein Vater stolz auf ihn wäre? Er kann versuchen, Werte zu leben, die er und sein Vater geteilt haben.
- Welche Lehren kann Tom aus der Vergangenheit für seinen Umgang mit Krankheit und Gesundheit in der Gegenwart ziehen? Er will selbst aufhören zu rauchen und regelmäßig zur Vorsorge gehen.
- Welche Lehren kann Tom aus seiner eigenen Unsicherheit über die Gefühle seines Vaters ihm gegenüber für den Umgang mit seiner eigenen Familie ziehen? Er will seiner Frau und seinem Sohn in Wort und Handlung zeigen, dass er sie liebt.

*Noch ein Wort zur Trauer:* Trauer braucht Zeit und es ist normal, dass Phasen von Verleugnung, Aggression, Verhandeln und Depression durchlaufen werden, bevor ein Akzeptieren möglich ist (Bender, 2019). Akzeptanz kann nicht (zu früh) erzwungen werden. Gleichzeitig ist es in Fällen wie dem eben skizzierten, in denen Grübeln und Nicht-Akzeptieren auch noch Jahre nach dem Verlust zu anhaltendem Schmerz beitragen, häufig zielführend, aktiv die Erinnerungskultur zu verändern und Strategien gegen Grübeln zu nutzen.

Sie können „Arbeitsblatt 6: Grübelschleifen verändern" nutzen, um Ihre Grübelschleifen hin zu einem funktionalen Nachdenken zu verändern.

### Gedanken akzeptieren

Sowohl Sorgenketten als auch Grübelschleifen werden häufig auch dadurch aufrechterhalten, dass die Betroffenen krampfhaft versuchen, die unangenehmen Gedanken aus ihrem Bewusstsein zu verdrängen. Das ist verständlich, aber leider ineffektiv (Wells, 2013). Das hat zwei Ursachen:

1. Bewusst nicht an etwas zu denken, ist ein aktiver Prozess, der unseren inneren Kontrolleur auf den Plan ruft. Der innere Kontrolleur nimmt seine Aufgabe ernst und durchsucht die eigenen Gedanken immer wieder nach den gefürchteten Inhalten. Wenn er einen gefürchteten Inhalt entdeckt, schlägt er Alarm. Eine zwingende Voraussetzung, um diese Aufgabe zu erfüllen, ist jedoch, dass sich der innere Kontrolleur selbst immer wieder vergegenwärtigt, nach welchen Inhalten er eigentlich sucht. Indem er sich das vergegenwärtigt, aktiviert der innere Kontrolleur aber paradoxerweise immer wieder genau den Gedanken, dessen Unterdrückung er eigentlich leisten soll.

**Beispiel**

Eine berühmte Beschreibung dieses Phänomens stammt von Fjodor Dostojewski der berichtete, dass er immer wieder an der selbst gestellten Aufgabe „Denke nicht an einen weißen Bären" scheiterte. Je länger und intensiver er versuchte, dieser Aufforderung zu folgen, desto wahrscheinlicher war es, dass der weiße Bär wie von selbst in seinen Gedanken auftauchte. Probieren Sie es am besten selbst aus und konzentrieren Sie Ihre volle Aufmerksamkeit in den nächsten fünf Minuten nur darauf, nicht an einen weißen Bären zu denken.

2. Die Gedanken, die innerhalb von Sorgenketten und Grübelschleifen auftreten, sind häufig normale und alltägliche Gedanken, die jeder Mensch ab und zu denkt. Sie nicht zu denken, wäre absolut unnatürlich. Oder würden Sie jemand sein wollen, der sich nie Gedanken über

die Gesundheit seiner Kinder macht, der nie daran zweifelt, ob er:sie in der Vergangenheit alles richtig gemacht hat, der sich nie überlegt, ob er:sie mit seinem:ihrem Auto in die Werkstatt sollte? Nicht die gedanklichen Inhalte per se sind dysfunktional oder gefährlich, sondern die Art, wie über sie nachgedacht wird, ist hinderlich.

Wenn man die unangenehmen Gedanken nicht unterdrücken soll, was soll man dann mit ihnen tun? (Teismann et al., 2017)

1. Zunächst ist es hilfreich, für sich festzustellen, dass es okay und vollkommen normal ist, dass solche Gedanken auftreten.
2. Im Anschluss ist es nützlich zu prüfen, ob Sie sich im gegenwärtigen Moment mit diesen Gedanken beschäftigen wollen oder nicht.
3. Je nachdem, ob gerade ein guter Moment ist oder nicht, können Sie folgendermaßen vorgehen:
   a) Wenn aktuell ein guter Moment ist, um sich mit den Gedanken zu beschäftigen, dann nutzen Sie die zuvor beschriebenen Strategien. Das heißt, denken Sie vertieft, lösungsorientiert und handlungsleitend über Sorgen nach. Verändern Sie Grübeln durch eine akzeptierende Haltung und einen sowohl gegenwartsorientierten als auch handlungsleitenden Fokus.
   b) Wenn der Moment gerade nicht passt (z. B., weil Sie sich auf die Arbeit konzentrieren möchten), sollten Sie mit sich selbst einen Termin vereinbaren, wann Sie sich näher mit dem Gedanken beschäftigen möchten (z. B. morgen Abend um 18 Uhr). Es hat sich bewährt, den Gedanken dafür aufzuschreiben. Falls Sie oft grübeln bzw. sich Sorgen machen, kann es auch hilfreich sein, mit sich selbst einen festen Serientermin für die Auseinandersetzung mit den jeweiligen Gedanken zu vereinbaren (z. B. jeden Dienstag und Donnerstag um 18 Uhr).
4. Während Sie zu den jeweiligen Terminen wiederum die Strategien zur Modifikation von Sorgenketten und Grübelschleifen anwenden, lassen Sie den Gedanken in den unpassenden Momenten seines Auftretens erstmal weiterziehen und beschäftigen sich mit der Sache, die Ihnen im jeweiligen Moment eigentlich wichtig war.
5. Falls der Gedanke nach kurzer Zeit wieder auftaucht, gehen Sie erneut wie beschrieben vor. Ziel der Übung ist nicht, dass die Gedanken möglichst wenig auftreten (auch wenn das in der Regel mit der Zeit von selbst passiert), sondern dass ihr Auftreten möglichst wenig störend ist. Ärgern Sie sich deshalb nicht, wenn sie immer mal wieder über ähnliche Gedanken stolpern. Setzen Sie die Gedanken einfach auf die

Liste für den nächsten Grübel- oder Sorgentermin und kehren Sie mit Ihrer Aufmerksamkeit ins Hier und Jetzt zurück.

**Tipp:** Das Vorbeiziehenlassen der Grübelgedanken und Sorgen gelingt häufig leichter, wenn man sich in Achtsamkeit übt. Entsprechende Inhalte finden Sie im folgenden Exkurs.

### Exkurs: Achtsamkeit üben

Achtsam zu sein bedeutet, mit seiner Aufmerksamkeit im Hier und Jetzt zu sein und die gegenwärtigen Eindrücke in nicht wertender Weise wahrzunehmen. Achtsamkeit ist daher das Gegenteil von Grübeln oder Sich-Sorgen-machen, bei denen entweder in sehr wertender Weise der Vergangenheit nach- oder der Zukunft vorausgeeilt wird. Entsprechend zeigen Studien, dass eine Förderung von Achtsamkeit effektiv zur Behandlung von Grübelschleifen, Sorgenketten sowie assoziierten psychischen Erkrankungen beiträgt (z. B. Depression). Achtsamkeit kann durch formelle oder informelle Achtsamkeitsübungen gefördert werden. Bei formellen Achtsamkeitsübungen wird die Tagesroutine unterbrochen, um sich Zeit für das alleinige Training von Achtsamkeit zu nehmen. Bei informellen Achtsamkeitsübungen wird in der Tagesroutine fortgefahren und alltägliche Handlungen werden bewusst in achtsamer Art und Weise durchgeführt.

*Formelle Achtsamkeitsübung:*

Gehen Sie an einen ruhigen Ort, an dem Sie für mindestens fünf Minuten ungestört sein können. Nehmen Sie eine bequeme Sitzposition ein und richten Sie Ihre gesamte Aufmerksamkeit auf einen der folgenden Aspekte des Seins:

- Ihre Atmung: Versuchen Sie, weder die Atmung zu verändern noch sie zu bewerten (z. B. „zu schnell“). Achten Sie einfach darauf, wie die Luft beim Einatmen kühl und beim Ausatmen warm ist; wie sich Ihr Brustkorb und/oder Ihr Bauch beim Atmen hebt und senkt; wie sich Ihr Körper bei jedem Atemzug anfühlt.
- Ihre Gedanken: Versuchen Sie weder an etwas Spezielles noch an gar nichts zu denken. Beobachten Sie einfach, welche Gedanken, Bilder, Erinnerungen auftauchen. Bewerten Sie diese nicht (z. B. „Das war wirklich dumm von mir.“). Halten Sie nicht bewusst an Gedanken fest, sondern lassen Sie diese einfach vorbeiziehen und achten Sie darauf, welcher Gedanke dem vorangegangenen nachfolgt.

- Ihre Umgebung: Achten Sie darauf, was Sie hören, sehen, riechen oder tasten. Achten Sie auf die Umgebungstemperatur, die Gegenstände in Ihrer Umgebung und den Luftzug, der durchs Zimmer weht. Nehmen Sie all dies nur wahr, ohne es zu bewerten.

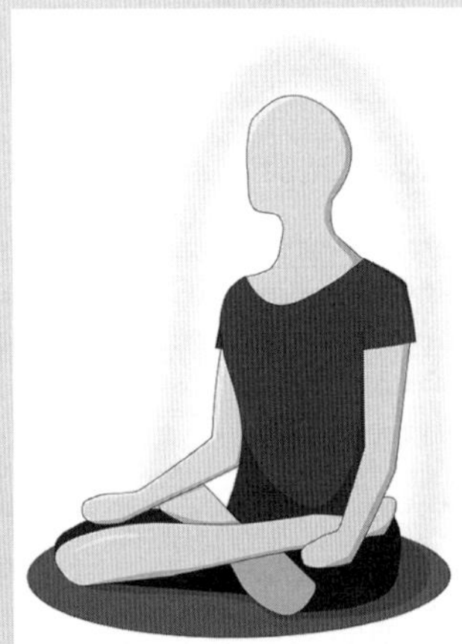

Am Anfang der Übungen ist es normal, dass Sie ab und zu abschweifen oder sich doch in Bewertungen verlieren. Ärgern Sie sich nicht darüber; das passiert und gehört zum Prozess. Wenn Sie feststellen, dass Sie abgeschweift oder ins Bewerten gekommen sind, nehmen Sie das einfach nur wahr und kehren Sie dann zur eigentlichen Übung zurück.

*Informelle Achtsamkeitsübungen:*

Das Ziel von formellen Achtsamkeitsübungen ist es, die Fähigkeit zur Achtsamkeit so weit zu fördern, dass der Alltag achtsam gelebt werden kann. Informelle Achtsamkeitsübungen dienen dazu, den Transfer von der Übung in den Alltag zu unterstützen. Dabei empfiehlt es sich, sich zu Beginn bestimmte Aktivitäten im Alltag auszusuchen, denen man besonders achtsam nachgehen möchte. Zum Beispiel:

- Achtsames Zu-Mittag-Essen: Konzentrieren Sie sich beim Mittagessen nur auf den Geschmack, die Temperatur der Nahrung, Ihre Kaubewegungen, das Körpergefühl beim Schlucken und die Bewegungen Ihrer Hände beim Zerkleinern der Nahrung usw. Versuchen Sie, darauf zu verzichten, den Geschmack und die anderen Dinge zu bewerten. Das Ziel ist es, nur die gegenwärtigen Empfindungen wahrzunehmen.
- Achtsames Geschirrspülen: Konzentrieren Sie sich beim Geschirrspülen nur auf die Haptik des Bestecks, der Teller und Gläser, auf die Wassertemperatur, auf Ihre Reinigungsbewegungen, den Geruch des Spülmittels usw. Bewerten Sie nicht, sondern nehmen Sie nur wahr.
- Achtsames Anziehen: Konzentrieren Sie sich beim Anziehen Ihrer Kleidung auf die Haptik des Stoffes, den Temperaturunterschied, den die Kleidung auf der Haut verursacht, das Druckgefühl beim Schließen des Gürtels, der Knöpfe oder des Reißverschlusses, die Farbe und den Geruch des Stoffes usw. Bewerten Sie nicht, ob Sie

die Kleidung oder die Körperempfindungen gut, schlecht, schön oder hässlich finden, sondern nehmen Sie einfach nur wahr.

Natürlich können auch beliebige andere Alltagsaktivitäten gewählt werden. Um die Übung zu erleichtern, bietet es sich an, zunächst in Situationen zu üben, in denen Sie allein sind und wenig Ablenkung besteht. Zudem bietet es sich an, zunächst Situationen zu wählen, die von kurzer Dauer sind. Später kann der Schwierigkeitsgrad erhöht werden (d.h. längere Dauer, mehr Ablenkung), bis Großteile des Alltags (sofern gewünscht) achtsam betrachtet werden können. Für gedankliches Abschweifen oder sich einschleichende Bewertungen gilt dasselbe wie bei den formellen Achtsamkeitsübungen: Dass es hin und wieder dazu kommt, ist ganz normal – einfach zur Übung zurückkehren und weitermachen.

**Literatur**

Juchmann, U. (2020). *Achtsamkeitsbasierte Psychotherapie bei Depressionen und Ängsten: MBCT in der Praxis.* Beltz.

Kabat-Zinn, J. (2009). *Wherever you go, there you are: Mindfulness meditation in everyday life*. Hachette.

Schanz, C.G., Mattheus, H.K., Equit, M. & Schäfer, S.K. (2022). *Therapie-Tools: Transdiagnostische Psychoedukation.* Beltz.

## 4.3.2 Vermeidungs- und Rückversicherungsverhalten

### Vermeidungsverhalten

Wie schon das Duo Sorgenketten und Grübelschleifen sind auch Vermeidungs- und Rückversicherungsverhalten enge Verwandte. Im Leben gibt es immer wieder Situationen, die man gerne vermeiden würde. Das ist normal und häufig auch sinnvoll. Um Verletzungen beim Skaten zu vermeiden, trägt man Knie- und Ellenbogenschoner. Um seine Kinder nicht zu belasten, vermeidet man es, vor ihnen zu streiten. Um den eigenen Job nicht zu riskieren, vermeidet man es, dem:der Chef:in zu sagen, was man *wirklich* von ihm:ihr hält. Unter bestimmten Bedingungen ist Vermeidungsverhalten aber auch sehr hinderlich. Das ist zum einen der Fall, wenn ein Stressor überhaupt nicht vermieden, sondern nur aufgeschoben wird (siehe „Prokrastination" in Kapitel 3.2.1) und zum anderen, wenn es langfristig den Handlungsspielraum zu stark einschränkt und dadurch Möglichkeiten zur Bedürfnisbefriedigung blockiert. Denn Vermeidungsverhalten kann zwar kurzfristig das Risiko von Zurückweisungen, Konflikten oder Unfällen reduzieren, vermeidet man es aber aus Angst vor Zurückweisung immer wieder, sich anderen anzunähern, wird man vermutlich bald allein dastehen. Vermeidet man es aus Angst vor Konflikten immer wieder, seine Meinung zu äußern, wird man vermutlich von anderen dominiert werden. Vermeidet man es aus Angst vor Unfällen immer wieder, Auto zu fahren oder öffentliche Verkehrsmittel zu benutzen, wird man vermutlich in seiner Mobilität stark eingeschränkt sein. Während Annäherungsverhalten langfristig zu Bedürfnisbefriedigung führen kann, ist dies bei Vermeidungsverhalten häufig nicht der Fall. Eine langfristige Bedürfnisbefriedigung erfordert daher, dass Annäherungs- und nicht Vermeidungsverhalten überwiegt (Caspar, 2018). Tabelle 7 zeigt die kurz- und langfristigen Vor- und Nachteile von Vermeidung anhand eines Beispiels (siehe nachfolgenden Kasten).

**Beispiel**

Martin überlegt, Nina um ein Date zu bitten. Einerseits würde er gerne Zeit mit ihr verbringen. Andererseits hat er es in der Vergangenheit immer wieder vermieden, Nina anzusprechen, da ihn die damit verbundenen (kurzfristigen) Risiken abschrecken.

**Tabelle 7:** Vor- und Nachteile von Vermeidung

| | Vorteile des Vermeidungsverhaltens | Nachteile des Vermeidungsverhaltens |
|---|---|---|
| **Kurzfristig** | Martin vermeidet einen potenziellen Korb. Ein Korb würde für ihn mit starkem Schamerleben einhergehen. Daher beugt er durch das Vermeidungsverhalten Schamerleben kurzfristig vor. | Martin verpasst die Chance, vielleicht einen schönen Abend mit Nina zu verbringen. Ein Date mit Nina würde ihn sehr freuen und vielleicht sein Bedürfnis nach Bindung und Lusterleben befriedigen. Durch das Vermeidungsverhalten muss er auf diese Chance verzichten. |

**Tabelle 7:** Fortsetzung

| | Vorteile des Vermeidungsverhaltens | Nachteile des Vermeidungsverhaltens |
|---|---|---|
| **Langfristig** | Langfristig hat das Vermeidungsverhalten keine Vorteile. | Wäre es zu einem Date gekommen, hätte die Chance bestanden, dass sich die Beziehung langfristig positiv entwickeln könnte (z. B. hin zu einer Affäre, einer Paarbeziehung oder einer Freundschaft). Dadurch wäre Martin der Befriedigung seiner Bedürfnisse nicht nur kurzfristig, sondern auch langfristig nähergekommen. Diese potenziell positive Entwicklung wird durch das Vermeidungsverhalten verhindert. |

Mithilfe von „Arbeitsblatt 7: Vor- und Nachteile von Vermeidung" können Sie sich mit den Vor- und Nachteilen von Vermeidungsverhalten auseinandersetzen.

## Rückversicherungsverhalten

Rückversicherungsverhalten resultiert aus einer inneren Unsicherheit, die man durch Nachfragen oder Kontrollieren zu reduzieren versucht. Die Unsicherheit kann dabei bzgl. verschiedenster Sachverhalte bestehen, z. B. darüber, ob mein:e Partner:in mich *wirklich* liebt, ob ich das Badezimmerfenster *wirklich* geschlossen habe, ob meine Mitarbeiter:innen ihre Arbeit *wirklich* richtig erledigen. Optimalerweise führt die Rückversicherung zu einer dauerhaften Reduktion der Befürchtungen, sodass auch zukünftig keine weitere Rückversicherung mehr notwendig ist. Problematisch wird es jedoch, wenn die Reduktion der Unsicherheit nur von kurzer Dauer ist und bereits nach kurzer Zeit dieselbe Unsicherheit erneut entsteht. Ist dies der Fall, kann das in einem sich wiederholenden Muster resultieren, bei dem die Abstände zwischen Rückversicherung und erneuter Unsicherheit sich immer weiter verkürzen. Diese Entwicklung tritt auf, wenn die Betroffenen der Informationsquelle der Rückversicherung misstrauen. Das heißt, wenn sie zum Beispiel in Erwägung ziehen, dass ihr:e Partner:in sie anlügen könnte oder sie ihrer Erinnerung bzgl. des Badezimmerfensters nicht trauen können. Problematisch an solchen Rückversicherungsschleifen ist, dass der Nutzen der Rückversicherung mit der Zeit sinkt (weil die Unsicherheit immer schneller zurückkehrt) und gleichzeitig die Kosten der Rückversicherung steigen. Im Allgemeinen steigen die Kosten durch den erhöhten Aufwand, der mit der Rückversicherung einhergeht (z.B. höherer Zeitaufwand beim wiederholten Kontrollieren des Badezimmerfensters). Insbesondere bei Rückversicherungsverhalten im zwischenmenschlichen Bereich entstehen Kosten jedoch auch dadurch, dass bei wiederholter Rückversicherung die Wahrscheinlichkeit einer unbefriedigenden Reaktion der Interaktionspartner:innen steigt.

**Beispiel**

Timo und Isabell sind seit sieben Monaten ein Paar. Nach seiner vorangegangenen Beziehung hatte sich Timo mehrere Jahre nicht mehr in eine Beziehung gewagt. Das hatte damit zu tun, dass seine Ex-Freundin ihn mehrfach betrogen hatte, was stark an seinem Selbstbewusstsein und seiner Fähigkeit zu vertrauen gekratzt hatte. Auch in der Beziehung zu Isabell empfindet er große Unsicherheit. Immer wieder fragt er sie, ob sie in der Beziehung glücklich ist, ob sie ihn liebt, wo sie am Abend zuvor gewesen ist. Diese Rückversicherung führt jedoch immer nur zu einer kurzen Reduktion der inneren Unsicherheit. Wenige Tage später ist er erneut verunsichert. Diese Unsicherheit wird zusätzlich dadurch vergrößert, dass Isabell zunehmend genervt auf seine Fragen reagiert. Aus Isabells Sicht ist diese genervte Reaktion jedoch vollkommen nachvollziehbar, denn sie hat das Gefühl, immer wieder von ihrem Freund der Lüge und des Betrugs bezichtigt zu werden. Vorwürfe, denen sie sich hilflos ausgeliefert fühlt, denn es scheint vollkommen egal zu sein, was sie erwidert und wie häufig sie ihm ihre Liebe und Treue versichert. Sie fragt sich inzwischen, wie negativ sein Bild von ihr sein muss, dass er immer wieder so von ihr denkt (was an ihrem Selbstwertgefühl kratzt), und hat das Gefühl, er wolle sie immer mehr kontrollieren (was ihr Bedürfnis nach Autonomie einschränkt). In der Folge reagiert sie abwehrend und zunehmend distanziert auf seine Nachfragen.

Wie kann man aus der Rückversicherungsspirale ausbrechen? Eine Methode, um mehr Vertrauen in sich oder andere aufzubauen, haben wir bereits in Kapitel 3.2.2 besprochen, wo wir festgestellt haben, dass Vertrauen nicht durch mehr, sondern weniger Kontrolle entsteht. Ein weiterer Ansatzpunkt besteht im Hinterfragen der Quelle der eigenen Unsicherheit. Dabei spielen häufig zwei typische Denkverzerrungen eine Rolle (Einsle & Hummel, 2015):

- *Emotionales Schlussfolgern* bezeichnet einen Denkfehler, bei dem eine Emotion mit einer Tatsache verwechselt wird. Zum Beispiel: Weil ich Angst habe, muss die Situation gefährlich sein. Emotionen spiegeln jedoch keine Tatsachen wider, sondern sind „nur" das Resultat eines Informationsverarbeitungsprozesses – nicht mehr, aber auch nicht weniger. Das bedeutet Emotionen sind ein Ergebnis unserer Denkprozesse (z.B. „Hier könnte Gefahr drohen"), aber kein Beleg für deren Richtigkeit (z.B. „Hier ist es gefährlich").

**Beispiel**

Als Marta von der Arbeit nach Hause kommt, ist ihr Sohn Tim nicht zuhause (objektive Tatsache). Ihr kommt daraufhin der Gedanke, meinem Sohn könnte etwas passiert sein (Interpretation). Deshalb empfindet sie Angst (Emotion). Ihre Angst bedeutet aber nicht, dass ihrem Sohn tatsächlich etwas passiert ist, denn ihre Emotion verfügt auch nicht über mehr Informationen als Marta selbst.

- *Übergeneralisierung* ist eine andere Art von Denkfehler, die sich dadurch auszeichnet, dass eine Person fälschlicherweise annimmt, dass Verhaltensweisen oder Eigenschaften eines Objekts oder einer Person (z.B. Timos Ex-Freundin hat ihn betrogen) auf eine ganze Kategorie übertragen werden können, der das Objekt oder die Person angehört (z.B. Timo schlussfolgert, alle Frauen betrügen ihre Partner:innen). Es gibt ebenso Situationen, in denen Generalisieren Sinn macht. Zum Beispiel, wenn unsere Vorfahr:innen gedacht haben: „Gestern hatte ich eine lebensbedrohliche Begegnung mit einem Säbelzahntiger ... vermutlich sind alle Säbelzahntiger gefährlich". In vielen anderen Fällen gilt dies jedoch nicht. Zum Beispiel: „Ich bin einmal durch eine Klausur gefallen, vermutlich werde ich auch durch alle zukünftigen Klausuren fallen." Der Unterschied liegt darin begründet, dass alle Säbelzahntiger Raubtiere waren und die Eigenschaft „Raubtier" dafür verantwortlich ist, dass der Säbelzahntiger für unsere Vorfahren gefährlich war. Daher stimmt es, dass alle Säbelzahntiger gefährlich waren. Dass man durch eine Klausur gefallen ist, kann jedoch u.a. daran liegen, dass die Klausur besonders schwer war, man an dem Tag schlecht geschlafen oder man wenig gelernt hatte. In diesem Fall müsste die Schlussfolgerung also entsprechend differenzierter ausfallen: „Ich bin durch eine schwere Klausur gefallen, auf die ich mich zu wenig vorbereitet hatte und vor der ich schlecht geschlafen habe, vermutlich falle ich das nächste Mal auch durch eine Klausur, wenn diese besonders schwer ist, ich wenig gelernt habe und ich vor der Klausur schlecht schlafe." Wenn jedoch eine oder mehrere der relevanten Eigenschaften (schwer, nicht gelernt, schlecht geschlafen) nicht vorliegen, wird man deutlich bessere Chancen haben, die Klausur zu bestehen. Wenn man „immer und überall" Unsicherheit empfindet, lohnt es sich daher, zu überprüfen, ob die jetzige Situation tatsächlich genug Eigenschaften mit vorangegangenen Situationen teilt, um diese Schlüsse zuzulassen.

**Beispiel**

Timo stellt fest, dass seine Unsicherheit viel damit zu tun hat, dass seine Ex-Freundin ihm fremdgegangen ist. Wenn man ihn fragen würde, warum sie fremdgegangen ist, würde er antworten, weil sie häufig auf der Suche nach dem nächsten Kick war, sie zu viel getrunken hat und schon zuvor immer wieder geäußert hatte, dass sie mit ihrem Sexleben und der Beziehung unzufrieden sei. Keine dieser Eigenschaften trifft auch auf Isabell zu. Timo stellt fest, dass die einzige wirkliche Gemeinsamkeit zwischen den beiden ist, dass sie Frauen sind. Als er merkt, dass ihm das scheinbar zum Anfangsverdacht gereicht hat, schämt er sich und versucht, zukünftig auf sein dysfunktionales Rückversicherungsverhalten zu verzichten.

## 4.3.3 Selbstbestrafung

Selbstbestrafung kann viele Gesichter haben und in Selbstbeleidigungen (z. B. „Ich bin so ein Vollidiot"), der Selbstverweigerung angenehmer Aktivitäten (z. B. nichts essen) oder auch in Selbstverletzungen bestehen (z. B. sich ritzen). Sie ist eine Form der Selbststeuerung und Emotionsregulation, die von Betroffenen insbesondere bei (vermeintlichen) moralischen Verfehlungen und bei Schulderleben Anwendung findet (de Vel-Palumbo, Woodyatt & Wenzel, 2018). Und in der Tat berichten Betroffene, dass es manchmal in der Folge von Selbstbestrafung kurzfristig zu einem Abfall des Schulderlebens kommt. Studien legen zudem nahe, dass Selbstbestrafung dazu beitragen kann, dass andere Personen einem die eigenen Fehler wahrscheinlicher vergeben (Hechler, Wenzel, Woodyatt & de Vel-Palumbo, 2022). In beiden Fällen gibt es jedoch ein großes „Aber": Erstens führt Selbstbestrafung langfristig zu einer Verschlechterung des Selbstwertgefühls und vergrößert das Insuffizienzerleben (d. h., sie ist nur kurzfristig effektiv). Zweitens ist die Wahrscheinlichkeit einer Versöhnung nach Selbstbestrafung nicht höher als nach dem Aussprechen einer Bitte um Entschuldigung (was eine kostengünstigere Alternative ist). Wie kann man also funktional mit Schulderleben umgehen? Das hängt von den Antworten auf mehrere Fragen ab:

1. *Sind Sie (wirklich) schuld?* Wenn Sie Schuld empfinden, ist es zunächst sinnvoll, für sich zu prüfen, ob Sie tatsächlich Schuld tragen oder ob es sich nur so anfühlt (vgl. die Ausführungen zum emotionalen Schlussfolgern im Kapitel 4.3.2). Damit Sie an etwas die (Mit-)Schuld tragen können, muss eine von zwei Voraussetzungen erfüllt sein: Erstens müssen Sie vorher gewusst haben, dass ein Schaden entstehen würde/könnte, und haben es absichtlich in Kauf genommen. Zweitens haben Sie den Schaden zwar nicht kommen sehen, hätten ihn aber kommen sehen müssen, d. h., Sie haben fahrlässig gehandelt. Auch wenn diese Voraussetzungen nicht erfüllt sind, kann es zwar vorkommen, dass Sie zu einer Schädigung beigetragen haben (siehe nachfolgendes Beispiel), aber schuldig (im juristischen Sinne) sind Sie dann nicht. In solchen Fällen handelt es sich in der Regel entweder um einen Unfall oder einen Tatbestandsirrtum (d. h., Sie haben guten Gewissens gehandelt, ohne abzusehen, dass ein Schaden resultieren könnte).

**Beispiel: Mitverursachung ohne Schuld**

Petra ist auf dem Weg zu einem Geschäftstermin. Als sie die Straße entlang geht, stolpert sie und stößt gegen das Gerüst einer Baufirma, die ein Haus verputzt. Das Gerüst stürzt ein und es kommt zu einem Sachschaden. Wie ist dieser Sachverhalt einzuschätzen? Petra hat den Schaden zweifelsohne mitverursacht, denn ohne ihr Stolpern wäre es nicht zu dem Einsturz des Gerüsts gekommen. Eine Mitverursachung in diesem Sinne trifft jedoch auf viele andere Personen ebenfalls zu. Hätte beispielsweise der Bauherr die Verputzungsarbeiten nicht in Auftrag gegeben, wäre es nicht zu dem Vorfall gekommen. Ist der Bauherr mitschuldig? Auch Petras Chef ist Mitverursacher, denn hätte er Petra nicht zu einem Geschäftstermin bestellt, wäre es auch nicht zu der geschilderten Situation gekommen. Ist Petras Chef mitschuldig? Weder Petra noch der Bauherr, noch Petras Chef tragen eine Schuld, denn niemand von ihnen hat den Vorfall mit Absicht herbeigeführt oder fahrlässig gehandelt. Auf Petra bezogen handelt es sich bei dem Vorfall am ehesten um einen Unfall. Würde man eine:n Schuldige:n suchen wollen, wären es wohl am ehesten die Personen, die das Gerüst aufgebaut haben. Denn wenn bereits eine kleine Erschütterung das Gerüst zum Einsturz bringen konnte, haben sie mit großer Wahrscheinlichkeit beim Aufbau fahrlässig gehandelt.

2. *Wie groß ist die Schuld?* Falls Sie zu dem Schluss kommen, dass Sie Mitschuld an einer negativen Entwicklung tragen (entweder durch absichtliches oder fahrlässiges Handeln), empfiehlt es sich, die Schwere der Schuld einzuschätzen. Hierbei haben sich mehrere Aspekte als relevant erwiesen:
   - Häufig behandeln wir Schuld wie eine dichotome Variable, das bedeutet, man ist entweder „schuld" oder man ist „nicht schuld". Es ist wichtig, sich bewusst zu machen, dass dieses „dichotome Denken" der Komplexität der Realität nicht angemessen ist. Stattdessen kann Schuld sehr viele Abstufungen haben und das Ausmaß an Schuld kann zum Beispiel von „winzig" über „sehr klein" oder „moderat" bis hin zu „sehr groß" reichen. Sich diese Abstufungen bewusst zu machen, ist relevant, denn wird Schuld nur dichotom behandelt (d.h. zweigestuft), werden häufig auch die aus dem Schuldgefühl gezogenen Schlussfolgerungen zu extrem ausfallen (z.B. „Ich habe vergessen, meinen Termin bei der Ärztin abzusa-

gen. Ich bin schuld. Ich bin ein schlechter Mensch."). Das ist nicht funktional. Stattdessen sollte man bei der Beurteilung der eigenen Schuldigkeit eine realistische Verortung des eingetretenen Ereignisses vornehmen, wobei die Skala von „keine Schuld" (d.h., eine Schädigung ist weder fahrlässig noch absichtlich erfolgt) bis hin zu „sehr große Schuld" reicht (z.B. wurde absichtlich ein Mensch aus habgierigen Motiven getötet) und viele Zwischenschritte aufweist (z.B. „Ich habe vergessen, meinen Termin bei der Ärztin abzusagen. Es war ein bisschen fahrlässig von mir, den Termin nicht in den Kalender einzutragen. Das sollte ich zukünftig tun.").

- Welches Ausmaß an Schuldempfinden ist angemessen? Viele Patient:innen und Klient:innen profitieren von der Faustregel: Die Schuld ist maximal so groß, wie die Konsequenzen der Handlung. Bitte beachten Sie, dass hier „maximal so groß" steht, nicht „mindestens so groß" oder „genauso groß". Das ist relevant, denn es gibt kleine Fahrlässigkeiten, die zu großen Konsequenzen führen können (z.B. läuft ein Kind einem Ball hinterher auf die Straße, ein Autofahrer weicht aus und fährt gegen eine Laterne). Solche Fahrlässigkeit ebenso zu gewichten wie relevant große Fehler (z.B. fährt ein Mann betrunken Auto und gerät in den Gegenverkehr, ein Autofahrer weicht aus und fährt gegen eine Laterne), wäre unabhängig von der Größe der Konsequenz unsachgemäß und wenig nützlich. Warum ist es sinnvoll, die Schwere der Schuld nach oben zu begrenzen? Unsere therapeutische Erfahrung zeigt, dass das Problem häufig nicht etwa darin besteht, dass Personen überhaupt Schuld empfinden (Schuld ist per se eine sinnvolle Emotion), sondern darin, dass die Intensität des Schulderlebens und der gezogenen Schlussfolgerungen übermäßig ausfallen. Mit der obigen Faustregel möchten wir daher einen Maßstab zur Hand geben, der helfen soll, das eigene Schulderleben und vor allem die daraus gezogenen Schlussfolgerungen in ein nützliches Verhältnis zu den realen Ereignissen zu rücken.

**Beispiel**

Natascha ist die Lieblingstasse ihres Sohnes beim Spülen heruntergefallen.

**Übermäßiges Schuldempfinden:** „Mir ist die Lieblingstasse meines Sohnes beim Spülen heruntergefallen, weil ich unachtsam war. Ich bin ein schlechter Mensch – eine furchtbare Mutter. Ich habe Strafe verdient."

**An Konsequenzen angepasstes Schuldempfinden:** „Mir ist die Lieblingstasse meines Sohnes beim Spülen heruntergefallen, weil ich unachtsam war. Das war ungeschickt von mir. Ich sollte mich entschuldigen und mit ihm gemeinsam eine neue Tasse kaufen gehen."

- Wichtig ist auch die Differenzierung zwischen Handlung und Person. Nehmen wir an, ein junger Mann begeht einen Diebstahl. Das macht diese Person sprachlich leicht zum „Dieb". Wichtig ist jedoch, dass diese Person nicht aufhört, alles andere zu sein, was sie sonst möglicherweise im Leben ist (z. B. ein Sohn, ein Bruder, ein Freund, ein Arbeitskollege). Auch ist sie nicht zu jeder Zeit ein „Dieb", sondern (wenn überhaupt) nur in diesem einen Moment, in dem sie die Tat begeht. Dieser eine Moment ist es aber nicht, der die Person insgesamt ausmacht – ihre Identität besteht aus viel mehr Facetten. Deshalb wird man auch nicht durch eine Lüge „zum:r Lügner:in", sondern man ist eine Person (mit vielen Eigenschaften), die in einem bestimmten Moment gelogen hat. Das ist relevant, denn ansonsten reicht *eine* „schlechte", „verfehlte", „falsche" Tat, um *alles* aufzuwiegen, was man möglicherweise an „freundlichen", „gut gemeinten" Dingen tut – und das ist weder hilfreich noch angemessen.

3. *Falls Sie feststellen, dass Sie eine (Mit-)Schuld tragen und diese eine relevante Größe hat, kann es sinnvoll sein, soweit es möglich ist, um Entschuldigung zu bitten und/oder den Geschädigten zu sagen, dass es Ihnen leidtut:* Manche Taten, die zu Schulderleben führen, gehen mit einem realen Risiko sozialer und/oder juristischer Bestrafung einher. Eine wichtige Funktion von Selbstbestrafung ist, die Wahrscheinlichkeit dieser Bestrafung zu reduzieren, indem man den Geschädigten zeigt, dass es einem leidtut und man den (moralischen) Fehler der eigenen Handlung anerkennt (Hechler et al., 2022). Das funktionale Gegenstück zu Selbstbestrafung ist, die betreffenden Personen direkt anzusprechen und ihnen zu sagen, dass es einem leidtut und man um Entschuldigung bittet. Dieser Schritt fällt vielen Personen schwer und er ist oftmals von Schamerleben begleitet. Das ist normal, denn wenn man um Entschuldigung bittet, unterwirft man sich (in angemessenem Ausmaß) der Gnade der anderen Person. Fällt einem die Bitte um Entschuldigung (authentisch) schwer und ist das für die andere Person erkennbar, ist das jedoch nicht von Nachteil. Die Wahrscheinlichkeit, dass andere vergeben, ist nämlich höher, wenn die Bitte um Vergebung mit sichtbaren Kosten und Bedauern verbunden ist.

4. *Zusätzlich zu einer etwaigen Entschuldigung können Sie prüfen, ob die Möglichkeit besteht, einen eingetretenen Schaden wiedergutzumachen:* Eine wichtige Funktion, die Selbstbestrafung häufig erfüllt, ist es, den Betroffenen das Gefühl zu geben, dass die Schuld beglichen ist. Das Problem ist, dass damit häufig niemandem geholfen ist. Die ursprünglich geschädigte Person bekommt ihren Schaden nicht erstattet, dafür hat der:die ursprüngliche Schuldner:in nun ebenfalls einen Schaden – im Ergebnis haben Schädigungen also zu und nicht abgenommen. Verspürt man das Bedürfnis, die eigene Schuld auszugleichen, ist es daher effektiver, zu prüfen, ob man gegenüber der geschädigten Person den Schaden kompensieren kann oder ob man (falls Ersteres nicht möglich ist) gegenüber stellvertretenden Personen oder Institutionen eine Kompensation erbringen kann (z. B. Spenden, ehrenamtliche Arbeit).

Auf „Arbeitsblatt 8: Schuldgefühle hinterfragen“ finden Sie eine Anleitung zum funktionalen Umgang mit Schulderleben.

## 4.4 Funktionale Emotionsregulation

Im vorangegangenen Kapitel haben wir Regulationsstrategien betrachtet, die häufig dysfunktional sind, und funktionalere Alternativen besprochen. Diese funktionaleren Alternativen nutzen dabei stets eine oder mehrere der folgenden Strategien, die auch als grundsätzliche Maßgabe für eine funktionale Stress- und Emotionsregulation genutzt werden können:

- Neubewerten
- Lösungsorientiertes Handeln
- Akzeptieren

Diese Strategien wollen wir in diesem Kapitel genauer betrachten. Darüber hinaus gehen wir auf primär körperliche Strategien der Stressregulation ein. Diese können hilfreich sein, wenn die innere Anspannung zu groß ist, um Situationen neu zu bewerten, lösungsorientiert zu handeln oder Tatsachen zu akzeptieren:

- Progressive Muskelentspannung
- Atemübungen
- Skills

### 4.4.1 Neubewerten

Um unangenehme Emotionen zu reduzieren und einen funktionalen Umgang mit schwierigen Situationen zu finden, muss häufig zunächst eine Neubewertung der Situationen und/oder Geschehnisse erfolgen (Riepenhausen et al., 2022). Diese Strategie haben wir u. a. bei der vertieften Verarbeitung von Sorgen (vgl. Kapitel 4.3.1) und der Überprüfung des Vorhandenseins von Schuld im Abschnitt Selbstbestrafung (vgl. Kapitel 4.3.3) besprochen. Eine Neubewertung ist notwendig, wenn bei der ersten automatischen Bewertung Verzerrungen wahrscheinlich sind. Drei solcher Verzerrungen haben wir bereits kennengelernt: emotionales Schlussfolgern, Übergeneralisierung und dichotomes Denken (vgl. Kapitel 4.3.2 und Kapitel 4.3.3). Zwei weitere häufige Verzerrungen sind (Einsle & Hummel, 2015):

1. „Gedankenlesen", d.h., davon überzeugt zu sein, wir wüssten *ganz sicher,* was andere Menschen denken.
2. „Über- oder Unterschätzen von Wahrscheinlichkeiten", d.h., wir tun (ungerechtfertigterweise) so, als wäre etwas *ganz sicher* oder *absolut ausgeschlossen*.

Kognitive Verzerrungen haben gemeinsam, dass sie die Entstehung von Stress wahrscheinlicher machen und die Wahrscheinlichkeit von Bedürfnisbefriedigung senken. Eine Neubewertung von Situationen zielt darauf ab, die bisherige Perspektive um alternative Blickwinkel zu erweitern, die weniger Verzerrungen enthalten und mit höherer Wahrscheinlichkeit zu Bedürfnisbefriedigung und zur Reduktion von Stress beitragen. Der erste Schritt ist dabei die gegenwärtige subjektive, wertende und (vielleicht) verzerrte Beschreibung der Situation aufzuschreiben und ihr eine objektive, nüchterne Beschreibung gegenüberzustellen. Eine objektive, nüchterne Beschreibung ist wichtig, denn sie erlaubt eine realitätsnahe Analyse der Situation und erleichtert es, handlungsnahe Schlüsse zu ziehen.

**Beispiel einer subjektiven, wertenden Situationsbeschreibung**

„Immer bin ich allein. Isabell nimmt sich schon wieder keine Zeit für mich. Ich bin ihr wohl egal. Wahrscheinlich hat sie einen Neuen."

In diesem Beispiel ist die Beschreibung der Situation bereits stark mit der (verzerrten) Interpretation vermischt. Die Konsequenz dieser Interpretationen ist, dass Timo sich sehr traurig und wütend fühlt.

**Beispiel einer objektiven, nüchternen Situationsbeschreibung**

„Ich bin gerade allein zuhause. Isabell hat heute noch nicht angerufen."

In diesem Beispiel werden nur die harten Fakten beschrieben, ohne Interpretationen und ohne (emotionale) Konsequenzen.

Im Anschluss können die subjektiv wertende und die objektiv nüchterne Situationsbeschreibung verglichen werden. Hierbei liegt der Fokus im ersten Schritt darauf, die Interpretationen zu identifizieren, die die Lücke zwischen den beiden Situationsbeschreibungen schließen. Im Anschluss kann geprüft werden, ob diese Interpretationen durch emotionales Schlussfolgern, Übergeneralisierung, Dichotomisierung, Gedankenlesen oder das Über- oder Unterschätzen von Wahrscheinlichkeiten verzerrt sind.

**Fortführung des vorangegangenen Beispiels**

1. Objektiv bin ich „gerade allein zuhause". Mein Kopf hat daraus gemacht, dass ich „immer allein bin". Dabei handelt es sich um eine Übergeneralisierung. Ich bin gar nicht „immer" allein. Vorgestern war ich es zum Beispiel nicht. Ebenso am Tag zuvor. Mir fallen viele Tage ein, an denen ich in den letzten Wochen Zeit mit Isabell und anderen verbracht habe.
2. Objektiv hat Isabell „heute noch nicht angerufen". Mein Kopf hat einiges daraus gemacht. Zum einen, dass sie sich „schon wieder keine Zeit für mich nimmt". Dabei handelt es sich um Gedankenlesen, denn ich unterstelle ihr, dass sie sich absichtlich keine Zeit für mich nimmt. Dabei kann es viele Gründe geben, warum sie sich noch nicht gemeldet hat. Gestern hatte sie Nachtschicht, vielleicht schläft sie noch oder ist einfach müde. Zum anderen kam mir der Gedanke, dass ich ihr „wohl egal" bin. Dabei handelt es sich um dichotomes Denken und auch um Übergeneralisierung. Erstens ist es nicht so, dass ich ihr entweder „egal" oder „nicht egal" bin, sondern es gibt dazwischen ganz viele Abstufungen. Zweitens kann ich nicht – nur weil sie sich heute noch nicht gemeldet hat – daraus ableiten, dass ich ihr generell egal sei. Es gab in letzter Zeit viele Momente, die gezeigt haben, dass ich ihr nicht egal bin. Zuletzt hatte ich noch gedacht, dass Isabell „wahrscheinlich einen Neuen hat".

Dabei handelt es sich um ein Überschätzen von Wahrscheinlichkeiten. Es gibt ehrlich gesagt keinen objektiven Hinweis darauf, dass sie jemand neuen kennengelernt hätte, und erst recht nicht, dass sie mich für jemand anderen verlassen würde. Dennoch habe ich so darüber nachgedacht, als wäre das ganz sicher so.

Wurden Verzerrungen identifiziert, kann in einem letzten Schritt überprüft werden, wie die Situation unverzerrt aussehen könnte, welche Schlussfolgerungen sich daraus ergeben und welche Handlungsimplikationen daraus erwachsen.

**Fortführung des vorangegangenen Beispiels**

Ich bin gerade allein zuhause. Isabell hat heute noch nicht angerufen. Ich bin ihr nicht egal – wahrscheinlich hat sie mich sogar sehr lieb. Vermutlich hatte sie noch keine Zeit, sich zu melden. Ich könnte sie entweder anrufen (lösungsorientiertes Handeln) oder abwarten, wann es ihr passt und sie sich bei mir meldet (akzeptieren).

„Arbeitsblatt 9: Neubewerten" kann Sie dabei unterstützen, in schwierigen Situationen eine Neubewertung vorzunehmen.

### 4.4.2 Lösungsorientiertes Handeln

Viele dysfunktionale Emotionsregulationsstrategien zeichnen sich dadurch aus, dass sie einen funktionalen Umgang mit Situationen unterbinden. Bei Sorgenketten erschwert die oberflächliche Verarbeitung gezieltes Handeln. Bei Grübelschleifen ist der Vergangenheitsfokus zu stark, um in der Gegenwart aktiv zu werden. Bei Vermeidungsverhalten zieht man sich von potenziellen Bedrohungen zurück, anstatt sich an potenziell bedürfnisbefriedigende Dinge anzunähern. Bei Selbstbestrafung handelt man symbolisch anstatt kompensatorisch. Neubewertung ist häufig ein notwendiger Schritt, bevor man in funktionales Handeln kommen kann, aber ganz ohne Handeln ändert sich meist zu wenig, um Situationen nachhaltig zu verbessern. Lösungsorientiertes Handeln beginnt in der Regel mit einer (zuvor entzerrten) Situationsbeschreibung (D'Zurilla & Goldfried, 1971).

**Beispiel einer verzerrten Situationsbeschreibung**

Mein Führerschein ist weg. Ich bin so ein unfähiger Vollidiot. Ich werde meinen Job verlieren.

**Situationsbeschreibung nach der Entzerrung**

Ich habe ein einmonatiges Fahrverbot, weil ich innerorts eine Geschwindigkeitsbegrenzung übersehen habe und zu schnell gefahren bin. Ich bin darauf angewiesen, mobil zu sein, um von meiner Wohnung auf die Arbeit zu kommen.

Im nächsten Schritt wird ein Lösungsziel definiert und überprüft, ob dieses Lösungsziel geeignet ist. Lösungsziele sind potenziell geeignet, wenn sie Bedürfnisse befriedigen, aus eigener Kraft erreichbar sind und zu den eigenen Werten und moralischen Vorstellungen passen. Gegen ein Lösungsziel spricht zudem, wenn es im Widerspruch zu anderen wichtigen Zielen steht. Manchmal ist es hilfreich, alternative Lösungsziele zu formulieren, falls man im weiteren Verlauf feststellt, dass das Erreichen des präferierten Lösungsziels nicht möglich ist.

**Beispiele ungeeigneter Lösungsziele**

1. Ich will einfach meine Ruhe und nichts mehr davon hören (nicht bedürfnisbefriedigend).
2. Ich wünschte, ich könnte die Zeit zurückdrehen und einfach langsamer fahren (nicht aus eigener Kraft erreichbar).
3. Ich will, dass mein Bruder sagt, er wäre gefahren (nicht mit eigenen Werten vereinbar).
4. Ich kündige meine Stelle (nicht mit anderen Zielen vereinbar).

**Beispiel geeigneter Lösungsziele**

1. Ich will trotz meines Fahrverbots regelmäßig und pünktlich zur Arbeit kommen.
2. Falls 1. nicht möglich ist, will ich einen Weg finden, während des Fahrverbotes nicht zur Arbeit zu müssen.

Wurden geeignete Lösungsziele identifiziert, werden potenzielle Wege entwickelt, diese Ziele zu erreichen. Um das Denken hierbei nicht zu begrenzen, sollte man zunächst alle potenziellen Lösungen sammeln, ohne von vorneherein Lösungen auszuschließen. Manchmal ist es dabei hilfreich, mit jemand anderem gemeinsam zu brainstormen.

**Potenzielle (ungefilterte) Lösungsstrategien zur Erreichung des favorisierten Lösungsziels**

- Ich könnte meinen Chef fragen, ob ich einen Monat lang Home-Office machen kann.
- Ich könnte auch ohne Führerschein fahren.
- Ich könnte ein Taxi nehmen.
- Ich könnte meine Frau oder ein anderes Familienmitglied bitten, mich zur Arbeit zu fahren.
- Ich könnte in eine Ferienwohnung ziehen, die näher bei der Arbeit ist.
- Ich könnte bei einem Kollegen bzw. einer Kollegin übernachten, die in der Nähe der Arbeit wohnt.
- Ich könnte einen Kollegen bzw. eine Kollegin, die bei mir in der Nähe wohnt, fragen, ob wir eine Fahrgemeinschaft bilden könnten.

**Potenzielle (ungefilterte) Lösungsstrategien zur Erreichung des alternativen Lösungsziels**

- Ich könnte meinen Jahresurlaub aufwenden.
- Ich könnte mich krankmelden.
- Ich könnte unbezahlten Urlaub nehmen.
- Ich könnte kündigen.

Ist das Brainstorming vorläufig abgeschlossen, erfolgt im nächsten Schritt eine Vorselektion der Lösungsstrategien. Hierbei kann sich zunächst auf das gewünschte Lösungsziel fokussiert werden und es sollten alle Lösungen ausgeschlossen werden, die entweder nicht bedürfnisbefriedigend sind, die mit unverhältnismäßigen Kosten verbunden sind, die nicht aus eigener Kraft herbeigeführt werden können, im Widerspruch zu anderen wichtigen Zielen stehen oder die nicht zu den Werten und moralischen Vorstellungen der betroffenen Person passen.

**Aussortierte Lösungsstrategien**

- Ich könnte auch ohne Führerschein fahren (nicht mit den eigenen Werten vereinbar und Kosten potenziell zu hoch).

- Ich könnte immer ein Taxi nehmen (Kosten zu hoch).
- Ich könnte in eine Ferienwohnung ziehen, die näher bei der Arbeit ist (Kosten zu hoch).

**Verbleibende Lösungsstrategien**

- Ich könnte meinen Chef fragen, ob ich einen Monat lang Home-Office machen kann.
- Ich könnte einen Kollegen bzw. eine Kollegin, die bei mir in der Nähe wohnt, fragen, ob wir eine Fahrgemeinschaft bilden könnten.
- Ich könnte meine Frau oder ein anderes Familienmitglied bitten, mich zur Arbeit zu fahren.
- Ich könnte bei einem Kollegen bzw. einer Kollegin übernachten, die in der Nähe der Arbeit wohnt.

Die verbleibenden Lösungsstrategien bringt man dann in eine Rangfolge. Dabei werden sowohl die potenziellen Kosten als auch die zu erwartende Bedürfnisbefriedigung berücksichtigt.

**Rangliste der verbleibenden Lösungsstrategien**

1. Ich könnte meine Frau oder ein anderes Familienmitglied bitten, mich zur Arbeit zu fahren (moderate Kosten, hohe Bedürfnisbefriedigung).
2. Ich könnte einen Kollegen bzw. eine Kollegin, die bei mir in der Nähe wohnt, fragen, ob wir eine Fahrgemeinschaft bilden könnten (wenig Kosten, moderate Bedürfnisbefriedigung).
3. Ich könnte meinen Chef fragen, ob ich einen Monat lang Home-Office machen kann (potenziell hohe Kosten, hohe Bedürfnisbefriedigung).
4. Ich könnte bei einem Kollegen bzw. einer Kollegin übernachten, die in der Nähe der Arbeit wohnt (moderate Kosten, geringe Bedürfnisbefriedigung).

Im Anschluss wird mit der Umsetzung der am höchsten priorisierten Strategie begonnen. Ist diese nicht erfolgreich, wird mit der zweiten fortgefahren usw. Falls alle Strategien aufgebraucht sind, wendet man sich den

Strategien zur Umsetzung der alternativen Lösungsziele zu. Hier werden erneut ungeeignete Lösungsstrategien aussortiert, dann wird eine Rangreihe gebildet und anschließend wird mit der Umsetzung der am höchsten priorisierten Strategie begonnen. Sollte auch hier keine Strategie erfolgreich sein, muss erneut mit dem Brainstorming-Prozess begonnen werden, zuerst zu alternativen Lösungszielen und dann zu alternativen Lösungsstrategien.

> Auf dem „Arbeitsblatt 10: Lösungsorientiertes Handeln“ finden Sie eine Anleitung zur Entwicklung lösungsorientierter Handlungsstrategien.

### 4.4.3 Akzeptieren

Manche Dinge kann man nicht verändern und der einzige Weg, mit ihnen funktional umzugehen, ist es, sie zu akzeptieren. Dazu gehören die existenziellen Wahrheiten, also Wahrheiten, denen niemand entgehen kann (Noyon & Heidenreich, 2012):

- Wir werden alle sterben.
- Wir werden nie sicher wissen, was andere Personen wirklich denken und fühlen.
- Wir werden nie sicher wissen, worin der Sinn des Lebens besteht.
- Wir werden nie sicher wissen, ob es einen Zustand existenziellen Bewusstseins vor oder nach dem Leben gibt.

Man kann mit diesen Wahrheiten hadern. Man kann fremde Antworten auf die offenen Fragen nach dem Sinn oder dem „Vorher“ und „Danach“ akzeptieren (z. B. Religionen). Man kann eigene Antworten auf diese offenen Fragen suchen (z. B. durch die Auseinandersetzung mit philosophischen Schriften). Aber eine hundertprozentige Sicherheit ist unmöglich. Auch abseits der existenziellen Wahrheiten gibt es Dinge, deren Veränderung nicht in unserer Macht liegt. Zum Beispiel müssen wir akzeptieren, dass unsere Ressourcen begrenzt sind, dass die Regeln der Physik gelten, dass sich die Vergangenheit nicht verändern lässt, dass es immer Opportunitätskosten gibt (d. h., dass jede Entscheidung den Nachteil hat, dass man eine andere Entscheidung nicht treffen konnte). Je stärker man sich dagegen wehrt, diese Dinge zu akzeptieren, desto eher wird man an den eigenen Grenzen verzweifeln.

**Beispiel**

Als Normans (Ex-)Freundin Julia für ihr Architektur-Studium nach Cambridge gezogen ist, hat er sich dafür entschieden, nicht mitzukommen. Er studierte damals in seiner Heimatstadt Deutsch und Geschichte auf Lehramt, hatte einen festen Freundeskreis und unterstützte seine Mutter nach dem Tod seines Vaters. Julia hingegen hatte die (vielleicht) einmalige Gelegenheit, an einer der für ihr Fach besten Universitäten der Welt zu studieren. Norman und Julia führten eine gute Beziehung, die sie (eigentlich) nicht aufgeben wollten. Nach einigen Monaten der Fernbeziehung wurde der Kontakt seltener. Nach einem halben Jahr hat Julia die Beziehung beendet. Norman hadert seitdem mit sich. War es ein Fehler, nicht mit Julia umzuziehen? War es ein Fehler, Julia nicht zu bitten zu bleiben? War es ein Fehler, nicht mehr in die Fernbeziehung zu investieren? Diese Fragen sind unmöglich zu beantworten. Ebenso wenig wie folgende Fragen: Wenn er mit umgezogen wäre, hätte er dann einen Studienplatz gefunden, der zu seinem Profil gepasst hätte? Hätte er es geschafft, seine Freundschaften weiter zu pflegen? Hätte er sich Vorwürfe gemacht, weil er nicht mehr in der Nähe seiner Mutter gewohnt hätte? Wären er und Julia dann noch zusammen? Es ist normal, zu hadern, wenn eine Beziehung endet. Kann man die eigenen Handlungen und die daraus resultierenden Grenzen jedoch auch längerfristig nicht akzeptieren, wird man gedanklich in der Vergangenheit verharren und die Chance verpassen, in der Gegenwart seine Bedürfnisse zu befriedigen.

Manchmal muss man Sachverhalte erst neu bewerten, bevor man sie akzeptieren kann. Manchmal erwachsen erst aus der Akzeptanz neue Handlungsmöglichkeiten. Abgesehen von einer generellen Nicht-Akzeptanz unveränderlicher Dinge können zwei weitere typische Probleme im Themenfeld Akzeptanz auftreten.

- *Es werden Sachverhalte akzeptiert, die man nicht akzeptieren muss.* Manchmal werden Sachverhalte als Fakten akzeptiert, obwohl es sich nur um Vermutungen, Meinungen, Lügen oder Irrtümer handelt, und manchmal werden Dinge als unveränderlich angenommen, die durchaus noch beeinflusst werden könnten. Das kann mit großen Nachteilen einhergehen, vor allem wenn die Sachverhalte, so wie sie als unveränderlich angenommen werden, zu einer unzureichenden Bedürfnisbefriedigung führen.

**Beispiele**

1. Ein Kind akzeptiert, dass es (vermeintlich) zu dumm/zu klein/zu unfähig für etwas ist, weil ihm das Eltern/Lehrer:innen/Mitschüler:innen (immer wieder) sagen. Deshalb gibt es auf, anstatt an sich zu glauben und seine vorhandenen Talente und Fähigkeiten zu nutzen.
2. Eine Person akzeptiert, dass es (vermeintlich) ihre Aufgabe/ihre Pflicht/ihr angestammter Platz ist, sich hauptverantwortlich um den Haushalt/die Kindererziehung/die Wünsche des Partners oder der Partnerin zu kümmern und vernachlässigt deshalb eigene Interessen, Ziele und Bedürfnisse.

Daher empfiehlt es sich, vor der Akzeptanz eines (ungünstigen) Sachverhalts genau zu prüfen, ob alternative Sichtweisen möglich sind (Neubewerten), und zu brainstormen, ob es Möglichkeiten gibt, die belastenden Situationen zu verändern (Lösungsorientiertes Handeln).

- *Akzeptanz und Aufgeben werden verwechselt.* Manchmal „wehren" sich Patient:innen und Klient:innen in unserer therapeutischen Praxis dagegen, Sachverhalte zu akzeptieren, da sie glauben, das käme einem Aufgeben gleich. Das Gegenteil ist jedoch in der Regel der Fall. Häufig muss man Gegebenheiten erst akzeptieren, bevor man weitermachen kann. Erst wenn man akzeptiert, eine falsche Entscheidung getroffen zu haben, kann man gezielt überlegen, wie man nun das Beste aus der Situation macht. Erst wenn man akzeptiert, dass Krankheit und Tod zum Leben gehören, kann man realistisch anfangen, für das Alter Vorkehrungen zu treffen. Akzeptanz bedeutet daher nicht „Inaktivität". Es bedeutet, dass man seine Ressourcen auf Dinge fokussiert, die man beeinflussen kann.

**Beispiel**

Erst als Norman akzeptieren konnte, dass sich seine Entscheidung, in Deutschland zu bleiben, nicht mehr ändern ließ und dass er und Julia nicht mehr zusammen waren, konnte er wirklich anfangen, darüber nachzudenken, wie er mit der Situation umgehen wollte. Dabei war es für ihn hilfreich, sich zu vergegenwärtigen, welche für ihn wichtigen Dinge er durch seine Entscheidungen bewahren konnte (z. B. Zeit mit seinen Freund:innen, seine beruflichen Pläne). Eben in diese Dinge investierte er in den kommenden Monaten viel Zeit. Er schloss sein

Studium gut ab, pflegte ein gutes Verhältnis zu seinen Freund:innen und seiner Mutter und konnte sich nach einiger Zeit auf eine neue (Paar-)Beziehung einlassen.

## 4.4.4 Körperliche Stressregulation

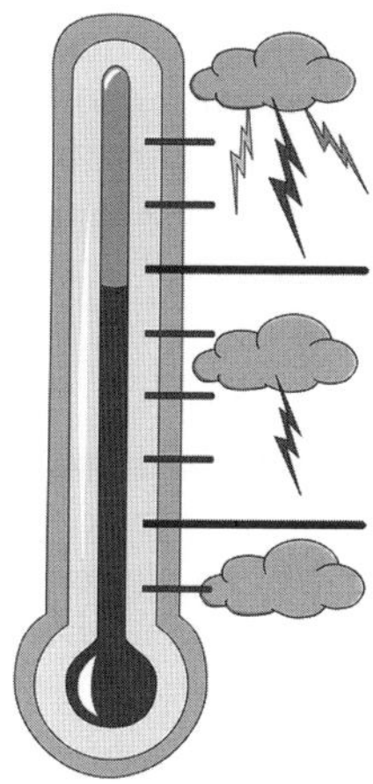

Neubewerten, lösungsorientiertes Handeln und Akzeptanz bilden die Basis einer funktionalen Stressregulation. Manchmal sind wir jedoch zu angespannt und emotional zu stark involviert, um diese Strategien anwenden zu können. Für alle drei Strategien braucht man einen klaren Kopf. Je höher die eigene innere Anspannung (d.h. das Stresslevel) ist, desto geringer werden die Fähigkeiten zum Neubewerten, lösungsorientierten Handeln und Akzeptieren. Stattdessen werden Grübelschleifen, Sorgenketten, Vermeidungsverhalten, Selbstbestrafungstendenzen und auch impulsives Verhalten wahrscheinlicher. Es hat sich bewährt, dabei drei Level der Anspannung zu differenzieren (Bohus & Wolf-Arehulz, 2018).

Stufe 1: Keine oder nur geringe Anspannung, d.h., man ist körperlich und geistig relativ entspannt. Der Einsatz von Stress- und Emotionsregulationsstrategien ist vermutlich nicht notwendig. Man kann Annäherungsziele verfolgen und Verhaltensweisen zeigen, die kurz- und/oder langfristig bedürfnisbefriedigend sind.

Stufe 2: Moderate Anspannungen, d.h., man spürt körperliche Unruhe und fühlt ein relevantes Maß an Angst, Scham, Wut, Schuld oder eine andere unangenehme Emotion. Hier sind zumeist Neubewertung, lösungsorientiertes Handeln oder Akzeptieren adäquate Strategien, um die Situation gut zu bewältigen. Auch auf diesem Anspannungsniveau können bereits Methoden zur Induktion einer körperlichen Entspannung hilfreich sein, sie sind jedoch häufig nicht unbedingt notwendig. Zu den effektiven Entspannungsstrategien auf dieser Anspannungsebene können u.a. progressive Muskelrelaxation oder Atemübungen zählen.

Stufe 3: Hohe Anspannung, d.h., der Körper steht unter Strom, man ist sehr aufgeregt und empfindet ein großes Maß an Angst, Scham, Wut, Schuld oder anderen unangenehmen Emotionen. Es empfiehlt sich, erst die Anspannung körperlich runterzuregulieren, bevor man versucht, durch Neubewerten, lösungsorientiertes Handeln und Akzeptieren bedürfnisbefriedigendes Verhalten zu generieren. Neben Atemübungen kann auf dieser Anspannungsebene auch die Anwendung von Skills sinnvoll sein.

In den nachfolgenden Abschnitten möchten wir mit der Progressiven Muskelrelaxation, Atemübungen und Skills drei Möglichkeiten zur körperlichen Stressregulation vorstellen, die zur Reduktion der Anspannung auf Stufe 2 und/oder 3 des Anspannungsbarometers zielführend sein können.

### Progressive Muskelentspannung

Ziel der Progressiven Muskelentspannung ist es, eine vertiefte körperliche und psychische Entspannung zu ermöglichen (Burch & Burch, 2021). Diese Entspannung geht über den „normalen" Ruhezustand beim Sitzen oder Liegen hinaus, bei dem physiologisch häufig eine Restanspannung zu beobachten ist. Die vertiefte Entspannung wird erreicht, indem Muskelgruppen kurz gezielt angespannt und erst dann entspannt werden, wobei in die Entspannung hineingefühlt wird. Dabei lernt man, die Entspannung schrittweise zu intensivieren. Wichtig ist, dass die Progressive Muskelentspannung ein übendes Verfahren ist. Das heißt, sie wird (bei vielen Personen) nicht bei der ersten Anwendung zu einer tieferen Entspannung führen. Nach einigem Üben ist die Methode jedoch häufig sehr effektiv. Gerade am Anfang sollten die Übungen jedoch nicht in einer angespannten Situation, sondern bei relativer Entspannung durchgeführt werden. Es ist ein bisschen wie beim Sport: Man muss beim Boxen auch zuerst viele Kraft-/Ausdauerübungen machen und am Sandsack trainieren, bevor man zum Sparring und schließlich in den Wettkampf geht. Das heißt: zuerst üben und dann in der Praxis erproben.

1. Progressive Muskelentspannung beginnt mit der Einnahme einer bequemen Sitzposition. Die Übungen sind auch im Liegen möglich, das Üben im Sitzen hat jedoch den Vorteil, dass es flexibler in verschiedenen Alltagssituationen anwendbar ist (z.B. im Büro). Legen Sie die

Hände auf die Oberschenkel. Die Füße sollten auf dem Boden stehen. Der Rücken ist gerade und/oder lehnt an der Rückenlehne des Stuhls an. Für viele Personen ist die Übung leichter, wenn die Augen geschlossen sind. Wenn das für Sie nicht möglich ist, ist das vollkommen in Ordnung. Blicken Sie geradeaus und versuchen Sie, Ihre Sicht „unscharf" zu stellen. Das heißt, fokussieren Sie nichts, sondern blicken Sie entspannt in den Raum.

2. Bei der Progressiven Muskelentspannung wird moderate Anspannung genutzt, um im Anschluss in eine tiefere Entspannung übergehen zu können. Wenn Sie sich vorstellen, dass die maximale Anspannung einer Muskelgruppe (z.B. Ihrer Waden oder Ihrer Unterarme beim Ballen der Faust) bei 10 und eine vollkommene Entspannung bei 0 liegt, sollte die Anspannung im Zuge der Übung einer 7 oder 8 entsprechen. Die Anspannung wird bei jeder Übung ca. 10 Sekunden gehalten. Während der Anspannungsphase richten Sie Ihre volle Aufmerksamkeit auf die angespannte Muskulatur. Die anschließende Entspannungsphase dauert ca. 20 Sekunden. Spüren Sie dabei der abfallenden Anspannung nach, um dadurch die Entspannung vertieft empfinden zu können.
3. Je nach zur Verfügung stehender Zeit bzw. in Abhängigkeit der gegenwärtigen Anspannung können unterschiedlich viele Muskelgruppen in eine Übung eingebunden werden. Die Berücksichtigung von bis zu 20 Muskelgruppen bzw. Teilübungen ist möglich, etwa 6 Teilübungen braucht es mindestens, um eine Entspannung indizieren zu können. Es empfiehlt sich häufig, mit dem Ballen der Fäuste und dem damit verbundenen Anspannen der Unterarme zu beginnen. Nach 10-sekündiger Anspannung folgt die 20-sekündige Entspannung. Dann kann beispielsweise mit den Oberarmen fortgefahren werden, d.h., Ellenbogen leicht anwinkeln und Bi- sowie Trizeps anspannen. 10 Sekunden anspannen. 20 Sekunden entspannen. Im Anschluss kann die gesamte Armmuskulatur gemeinsam angespannt werden, das heißt, Faust ballen, um den Unterarm anzuspannen und zusätzlich Bi- und Trizeps 10 Sekunden anspannen. Anschließend 20 Sekunden entspannen. In vergleichbarer Weise kann u.a. mit der Gesichtsmuskulatur (z.B. Stirn runzeln, Augen zusammenkneifen, Kiefer anspannen), den Schultern und dem Rücken sowie der Beinmuskulatur (z.B. Zehen beugen, Waden, Oberschenkel, Gesäß anspannen) fortgefahren werden. Die Progressive Muskelentspannung wird häufig damit beendet, dass alle Muskelgruppen gleichzeitig für 10 Sekunden angespannt und dann für 20 Sekunden entspannt werden.

**Hinweis**

Viele Krankenkassen übernehmen (teilweise) die Kosten für Kurse zum Erlernen der Progressiven Muskelentspannung. Darüber hinaus finden Sie auf den Webseiten einiger Krankenkassen sowie auf Videoportalen Beispielvideos, die Sie beim Üben unterstützen können.

### Atemübungen

Das Anspannungsniveau beeinflusst die Atmung, und die Atmung das Anspannungsniveau. Diese Wechselwirkung ist Teil der normalen körperlichen Kreisläufe, die es uns erlauben, unsere Sauerstoffversorgung und unser körperliches Aktivitätsniveau gut aufeinander abzustimmen. Diese Kreisläufe sind jedoch „alt“ und entstanden vor Millionen von Jahren, als die Hauptstressoren im Alltag hohe körperliche Aktivität erforderten (z.B. klettern, jagen, fliehen, kämpfen, Kälte). Unser Körper funktioniert im Wesentlichen noch wie damals, aber die Anforderungen des Alltags haben sich deutlich verändert (z.B. Büroarbeit, Auto fahren, Vorträge halten, Klausuren). Deshalb kommt es beim Erleben von Stress, Angst oder Wut im Alltag manchmal zu Körperreaktionen, die eher hinderlich als förderlich sind - ein Teil davon ist die Beschleunigung der Atmung. Eine beschleunigte flache Brustatmung durch den Mund führt zu Hyperventilation, die Angstzustände weiter intensiviert und zur Ursache von Panikattacken werden kann (Margraf, 1993; Meuret & Ritz, 2010). Der folgende Exkurs beschreibt die körperlichen Vorgänge bei einer Panikattacke und Wege, um diese zu beenden im Detail.

**Exkurs: Panikattacken**

*Sind Panikattacken gefährlich?*

Panikattacken sind unangenehm, aber nicht gefährlich. Bei Panikattacken handelt es sich nicht um medizinische Notfälle. Die Wahrscheinlichkeit oftmals befürchteter „Katastrophen“, wie z.B. das Erleiden eines Herzinfarkts, ist während Panikattacken nicht erhöht. Tatsächlich gehen Panikattacken nur mit geringen bis moderaten Veränderungen von Herzfrequenz und Blutdruck einher – auch wenn es sich für die Betroffenen oftmals anders anfühlt. Auch die häufig befürchteten Ohnmachtsanfälle sind während Panikattacken sehr unwahrscheinlich und treten nur bei sehr wenigen Betroffenen lebensgeschichtlich überhaupt einmal auf.

*Wie entstehen Panikattacken?*

Bei der Entstehung von Panikattacken spielen häufig Hyperventilation und eine dysfunktionale Aufmerksamkeitslenkung in Kombination mit dysfunktionalen Interpretationsmustern sowie dem Teufelskreis der Angst eine große Rolle:

- Hyperventilation ist an der Entstehung der Mehrzahl der Panikattacken beteiligt. Bei Hyperventilation liegt eine flache, brustbetonte Atmung vor – häufig durch den geöffneten Mund. Die Brustatmung sorgt dafür, dass nicht die gesamte Lunge zur Atmung genutzt wird. In der Folge entsteht der subjektive Eindruck, nicht genug Luft einatmen zu können (was jedoch nicht der Fall ist) und Betroffene erleben (subjektiv) Atemnot. Die Atmung durch den offenen Mund sorgt zudem dafür, dass viel Feuchtigkeit aus dem Mund- und Rachenraum in die Luft abgegeben wird. Die dadurch resultierende Mundtrockenheit führt oftmals zu Schluckbeschwerden und Missempfindungen im Mundraum. Durch die schnelle und stoßweise Atmung wird zudem zu viel Kohlenstoffdioxid ausgeatmet (der Sauerstoffgehalt im Blut bleibt hingegen unverändert). Durch den Mangel an Kohlenstoffdioxid im Blut kommt es zu einer Verengung der Blutgefäße im Gehirn, wodurch vorübergehende Sehbeeinträchtigungen (z. B. Verschwommensehen) und Schwindel entstehen können. Darüber hinaus führt der Mangel an Kohlenstoffdioxid im Blut dazu, dass sich der ph-Wert des Blutes minimal verändert. Infolgedessen können Muskelzittern (z. B. wackelige Knie) und muskuläre Verkrampfungen auftreten. Diese biologischen Veränderungen sind bei Hyperventilation vollkommen normal und treten bei allen Personen auf, die hyperventilieren. Die Veränderungen sind nur vorübergehend und ungefährlich.
- Personen, die häufiger von Panikattacken betroffen sind, haben in der Regel eine Überfokussierung ihrer Aufmerksamkeit auf den eigenen Körper und körperliche Vorgänge. Das kann sich z. B. durch „Checking Behavior" äußern, bei dem die Betroffenen immer wieder ihren Blutdruck messen oder auf die Geschwindigkeit ihres Herzschlags achten. Durch die Überfokussierung auf körperliche Vorgänge nehmen die Betroffenen auch körperliche Veränderungen wahr, die nur

gering, vollkommen normal und ungefährlich sind. Durch die Angst vor Panikattacken (z. B. vor Atemnot) und/oder katastrophalen körperlichen Ereignissen (z. B. Angst einen Herzinfarkt zu bekommen) werden diese bedenkenlosen Veränderungen jedoch als gefährlich (fehl)interpretiert. Dadurch kommt es zu einer Angstreaktion, die den Teufelskreis der Angst antreibt.

- Angsterleben bringt den Körper in Alarmbereitschaft. Der Körper bereitet sich dabei auf Flucht- oder Kampfverhalten vor. Deshalb schüttet er Stresshormone aus, beschleunigt den Herzschlag sowie die Atmung und erhöht Blutdruck sowie Muskeltonus. Die beschleunigte Atmung treibt dabei die (oftmals schon zuvor vorhandene) Hyperventilation weiter an. Die eingetretenen körperlichen Veränderungen werden durch die Überfokussierung auf körperliche Ereignisse schnell bemerkt und dysfunktional als Bedrohung interpretiert. Dadurch wird das Angsterleben weiter gesteigert und der Teufelskreis schließt sich.

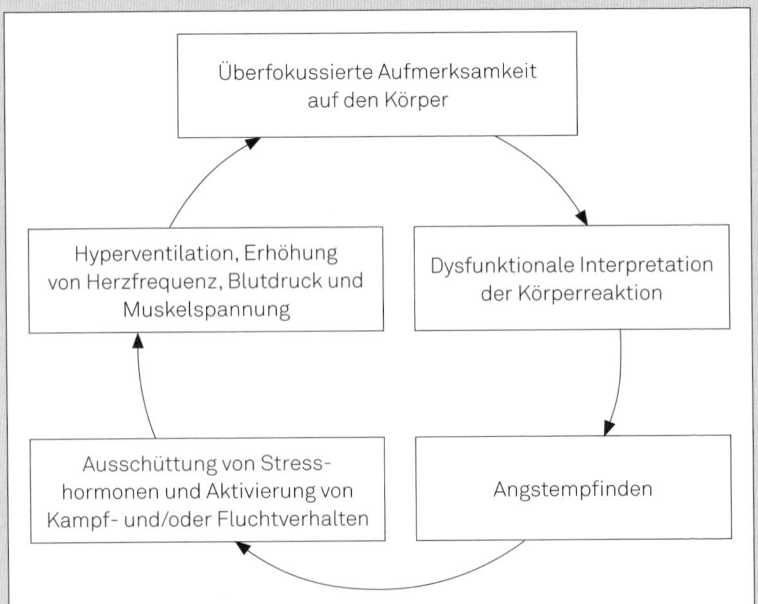


**Abbildung 10:** Teufelskreis der Angst (modifiziert nach Margraf und Schneider, 2013).

*Was hilft gegen Panikattacken?*

Treten Panikattacken nur selten auf, können sie häufig effektiv durch Atemübungen oder Entspannungsverfahren (wie sie in diesem Kapitel beschrieben werden), eine Verschiebung des Aufmerksamkeitsfokus auf die Außenwelt (z.B. auf die Dinge, die in der Situation der Panikattacke eigentlich wichtig sind) und die Neubewertung der körperlichen Veränderungen bei einer Panikattacke bewältigt werden (d.h. Neubewertung als unangenehm, aber ungefährlich). Treten Panikattacken häufiger auf (z.B. jede Woche über mehrere Monate), ist eine psychotherapeutische oder psychopharmakologische Behandlung sinnvoll, um einer Verschlechterung der Symptomatik sowie Alltagseinschränkungen vorzubeugen.

*Wie häufig sind Panikattacken?*

Einzelne Panikattacken sind häufig. Etwa jede dritte Person erlebt mindestens einmal im Leben eine Panikattacke. Panikattacken, die aufgrund ihrer Häufigkeit und Intensität als klinisch relevant betrachtet werden und daher die Kriterien einer Panikstörung erfüllen, sind seltener und treten bei etwa jeder 20. Person auf.

**Literatur**

Green, S.M., Antony, M.M., McCabe, R.E. & Watling, M.A. (2007). Frequency of fainting, vomiting and incontinence in panic disorder: A descriptive study. *Clinical Psychology & Psychotherapy: An International Journal of Theory & Practice, 14*(3), 189–197.

Kessler, R.C., Chiu, W.T., Jin, R., Ruscio, A.M., Shear, K. & Walters, E.E. (2006). The Epidemiology of Panic Attacks, Panic Disorder, and Agoraphobia in the National Comorbidity Survey Replication. *Archives of General Psychiatry, 63*(4), 415–424. https://doi.org/10.1001/archpsyc.63.4.415

Margraf, J. & Schneider, S. (2013). *Panik: Angstanfälle und ihre Behandlung.* Springer.

De Ruiter, C., Rijken, H., Kraaimaat, F. & Garssen, B. (1989). Breathing retraining, exposure and a combination of both, in the treatment of panic disorder with agoraphobia. *Behaviour Research and Therapy, 27*(6), 647–655.

White, W.B. & Baker, L.H. (1987). Ambulatory blood pressure monitoring in patients with panic disorder. *Archives of Internal Medicine, 147*(11), 1973–1975.

Während eine beschleunigte flache Brustatmung durch den Mund Hyperventilation und Panikattacken auslösen kann, führt eine verlangsamte tiefe Bauchatmung durch die Nase oder die Lippenbremse zu einer körperlichen Beruhigung. Eine solche Atmung kann geübt werden.

- Atemübungen sollten in Ruhe und im Stehen ausgeführt werden. Die Augen können geschlossen sein. Falls das nicht möglich ist, blicken Sie geradeaus und versuchen Sie, Ihre Sicht „unscharf" zu stellen.
- Legen Sie eine Hand auf die Brust und die andere auf den Bauch. Wenn Sie nun einatmen, hebt sich bei der Brustatmung „nur" die Brust. Bei der Bauchatmung hebt sich der Bauch. Atmen Sie so, dass sich der Bauch hebt. Ist das der Fall, atmen Sie in das Zwerchfell hinein und nutzen Ihre gesamte Lunge.
- Atmen Sie durch die Nase ein und aus. Gerade bei Aufregung fällt es manchmal schwer, komplett durch die Nase zu atmen. Atmen Sie dann zunächst durch die Nase ein und durch die Lippenbremse aus. Lippenbremse bedeutet, dass Sie die Lippen zu einem Spalt verengen und durch diesen Spalt ausatmen. Wenn Sie das tun, merken Sie beim Ausatmen einen Widerstand – das ist gut, denn wir wollen Ihre Atmung verlangsamen.
- Eine Verlangsamung der Atmung führt nachweislich zu einer geringeren körperlichen Stressaktivität. Es ist wichtig, dabei vor allem die Ausatmung zu verlangsamen. Dabei können wir die Faustregel benutzen, dass wir bei Atemübungen doppelt so lange aus- wie einatmen möchten. Um das zu üben, sollten Sie während der Atemübungen im Kopf die Sekunden zählen. Atmen Sie anfangs drei bis vier Sekunden ein. Machen Sie eine kurze Atempause von etwa zwei Sekunden. Atmen Sie danach sechs bis acht Sekunden aus und machen Sie wieder eine kurze Atempause. Wiederholen Sie das für etwa fünf bis zehn Minuten.

In Stresssituationen, in denen eine Hyperventilation beginnt, kann genauso vorgegangen werden. Nach der Umstellung der Atmung sollte die Aufmerksamkeit dabei wieder vom Körper weggelenkt werden. Entweder in den Bereich der Gedanken, um Neubewerten anwenden zu können, oder nach außen, um lösungsorientiert handeln zu können. Wie bereits bei der Progressiven Muskelentspannung beschrieben, empfiehlt es sich, zunächst mit „Trockenübungen" in entspannten Situationen zu beginnen, bevor Atemübungen in Stresssituationen effektiv angewendet werden können.

**Beispiel**

Laura ist in Panik. Sie war gerade am Kindergarten angekommen, um ihre Zwillinge Leon und Finn abzuholen, da erreichte sie der Anruf, dass ihr Mann wegen eines Autounfalls im Krankenhaus ist. Er sei aktuell stabil, aber noch nicht ansprechbar. Und das in Hannover – hunderte Kilometer weg, wo er auf Montage war. Sie weiß, dass sie etwas machen muss, etwas entscheiden muss, Vorbereitungen treffen muss. Doch alles dreht sich in ihrem Kopf. Sie beginnt lange durch die Lippenbremse auszuatmen und in das Zwerchfell einzuatmen, um die Hyperventilation zu beenden. Dabei knetet sie ihre Hände. Sie zählt bis 10, bis 20, bis 30. Ein letztes Mal spannt sie die Muskeln ihrer Unterarme an, atmet lange aus und wählt die Nummer ihrer Schwester. Sie fragt, ob sie die Kinder bis morgen nehmen könne, und bittet sie, ihr schon mal ein Hotelzimmer in Hannover zu buchen – sie sei in einer halben Stunde bei ihr. Sie holte ihre Kinder aus dem Kindergarten und machte sich auf den Weg zu ihrer Schwester.

## Skills

Der Begriff „Skills" bezeichnet im Allgemeinen erlernbare Fähigkeiten. Im Kontext von Psychotherapie werden damit vor allem leicht anwendbare Strategien der Stressregulation bezeichnet, die zur Reduktion einer mittleren (Stufe 2) und vor allem hohen Anspannung (Stufe 3) dienen (Bohus & Wolf-Arehulz, 2018). Skills sind auch hilfreich, wenn es zu dissoziativen Zuständen kommt. Bei dissoziativen Zuständen werden mehrere Bewusstseinskanäle (z. B. Gedanken, Körperempfindungen, Emotionen) nicht mehr vollständig miteinander integriert. Es handelt sich um eine Schutzfunktion des Körpers, die jedoch, wenn sie in Situationen auftritt, die keine akute körperliche Bedrohung darstellen, hinderlich sein kann. Dissoziationen treten vor allem bei psychischen Erkrankungen auf (z. B. Posttraumatische Belastungsstörung, Borderline-Persönlichkeitsstörung). Ist die Stressbelastung hoch genug (z. B. Konfrontation mit einem Todesfall, starke Übermüdung), kann jedoch jede Person in einen dissoziativen Zustand kommen.

**Beispiel**

Nach dem Tod seines Vaters stand Malik für mehrere Tage regelrecht neben sich. Alles war wie „in Watte" und er hatte das Gefühl, zwar auf „Autopilot" zu funktionieren, aber eigentlich (emotional) gar nichts wahrzunehmen. Bis heute erinnert er sich nur bruchstückhaft an diese Tage. Erst nach der Beerdigung drang der Schmerz über den Verlust zu ihm durch und er konnte all das empfinden, was zuvor abgespalten war.

Je nach Anwendungsfall und persönlicher Präferenz können eine Vielzahl von Skills unterschieden werden. Zu den effektivsten gehören die folgenden:

- *Gedankliche Ablenkung.* Manchmal muss man kurz alle äußeren Reize ausblenden, weil es ansonsten zu impulsiven, ungünstigen Reaktionen kommt (z. B. Wutausbrüchen, Fluchtverhalten). In diesen Momenten kann es hilfreich sein, die Aufmerksamkeit gezielt gedanklich zu binden. Zum Beispiel indem man von 1000 in 17-er Schritten rückwärts zählt, indem man versucht zu überlegen, was man gestern, vorgestern und vorvorgestern zum Abendessen gegessen hat, indem man versucht, Gegenstände im Zimmer alphabetisch zu ordnen. Diese Strategien können vor allem bei der Anspannungsstufe 2 hilfreich sein.
- *Körperliche Aktivität.* Um den Kopf kurz abzuschalten, überschüssige Energie abzubauen und Verhaltensimpulse auszuagieren, kann körperliche Aktivität hilfreich sein. Diese kann in Abhängigkeit der Situation z. B. in einem wiederholten Anspannen der Unterarme (auch mit Unterarmtrainer) oder der Beinmuskulatur, Liegestützen, Kniebeugen, in ein Kissen schlagen oder Rennen bestehen. Körperliche Aktivität kann auf Anspannungsstufe 2 oder 3 hilfreich sein.
- *Intensiver Geschmack oder Geruch.* Wenn die Anspannung sehr hoch ist (Stufe 3), herrscht im Kopf oft Chaos. Die Aufmerksamkeit springt wild umher und man kann sich nicht fokussieren. Um die Aufmerksamkeit wieder neu zu kalibrieren, kann es helfen, einen starken Geschmack oder Geruch zu empfinden. Im Anschluss kann man häufig wieder klarer und geordneter an die eigentlichen Probleme herangehen. Gut bewährte geschmackliche Stimuli sind z. B. Chili-Bonbons, Wasabi-Paste oder saure Kaugummis. Geruchliche Stimuli auf mittlerem Anspannungsniveau sind u. a. Räucherstäbchen oder Duschgel und auf hohem Anspannungsniveau v. a. Ammoniak-Ampullen.

- *Die Hände beschäftigen.* Eine Mischung aus sensorischer Stimulation und körperlicher Aktivität ist die Beschäftigung der Hände. Manchmal haben wir das Gefühl, „irgendetwas" tun zu müssen, obwohl wir „gar nichts" tun können, um eine Situation positiv zu beeinflussen. Wir empfinden dann einen ungerichteten Handlungsdrang, den wir in irgendetwas umwandeln müssen (Taubner, Fonagy & Bateman, 2019). Dieses Gefühl kann reduziert werden, wenn wir unsere Hände – also unser Hauptwerkzeug, um Dinge zu tun – beschäftigen. Auf mittlerem Anspannungsniveau (Stufe 2) können es Häkeln, Malen oder das Falten von Origami sein. Auf hohem Anspannungsniveau das Wringen der Hände, das Kneten eines Stressballs und das Zerknüllen oder Zerreißen von Papier.

Wichtig ist, sich bewusst zu machen, dass Skills, wie auch Progressive Muskelentspannung und Atemübungen, nichts am „eigentlichen" Problem ändern. Sie können die Auseinandersetzung mit dem hinter der Anspannung liegendem Problem, seine Akzeptanz oder Lösung nicht ersetzen. Sie sollten zudem nicht verwendet werden, um „alle" Emotionen „weg-zu-skillen". Dafür sind Emotionen zu nützlich. Wenn sie jedoch für das verwendet werden, wofür sie da sind – also hohe körperliche Anspannung so weit zu reduzieren, dass man wieder klar denken kann –, sind sie hoch effektiv.

Eine Anleitung zur Planung des Einsatzes von Skills finden Sie auf „Arbeitsblatt 11: Den Einsatz von Skills planen".

**Hinweis: Körperliches Wohlergehen**

(Chronischer) Stress belastet nicht nur die Psyche, sondern auch den Körper. Er führt zu Muskelverspannungen, Bluthochdruck, Schlafproblemen und schwächt das Immunsystem (Nixon, Mazzola, Bauer, Krueger & Spector, 2011; Morey, Boggero, Scott & Segerstrom, 2015). Umgekehrt ist eine gute körperliche Konstitution wichtig, um Probleme angehen und Stress bewältigen zu können. Wenn man zu wenig getrunken oder gegessen hat, unausgeschlafen ist, Rückenschmerzen hat oder krank ist, schränkt das stark die Möglichkeiten ein, flexibel zu denken und lösungsorientiert zu handeln. Daher können die zuvor beschriebenen Strategien der Stressregulation am besten genutzt werden, wenn man gleichzeitig auf eine ausgewogene Ernährung, ausreichenden und qualitativ guten Schlaf, regelmäßige Bewegung bzw. regelmäßigen Sport, soziale Kontakte und eine angemessene Gesundheitsvorsorge achtet.

## 4.5 Flexibilität der Regulation

Es gibt keine Strategie, die immer funktioniert. Das gilt auch für Regulationsstrategien (Bonanno & Burton, 2013). Akzeptieren ist nur funktional, wenn eine unangenehme Situation wirklich nicht zu ändern ist. Neubewerten ist nur hilfreich, wenn ausreichend Zeit besteht, um Entscheidungen abzuwägen und Perspektiven zu wechseln. Es wird hingegen hinderlich, wenn schnelle, entschiedene Handlungen notwendig sind oder spontanes, intuitives Verhalten gefordert ist. Skills sind zielführend, um Hochspannung zu reduzieren, werden aber dysfunktional, wenn sie verwendet werden, um generell Emotionen zu unterdrücken bzw. zu deckeln. Umgekehrt gibt es Situationen, in denen vermeintlich hinderliche Strategien sehr nützlich sein können. So ist es sinnvoll, eine Situation zu vermeiden, wenn eine reale Gefahr droht, der man entgehen könnte, oder die Kosten einer Konfrontation zu hoch wären. Rückversicherung kann zum Beispiel sinnvoll sein, um von der größeren Erfahrung von Kolleg:innen im Arbeitskontext zu profitieren. Sogar Selbstbestrafung kann hilfreich sein. Zum Beispiel, wenn man sich motivieren möchte, mit dem Rauchen aufzuhören, und mit sich selbst die Kosten für jede Zigarette vereinbart (Murray & Hobbs, 1981). Das bedeutet, es gibt Regulationsstrategien, die häufiger, und Regulationsstrategien, die seltener zielführend sind (Aldao, Nolen-Hoeksema & Schweizer, 2010), aber in allen Fällen muss man flexibel auf den jeweiligen Kontext reagieren können (Bonanno & Burton, 2013). Dabei ist es hilfreich, wenn man über ein breites Repertoire an Strategien verfügt. Das heißt, wenn man unter anderem in Skills, Atemtechniken und Progressiver Muskelentspannung geübt ist, und wenn man Strategien zur Hand hat, um Perspektivwechsel effektiv zu gestalten und Lösungspläne zu entwickeln. Das dritte Element einer flexiblen Stressregulation ist die Überprüfung der Wirksamkeit bisheriger Regulationsversuche. Haben die angewendeten Skills dabei geholfen, mich runterzuregulieren? Hat die gewählte Lösungsstrategie mich meinem Ziel nähergebracht? Konnte ich meine Grübelschleifen durch die Terminierung fester Grübelzeiten und einen gegenwarts- und handlungsleitenden Denkstil reduzieren? In Abhängigkeit davon können Regulationsstrategien beendet, fortgesetzt, adaptiert oder durch neue Strategien abgelöst werden.

## 4.6 Emotionen vertiefen

Manchmal leiden Personen darunter, zu wenig zu empfinden. In der Folge wirken Dinge für sie belanglos und wenig befriedigend. In solchen Fällen kann es hilfreich sein, Methoden anzuwenden, die dabei helfen, das emotionale Erleben zu vertiefen. Verschiedene Wege können dabei gegangen werden:

- *Kommunizieren.* Uns mit anderen Personen über emotionale bzw. bedeutsame Ereignisse auszutauschen und unser eigenes Erleben mit ihnen zu teilen, führt zu einer emotionalen Vertiefung des Erlebens. In schwächerer Form funktioniert dies auch, wenn wir Dinge nicht anderen gegenüber benennen, sondern nur für uns selbst versprachlichen. Die passenden Worte zu finden und auszusprechen, ist zumeist mit deutlich stärkerem Affekt verbunden, als dieselben Dinge „nur" zu denken oder aufzuschreiben.
- *Imagination.* Dinge und Ereignisse nicht nur sprachlich zu benennen, sondern sich mit allen Sinnen in sie hineinzuversetzen, führt zu einer Verstärkung des emotionalen Gehalts. Im Hinblick auf ein vergangenes positives Ereignis bedeutet dies beispielsweise, zunächst die Augen zu schließen und sich genau vorzustellen, was man im jeweiligen Moment gesehen hat. Als nächstes konzentriert man sich auf Geräusche, Gerüche und Geschmacksempfindungen in der damaligen Situation. Dann auf das körperliche Empfinden, die Temperatur und den Tastsinn. Häufig können so Szenen sehr lebendig nachempfunden werden. Auch zukünftige positiv besetzte Ereignisse können auf diese Art vertieft emotional verarbeitet werden, z. B. indem man die Abiturfeier, ein sportliches Event, ein gemeinsames Picknick oder ähnliche Ereignisse imaginiert, auf die man sich zubewegen will.
- *Musik.* Musik kann emotionales Erleben verstärken. Das gilt sowohl für aktives Musizieren als auch für das Hören von Musik. Nicht nur die Melodien und die Dynamik, sondern auch die (textlichen) Inhalte von Musikstücken können dabei genutzt werden, eine Stimmung zu vertiefen und uns körperlich zu aktivieren. Musik kann dabei am besten mit anderen Aktivitäten kombiniert werden, die Emotionen intensivieren wie etwa Imagination oder aktives Handeln.

- *Handeln.* Um Positives zu erleben, müssen wir häufig zunächst aktiv werden. Um uns lebendig zu fühlen, hilft es, aktiv zu sein, Ziele zu verfolgen und den Effekt unseres Handelns beobachten zu können. Dadurch können häufig erst die Momente entstehen, über die wir dann mit anderen kommunizieren, die wir imaginieren können oder die wir musikalisch unterstreichen. Inaktivität trägt oftmals zu innerer Leere und einem Nicht-Empfinden bei – insbesondere bei depressiven Erkrankungen. In solchen Fällen ist es wichtig, die eigenen Aktivitäten nicht davon abhängig zu machen, ob man gerade Lust darauf hat. Stattdessen muss man oftmals erst aktiv werden, bevor Lust an etwas empfunden werden kann.
- *Aus Routinen ausbrechen.* Eine spezifische Form des Handelns, die dabei helfen kann, emotionales Erleben zu vertiefen, ist es, aus der Reihe zu tanzen. Damit ist gemeint, aus Gewohnheiten auszubrechen. Je häufiger wir ein und dasselbe auf ein und dieselbe Weise erleben, desto wahrscheinlicher werden wir weniger dabei empfinden. Kleine Erwartungsverletzungen hingegen helfen, Dinge spannender werden zu lassen und ihnen mehr emotionalen Gehalt zu geben. Das kann ein neues Rezept oder Gewürz in der Küche sein, eine Rotation von Arbeitsphasen im Beruf, ein Wochenendausflug in der Paarbeziehung oder ein Überraschungsbesuch bei einer alten Freundin.

Wichtig ist, dass insbesondere Selbstverbalisation („Ich bin so dumm."), Imagination (z. B. von schmerzhaften Ereignissen) und Musik zu machen oder zu hören auch negative emotionale Zustände (weiter) vertiefen können. Auch wenn viele Personen es im ersten Moment als passend erleben können, z. B. bei trauriger Stimmung traurige Musik zu hören, sollte man sich bewusst sein, dass dies den eigentlich unangenehmen Zustand aufrechterhalten oder vertiefen kann, anstatt diesen ins Positive zu wenden (Koehler, Schäfer, Lieb & Wessa, 2023).

**Zusammenfassung: Regulation von Emotionen und Stress**

- Emotionen sind wichtig und helfen uns, im Alltag zurechtzukommen. Sind sie jedoch viel stärker oder viel schwächer ausgeprägt, als es in der jeweiligen Situation angemessen ist, kann diese Intensität problematisch werden.
- Proaktive Regulationsstrategien haben das Ziel, zukünftigem Stress vorzubeugen oder sich auf dessen Bewältigung bestmöglich vorzubereiten. Reaktive Regulationsstrategien werden genutzt, wenn

Stress bereits besteht bzw. man noch mit dessen (emotionalen) Nachwirkungen zu tun hat.

- Sorgenketten und Grübelschleifen sind dysfunktionale Regulationsstrategien, die das Stresserleben erhöhen bzw. verlängern. Sorgenketten führen zu einer oberflächlichen und problemorientierten Verarbeitung. Grübelschleifen sind häufig zu sehr vergangenheits- und emotionsfokussiert, um handlungsleitend zu sein.
- Vermeidungs- und Rückversicherungsverhalten blockieren die Befriedigung von Bedürfnissen und können zu interpersonellen Problemen führen. Sie sind daher in vielen Situationen dysfunktional.
- Selbstbestrafung wird von Betroffenen häufig angewendet, um Schuldgefühle zu regulieren. Da Selbstbestrafung jedoch symbolisch anstatt kompensatorisch wirkt, führt es nicht wirklich zu einer Verbesserung der Situation. Alternativ sollte zunächst das Ausmaß der eigenen Schuldigkeit überprüft werden, um dann ggf. um Entschuldigung bitten oder Wiedergutmachung leisten zu können.
- Funktionale Alternativen zu den zuvor dargestellten dysfunktionalen Strategien sind Neubewertung, lösungsorientiertes Handeln und Akzeptanz.
- Wenn die Anspannung zu hoch ist, um diese funktionalen Strategien anzuwenden, kann es hilfreich sein, die Anspannung zunächst mit Atemübungen, Skills oder Progressiver Muskelentspannung zu senken.
- Keine Strategie ist immer dysfunktional und keine Strategie ist immer funktional. Wichtig ist es, Regulationsstrategien flexibel anzuwenden.
- Zu wenig emotionales Erleben kann ebenso Bedürfnisbefriedigung blockieren wie zu viel emotionales Erleben. Unter anderem die Kommunikation über Erlebnisse, die Imagination vergangener und zukünftiger Ereignisse sowie das Ausbrechen aus der Alltagsroutine können dabei helfen, emotionales Erleben zu steigern.

# 5 Vulnerabilität reduzieren, Resilienz fördern

Jeder Mensch hat Schwachstellen und Vulnerabilitäten. Ebenso hat jeder Mensch Ressourcen und Widerstandskräfte. Während Vulnerabilitäten die Wahrscheinlichkeit von Stress erhöhen und die Wahrscheinlichkeit eines funktionalen Umgangs mit ihm reduzieren, haben Resilienzfaktoren den gegenteiligen Effekt. Sie machen Stress weniger wahrscheinlich und fördern einen funktionalen Umgang mit Belastungen. Um den Aufbau von Wohlbefinden zu unterstützen, werden in diesem Kapitel daher der Abbau von Vulnerabilität und der Aufbau von Resilienzfaktoren besprochen. Da der Umgang mit Emotionen und Emotionsregulation bereits im vorangegangenen Kapitel detailliert besprochen wurde, konzentrieren wir uns dabei im Hinblick auf Vulnerabilitäten auf dysfunktionale Grundannahmen und eingeschränkte Mentalisierungsfähigkeiten. Auf Seiten der Resilienzfaktoren betrachten wir die Stärkung des Kontrollerlebens, der wahrgenommenen Bedeutsamkeit der Dinge sowie der (wahrgenommenen) sozialen Unterstützung.

Zu diesem Kapitel gibt es Arbeitsblätter, die zum Download zur Verfügung stehen (eine Liste der Arbeitsblätter sowie eine Anleitung zum Download finden sich im Anhang des Buchs). Die Arbeitsblätter können Ihnen helfen, die Buchinhalte in den Alltag zu übertragen.

## 5.1 Dysfunktionale Glaubenssätze

Wie bereits in den vorangegangenen Kapiteln beschrieben sind Glaubenssätze die Brille, durch die wir die Welt, uns selbst und andere betrachten und beurteilen (Beck & Haigh, 2014). Glaubenssätze bestehen häufig aus einer Kombination von „Tatsachenbehauptungen“ und „Regeln“.

**Beispiel 1**

Ich bin schwach (Tatsachenbehauptung). Wer schwach ist, wird ausgenutzt (Tatsachenbehauptung). Ich muss meine Schwäche vor anderen verbergen und stark wirken (Regel).

**Beispiel 2**

Jeder Mensch hat Stärken und Schwächen (Tatsachenbehauptung). Die meisten Menschen sind hilfsbereit (Tatsachenbehauptung). Wenn ich Hilfe brauche, sollte ich das zeigen, damit ich Unterstützung bekomme (Regel).

Manchmal enthalten Glaubenssätze problematische Tatsachenbehauptungen und/oder Regeln:

- Problematisch werden Tatsachenbehauptungen zum einen, wenn sie (in Teilen) die Realität verkennen, weil sie zu extrem bzw. zu breit formuliert sind (z. B. „Ich bin dumm." anstatt „Ich habe eine unterdurchschnittliche Rechtschreibung."), und zum anderen, wenn sie nicht an veränderte Situationen angepasst werden (z. B. „Ich bin hilflos." anstatt „Als Kind war ich der Gewalt meines Vaters hilflos ausgesetzt, als erwachsene Person kann ich mich jedoch wehren.").
- Regeln werden problematisch, wenn sie den Handlungsspielraum zu stark einschränken, nicht nach Lebensbereichen differenzieren und/oder keinen flexiblen und funktionalen Umgang mit Herausforderungen erlauben. Dadurch fördern sie Stress und verhindern Bedürfnisbefriedigung (z. B. „Ich muss alles perfekt machen." anstatt „Es gibt Dinge im Leben, bei denen es wichtig ist, sehr genau zu arbeiten und gewissenhaft vorzugehen. Da Zeit und Ressourcen jedoch begrenzt sind, ist das nicht immer möglich, und bei vielen Dingen ist ‚gut' oder ‚okay' auch ausreichend und Perfektion unnötig").

Um problematische Glaubenssätze zu entzerren, das heißt, realitätsnäher und funktionaler zu gestalten, sind meistens mehrere Schritte notwendig:

1. Bemerken, dass mir ein Glaubenssatz immer wieder Probleme bereitet.
2. Auf kognitiver Ebene verstehen, warum der Glaubenssatz problematisch ist.
3. Den alten Glaubenssatz durch eine neue hilfreichere (weniger problematische) Version ersetzen.

4. Die Funktionalität des neuen Glaubenssatzes im Alltag testen.
5. Neue Erlebens- und Verhaltensmuster anwenden, bis sie sich verfestigt haben.

Es ist hierbei normal, dass eine kognitive (d.h. gedankliche) Veränderung einer Verhaltensänderung und eine Verhaltensänderung einer Veränderung von Emotionen vorausgeht. Erst wenn man den Nutzen des veränderten Glaubenssatzes immer wieder im Alltag erlebt, wird der alte Glaubenssatz allmählich schwächer werden (Wöller & Kruse, 2018). Um Glaubenssätze kognitiv zu hinterfragen, ist in der Regel folgendes Vorgehen hilfreich (Stavemann, 2015):

*1. Den Glaubenssatz formulieren*

Um einen Glaubenssatz zu hinterfragen, muss man ihn zunächst möglichst konkret ausformulieren: Wie lautet der Glaubenssatz? Welche Tatsachenbehauptungen und Regeln enthält er? Woher stammt der Glaubenssatz? Wann und durch wen habe ich ihn gelernt?

**Beispiel**

Claudia hat den Glaubenssatz, dass „man niemandem vertrauen kann und deshalb am besten Abstand zu den Leuten hält“. Diesen Glaubenssatz hat sie von ihrem Vater gelernt, der ihn selbst als Credo nutzte.

*2. Sollte man den Glaubenssatz verändern?*

Im zweiten Schritt gilt es zu prüfen, ob der Glaubenssatz vor allem Vor- oder Nachteile hat, das heißt, ob es sinnvoll sein könnte, ihn beizubehalten oder zu verwerfen: Gibt es Gründe, den Glaubenssatz ändern zu wollen? Hat er Nachteile für die Befriedigung von Bedürfnissen? Macht er das Leben im Alltag schwerer? Hat er Nachteile für das eigene emotionale Erleben? Steht er im Widerspruch zu anderen Werten und Normen? Führt er zu Stress?

**Beispiel**

Claudia fand den Glaubenssatz lange hilfreich, denn er half (vermeintlich) dabei, Ärger zu vermeiden, und verhinderte (vermeintlich), dass sie ausgenutzt wurde. Inzwischen sieht sie ihn jedoch kritisch. Denn sie glaubt auch, dass er zu ihrer Einsamkeit beiträgt. Während sie in ihrem Umfeld häufig erlebt, dass Kolleg:innen sich auf der Arbeit gegenseitig aushelfen und Bekannte sich bei emotionalen Problemen gegenseitig unterstützen, muss sie viel mit sich selbst ausmachen. Das ist anstrengend und Claudia fragt sich, ob es nicht auch einfacher ginge.

*3. Regeln und Tatsachenbehauptungen hinterfragen*

Hat man festgestellt, dass bei einem spezifischen Glaubenssatz vermutlich die Nachteile überwiegen, kann versucht werden, die in ihm enthaltenen Tatsachenbehauptungen und Regeln in Frage zu stellen. Die folgenden Fragen können hierbei hilfreich sein:

- Tatsachenbehauptungen in Frage stellen: Ist die Quelle, auf der die Behauptung basiert, vertrauenswürdig? Sind die vermeintlichen Belege für die Behauptung stichhaltig und nachvollziehbar? Gibt es Personen, die der Behauptung widersprechen würden? Lässt die Behauptung Teile der Realität unberücksichtigt? Gibt es Erfahrungen, die der Aussage widersprechen? Hat man die Behauptung schon mal auf die Probe gestellt? Kann die Aussage handlungsleitend sein, das heißt, hilft sie dabei, gut zurechtzukommen? Handelt es sich um eine „Schwarz-Weiß“-Aussage, die ein Merkmal betrifft, das eigentlich viele Grau- oder Farbstufen hat? Werden die Welt, man selbst und andere durch die Behauptung in ihrer Komplexität erfasst und angemessen differenziert beschrieben?
- Regeln in Frage stellen: Ist die Quelle, auf der die Regel basiert, vertrauenswürdig? Gibt es Menschen, die die Sache anders sehen bzw. die nicht nach dieser Regel leben? Hat das Vorteile für die Betroffenen? Gibt es Ausnahmen von der Regel – für einen selbst oder für andere? Hat die Regel in manchen Lebensbereichen Vorteile und in anderen nicht? Gibt es Fakten, die der Gültigkeit der Regel widersprechen bzw. sie in Frage stellen? Hat die Regel selbst Widersprüche? Ist etwas daran unlogisch? Trägt die Regel dazu bei, eine dysfunktionale Tatsachenbehauptung zu stabilisieren?

**Beispiel**

Claudia ist verführt zu sagen, dass die Behauptung „man kann sich auf niemanden verlassen“ auf einer validen Quelle beruht, denn sie hat ihren Vater immer als sehr klug wahrgenommen. Andererseits ist sie sich nicht sicher, ob er bei dieser Behauptung nicht vielleicht nur von sich auf andere geschlossen hat, denn schließlich hat er die Familie verlassen, als sie neun Jahre alt war. Sie weiß auch, dass viele andere Personen seiner Behauptung widersprechen würden. Warum sonst würden Menschen Familien gründen, Freundschaften pflegen, sich mit anderen über ihren Kummer austauschen und sich gegenseitig unterstützen? Mit anderen zusammenzuarbeiten und Bindungen einzugehen scheint viele Vorteile zu haben. Auch ist die Behauptung, man könne sich auf „niemanden“ verlassen, irgendwie zu extrem und zu undifferenziert. Wahrscheinlich ist, sich auf „niemanden“ zu verlassen, ebenso hinderlich wie, sich auf „jeden“ zu verlassen. Was Claudia in ihrem Alltag sieht, liegt vermutlich irgendwo dazwischen. Ihre Beobachtungen würden ihr dabei sogar eher nahelegen, dass wechselseitige Unterstützung die Regel und Verrat und Ausnutzung die Ausnahme darstellen. Sie erkennt auch, dass die Regel, „Abstand zu anderen einhalten“ zu müssen, die Behauptung, man könne sich auf „niemanden verlassen“, sich selbst aufrechterhält bzw. die Wahrscheinlichkeit erhöht, eher nur flüchtige und instabile Beziehungen einzugehen. Denn damit man sich auf jemanden verlassen kann, ist es in der Regel notwendig, erstmal eine verlässliche Beziehung zu dieser Person aufzubauen.

*4. Wie könnte eine Alternative zu dem ursprünglichen Glaubenssatz aussehen?*

Ausgehend von den in Schritt 3 angestellten Überlegungen kann nun die Frage gestellt werden, wie der Glaubenssatz angepasst werden könnte, um realitätsnäher, logischer und handlungsleitender zu sein. Das erkennt man häufig (wenn auch nicht immer) daran, dass mehr Personen der Aussage bzw. der Regel zustimmen würden. Häufig sprechen dann mehr Fakten für die Aussage bzw. die Gültigkeit der Regel und weniger dagegen. Häufig ist die korrigierte Aussage bzw. Regel länger, komplexer und differenzierter als der ursprüngliche Glaubenssatz. Für den korrigierten Glaubenssatz sollte zudem erwartet werden können, dass er im Alltag nützlicher und wahrscheinlicher mit bedürfnisbefriedigendem Verhalten vereinbar ist. Um diese und andere Aspekte zu prüfen, können die zuvor beschriebenen Schritte 2 und 3 auf den neuen Glaubenssatz angewendet werden.

**Beispiel**

Claudia sieht ein Hauptproblem ihres alten Glaubenssatzes darin, dass er für sich beansprucht, in allen Lebenslagen gültig zu sein bzw. für alle Lebensbereiche zu gelten. Vielleicht ist es nämlich sinnvoll, in geschäftlichen Dingen nicht „zu leichtgläubig“ zu sein und die Geschäftsinteressen von anderen Personen mitzudenken. In Freundschaften, Beziehungen und im Familienleben erhöht ein „Sicherheitsabstand“ aber vermutlich eher die Gefahr, allein gelassen und enttäuscht zu werden. Denn wenn man selbst auf Abstand bleibt, tun das die anderen vermutlich auch. Wie sollen so also *wirklich* stabile Beziehungen entstehen? Claudia glaubt, dass folgender Glaubenssatz wahrscheinlich realitätsnäher, logischer und handlungsleitender sein könnte: „Manche Menschen sind einem wohlgesonnen und vertrauenswürdig und andere sind es nicht. Die Wahrscheinlichkeit, dass sich Menschen gegenseitig unterstützen und loyal zueinander sind, ist höher, wenn sie enge und stabile Beziehungen führen. In geschäftlichen Beziehungen stehen vermutlich die Interessen der einzelnen Personen/Firmen im Vordergrund. Hier macht es vermutlich Sinn, vorsichtiger zu sein.“

*5. Testen des neuen Glaubenssatzes*

Natürlich kann man sich „die Welt nicht malen, wie sie einem gefällt“. Es wäre Claudia und vielen anderen wahrscheinlich zu „einfach“, zu „naiv“, sich einen neuen Glaubenssatz „auszudenken“ und „einfach so zu tun“, als wäre er wahr. Ein neuer Glaubenssatz macht nur Sinn, wenn er sich bewährt und besser funktioniert als der alte. Das erfordert Mut, denn man kann die neuen Glaubenssätze nur testen, indem man sich (für eine ganze Weile) so verhält, als wären sie wahr, d.h., wenn man sie im Alltag ausprobiert. Dann gilt es, Bilanz zu ziehen. Legt mir der neue Glaubenssatz Erlebens- und Verhaltensweisen nahe, die bedürfnisbefriedigend sind? Reduziert er Stresserleben oder erleichtert er die Regulation von eintretendem Stress? Schafft er mehr oder weniger Wohlbefinden? Geht er mit mehr oder weniger Kosten einher? Erweitert er meinen Möglichkeitsraum oder schränkt er ihn ein? Falls sich der neue Glaubenssatz gut bewährt, sollte er vermutlich beibehalten werden. Wenn er „okay" funktioniert, besteht vielleicht Nachbesserungsbedarf. Funktioniert er nicht, sollte man ihn vielleicht noch einmal hinterfragen. Dabei sollte berücksichtigt werden, dass es hilfreich ist, den neuen Glaubenssatz nicht nur in einer Situation, sondern mehrmals und über längere Zeit zu testen, bevor man Bilanz zieht. Es ist nämlich gar nicht so einfach, das eigene Verhalten umzustellen. Wenn man z.B. jahrelang nach dem Glaubenssatz lebte „Ich darf nicht meine Meinung sagen, weil ich sonst abgelehnt werde.", wird die Befolgung des neuen Glaubenssatzes „Es ist hilfreich, meine Meinung zu sagen, denn dadurch können ich und mein Umfeld bessere Kompromisse finden und uns gegenseitig die Möglichkeit geben, langfristig unsere Bedürfnisse zu befriedigen." im (familiären) Umfeld vermutlich zunächst für Irritationen sorgen. Vermutlich wird es einem auch zunächst schwerfallen, die eigene Meinung differenziert darzustellen und zu begründen, denn man ist es ja nicht gewohnt und hat wenig Übung darin. Darum wird es einige Meinungsverschiedenheiten und Konflikte brauchen, bevor man sicher beurteilen kann, ob der neue Glaubenssatz zu mehr oder weniger Bedürfnisbefriedigung, Stress oder „Ablehnung" führt.

**Beispiel**

Um zu überprüfen, ob man sich auf „niemanden" verlassen kann und ob die Regel „man muss von anderen Abstand halten" sinnvoll ist, oder eher die neuen Alternativen „viele Menschen sind vertrauenswürdig" und „es ist hilfreich, Nähe zu Menschen aufzubauen" zur Bedürfnisbefriedigung beitragen, hat Claudia sich vorgenommen, die Distanz zwischen sich und anderen zu reduzieren. Konkret bedeutet das, sie will sich mehr öffnen, mehr private Informationen mit anderen teilen und mehr Zeit mit ihnen verbringen. Ihr ist klar, dass es einige Zeit erfordern wird, bis ihr neuer Verhaltensvorsatz auch in veränderten Beziehungen resultiert. Aber wenn das Projekt mit der Chance einhergeht, ihre Einsamkeit zu reduzieren, möchte sie es gerne wagen.

Auf dem „Arbeitsblatt 12: Glaubenssätze hinterfragen" finden Sie eine Anleitung, um sich selbst mit schwierigen Glaubensätzen auseinanderzusetzen.

**Hinweis**

Gerade wenn es uns nicht gut geht oder wir immer wieder auf die gleichen Alltagsprobleme stoßen, kann es hilfreich sein, eigene Glaubenssätze und Gewissheiten zu hinterfragen, um so zum Erhalt der eigenen Flexibilität und zur Anpassung an sich verändernde Bedingungen beizutragen. Insbesondere wenn Glaubenssätze jedoch sehr früh im Leben entstanden sind und wir lange nach ihnen gelebt haben, ist es oft schwer, sie selbstständig mit etwas Distanz differenziert zu betrachten. Ist das der Fall, kann es hilfreich sein, sich zur Auseinandersetzung mit potenziell dysfunktionalen Glaubenssätzen Unterstützung bei Psychotherapeut:innen zu suchen.

## 5.2 Mentalisierungsfähigkeit

Wie in der Einleitung beschrieben, versteht man unter Mentalisierungsfähigkeit die Fähigkeit, sich die intrapsychischen Gründe des eigenen Verhaltens und des Verhaltens anderer vorzustellen (Taubner et al., 2019), d.h., nachzuvollziehen, welche Emotionen, Gedanken und Bedürfnisse zu einem bestimmten Verhalten geführt haben (siehe Kapitel 1.4). Die Mentalisierungsfähigkeit hat ihren Ursprung in den „Theory of Mind"-Fertigkeiten (siehe Kapitel 2.5), betont aber etwas stärker die emotionale Seite und weniger die kognitive Seite des Erlebens und Verhaltens. Auch wenn Adoleszente und Erwachsene in der Regel bereits große Erfahrung im Mentalisieren haben und diese Fähigkeit gut beherrschen, gibt es interindividuelle Unterschiede (d.h., manche können besser oder schlechter mentalisieren). Zudem zeigt sich, dass starkes Stresserleben Mentalisierungsfähigkeiten negativ beeinflusst.

Je stärker eine Person gestresst ist (Euler & Walter, 2020),

1. desto wahrscheinlicher entsteht ein hoher Handlungsdruck, d.h., die Betroffenen haben das Gefühl, es muss sich etwas in der „realen" Welt verändern, um die Situation zu lösen.

**Beispiel**

Bei einem Streit mit seiner Freundin Almuth steht Lars unter hoher Anspannung. Er hat das Gefühl, sie nicht zu erreichen und ihr nicht nachvollziehbar machen zu können, wie er sich fühlt. Darum wirft er eine Tasse gegen die Wand und fängt an, gemeinsame Fotos zu zerreißen.

2. desto wahrscheinlicher ist sie davon überzeugt, dass die eigene (katastrophale) Vorstellung „zu 100 %" der Realität entspricht.

**Beispiel**

Lars hatte in den vergangenen Monaten immer wieder den Verdacht, dass Almuth ihn nicht mehr liebt, vielleicht sogar an jemand anderem interessiert ist – in diesem Moment erscheint es ihm jedoch als die „einzige" Erklärung für ihr Verhalten.

3. desto wahrscheinlicher sind die Vorstellungen über die Motive hinter den Handlungen anderer von Rigidität und Extremen geprägt.

**Beispiel**

Lars ist in diesem Moment überzeugt, dass Almuth schon immer so war – egoistisch und ausnutzend. Bestimmt ist sie nur noch nicht ausgezogen, weil sie Schwierigkeiten hatte, eine neue Wohnung zu finden. Innerlich lacht sie ihn bestimmt seit Monaten aus.

4. desto wahrscheinlicher schlussfolgert sie von (negativen) vergangenen Erfahrungen auf die gegenwärtige Situation bzw. zukünftige Ereignisse.

**Beispiel**

Schon in seiner Kindheit war Lars für alle immer der „Doofe", mit dem man es ja machen konnte. Wie konnte er so dumm sein zu glauben, dass sich je etwas ändern könnte?

Nicht selten ist es so, dass die Betroffenen ihr Verhalten im Nachhinein selbst nicht mehr nachvollziehen können. In diesem Moment wirkt alles ganz eindeutig, ganz klar und es muss sich unbedingt „jetzt" etwas ändern. Dadurch kommt es oft zu Verhaltensweisen, die das Konfliktrad weiter anschieben, sodass es zu einem sich selbst verstärkenden Prozess kommt. Stellt man fest, dass man sich in einer solchen Spirale befindet, bei der der Stress steigt, der Konflikt hochkocht und die Mentalisierungsfähigkeiten nur noch gering sind, empfiehlt es sich, sich eine kurze Auszeit zu nehmen und sich zu sammeln. Man kann dann Folgendes tun:

1. Feststellen, dass man eine kurze Auszeit braucht, und dies an die andere:n beteiligte:n Person:en kommunizieren.
2. Falls nötig und möglich die konkrete Konfliktsituation kurz verlassen.
3. Skills, Entspannungsverfahren, Atemtechniken oder andere Regulationsstrategien nutzen, um die Anspannung auf ein niedriges oder mittleres Niveau zu reduzieren.
4. Falls nötig und möglich die Konfliktsituation (ggf. mit einer dritten Person gemeinsam) analysieren (siehe Arbeitsblatt 15 bei den Onlinematerialien).
5. Mit einem funktionaleren Kommunikationsstil zurück in die Konfliktsituation gehen (siehe unten).

Wenn entsprechende Konfliktsituationen in (Paar-)Beziehungen öfter auftreten, kann es hilfreich sein, die Auszeitregel zuvor gemeinsam zu vereinbaren. Wichtig ist dabei, dass alle Beteiligten darauf vertrauen können, dass es sich wirklich „nur" um eine Auszeit handelt. Das heißt, die Auszeit kann zwar Minuten, Stunden oder auch Tage dauern, aber das Thema wird im Anschluss nicht „wegignoriert" oder „vermieden", sondern auf die ein oder andere Weise abgeschlossen. Ist das nicht der Fall, erhöht das die Wahrscheinlichkeit, dass die Beteiligten, insbesondere bei Themen, die ihnen wichtig sind, Auszeiten zukünftig nicht mehr zulassen, da sie die Überzeugung gewinnen, dass die andere Person die Regel ausnutzt, um sich dem Thema und der Situation zu entziehen. Wird der Konflikt nach einer Weile fortgesetzt, ist es hilfreich, einen Kommunikationsstil zu wählen bzw. zu üben, der zu gegenseitigem Verständnis mentaler Zustände beiträgt.

Die folgenden Schritte können dabei hilfreich sein:

1. *Für den Konflikt relevante Informationen möglichst objektiv und realitätsnah beschreiben und sicherstellen, dass die andere Person dieser Beschreibung zustimmt.* Bevor das möglich ist, muss man häufig für sich selbst zunächst reflektieren, welche „harten" Fakten zu der Unzufriedenheit mit der Situation beigetragen haben.

**Positivbeispiel**

Lars beschreibt: Almuth kam in den vergangenen Wochen etwa dreimal pro Woche eine Stunde später als üblich von der Arbeit nach Hause. Zweimal war Almuth in den vergangenen vier Wochen allein über das Wochenende zu ihren Eltern gefahren. Das Paar hat in den letzten vier Wochen einmal Sex gehabt. Almuth kann dieser Beschreibung zustimmen.

**Negativbeispiel**

Lars beschreibt: Almuth macht andauernd Überstunden und will wohl gar nicht mehr nach Hause kommen. Auch am Wochenende ist sie immer weg. Sex und Zärtlichkeit gibt es ja ohnehin nicht mehr zwischen ihnen. Almuth stimmt dieser Beschreibung nicht zu und reagiert mit Gegenvorwürfen.

2. *Die eigenen mentalen Zustände in dieser objektiven Situation beschreiben und diese als subjektive Wahrnehmung markieren.* Das heißt, man sollte bei der Beschreibung deutlich machen, dass es sich um den eigenen Blickwinkel und keineswegs um Fakten handelt. Auch sollte man möglichst Ich-Botschaften senden (anstelle von Du-Botschaften). Der anderen Person sollte dabei auch die Möglichkeit gegeben werden, Nachfragen zu stellen, bis sie die Perspektive auf die Situation versteht. Hierbei ist es wichtig, sowohl die eigenen Gedanken als auch Gefühle zu beschreiben. Dabei sollte der Fokus, wenn möglich, auf den primären (d.h. initial auftretenden) Gedanken und Gefühlen liegen, die Unsicherheit, Scham, Angst oder Traurigkeit ausdrücken (sofern authentisch vorhanden). Ärger ist häufig (aber nicht immer) eine sekundäre Emotion, d.h., sie tritt im Verarbeitungsprozess relativ spät auf und enthält wenig Information über die zentralen Bedürfnisse (Greenberg & Goldman, 2010).

**Positivbeispiel**

Lars beschreibt: „Ich habe den Eindruck, du bleibst länger auf der Arbeit und besuchst deine Eltern allein, weil du dich aus der Beziehung zurückziehst oder weil ich dich nerve. Dass wir weniger Sex haben als früher, interpretiere ich ähnlich. Ich habe den Eindruck, nicht mehr attraktiv für dich zu sein. Das macht mich traurig. Es macht mir auch Angst, weil ich befürchte, dass du die Beziehung vielleicht beenden willst. Manchmal kommt mir dann der Gedanke, dass du bereits an jemandem anderen Interesse haben könntest. Das ist für mich ein sehr belastender Gedanke, weil ich dich liebe. Ich fühle mich dann hilflos. Ein Gefühl, dass ich von früher gut kenne und das mich wütend macht."

**Negativbeispiel**

Lars sagt: „Ich bin so sauer auf dich. Du kommst dauernd zu spät nach Hause und fährst alleine weg. Du schläfst nicht mehr mit mir. Du hast gar keinen Bock mehr auf uns. Dir liegt überhaupt nichts mehr an uns."

3. *Die andere Person bitten, ihre mentalen Zustände in der Konfliktsituation zu beschreiben.* Dabei ist es wichtig, authentisch und interessiert zu versuchen, die Perspektive der Person auf die Konfliktsituation nachzuvollziehen – insbesondere dann, wenn diese nicht mit der eigenen Perspektive übereinstimmt. Es ist gut, der anderen Person mitzuteilen, was man daran nachvollziehen und nachfühlen kann. Das Erleben der anderen Person sollte (authentisch) als legitim und aus ihrer Perspektive plausibel beschrieben werden. Der anderen Person sollte ihr Empfinden nicht abgesprochen werden. Widersprechen Sie nur vermeintlich harten Fakten, sofern diese nicht mit Ihrer eigenen Realitätswahrnehmung übereinstimmen, oder Hypothesen der anderen Person über Ihre inneren Zustände, die nicht zutreffend sind (z. B. „Du sagst das ja nur, um dich rauszureden. Eigentlich ist es dir doch recht, dass ich leide.").

**Positivbeispiel**

Almuth beschreibt, dass sie die Arbeit zurzeit als sehr stressig erlebt. Sie stehe aktuell vor einem Projektabschluss, der ihr sehr wichtig sei, da er sie in ihrer Karriere erheblich voranbringen könne. Ein Erfolg in diesem Projekt würde sie daher sehr freuen. Es tut ihr leid, dass das dazu führt, dass sie abends später heimkommt. Zu ihren Eltern ist sie die letzten Male allein gefahren, da sie den Eindruck hatte, dass Lars nicht mitkommen wollte. Er habe zuletzt negativ über ihre Eltern geredet. Das habe sie traurig gemacht, aber sie habe akzeptieren wollen, dass er in ihrer Wahrnehmung auf die Familiennachmittage aktuell keine Lust habe. Sie finde es auch schade, dass sie in den vergangenen Wochen weniger Sex hatten als zuvor. Für sie habe das damit zu tun, dass sie die Stimmung in der Beziehung seit mehreren Wochen als schlecht erlebe. Das begründet sie damit, dass sie Lars in letzter Zeit als distanziert und gereizt erlebt – nach der Beschreibung seiner Gefühle könne sie jetzt aber besser nachvollziehen, was in ihm vorging. Wenn sie ihn so erlebe, habe sie Schwierigkeiten, sich fallen und auf körperliche Nähe einzulassen. Darum sei sie auch froh, dass sie sich jetzt offen miteinander austauschen. Lars stellt während Almuths Ausführungen Nachfragen, das heißt, er fragt bei Unklarheiten nach, wie dieses oder jenes gemeint sei und was sie dabei gefühlt habe. Er bestätigt ihren Eindruck, dass er in den letzten Wochen negativer auf ihre Eltern reagiert habe, und beschreibt, dass er das Gefühl hatte, dass ihm durch die Zeit bei den Eltern exklusive Zeit mit Almuth verloren geht – das hätte ihn eifersüchtig gemacht.

**Negativbeispiel**

Lars unterbricht Almuth bei ihren Beschreibungen. Er versucht, sie der Lüge zu überführen und den Konflikt zu gewinnen. Er macht sich über ihre Empfindungen lustig und stellt diese als abwegig dar.

4. *Gegenseitig beschreiben, was man jetzt bzgl. der Konfliktsituation nach dem Austausch denkt und fühlt.*

**Positivbeispiel**

Lars beschreibt, dass er sich für seine Eifersucht und seine Wut schämt. Er habe Angst gehabt, Almuth zu verlieren, und sei dadurch in einen Tunnelblick geraten. Er ist froh, dass sie sich jetzt über die letzten Wochen ausgetauscht haben, weil er Almuths Verhalten jetzt besser verstehen könne. Almuth entschuldigt sich dafür, dass sie Lars bzgl. ihrer Situation auf der Arbeit nicht genug „ins Boot“ geholt habe. Es freut sie, dass er sich mehr Zeit mit ihr und mehr Nähe wünscht.

**Negativbeispiel**

Lars fasst noch einmal zusammen, was ihn alles an Almuth und ihrem Verhalten stört.

5. *Formulieren, was man sich zukünftig für Veränderungen wünschen würde.* Die Wünsche sollten aus der subjektiven Perspektive heraus begründet werden. Dabei ist es hilfreich, erneut vor allem bei weichen negativen Emotionen (z. B. Scham, Angst, Traurigkeit) oder positiven Emotionen anzusetzen. Bitten und Wünsche dürfen nicht mit Forderungen oder Anweisungen verwechselt werden. Falls nötig und möglich kann man auf einen Kompromiss hinarbeiten.

**Positivbeispiel**

Sowohl Lars als auch Almuth wünschen sich, dass sie sich zukünftig häufiger über ihre Gedanken und Gefühle austauschen und sich weniger darauf verlassen, dass man schon wisse, was im anderen vorgehe. Lars wünscht sich zudem, dass die beiden versuchen, wieder mehr exklusive Zeit miteinander zu verbringen, da er Almuth vermisse und sich freue, wenn sie bei ihm sei. Almuth erwidert den Wunsch, fügt jedoch einschränkend hinzu, dass ihr ihr Arbeitsprojekt ebenfalls wichtig sei, weshalb sie zumindest in den nächsten zwei Wochen sehr eingespannt sein werde.

**Negativbeispiel**

Lars erwartet von Almuth, dass sie seine Bedürfnisse erfüllt und ihre eigenen Bedürfnisse zurückstellt. Er droht ihr, dass er die Beziehung in ihrem jetzigen Zustand nicht mehr lange mitmachen werde.

Der beschriebene Prozess kann bei der Lösung interpersoneller Konflikte helfen. Der Fokus liegt dabei auf der Förderung des wechselseitigen Verständnisses für die Perspektive des anderen (d. h. auf der Förderung wechselseitigen Mentalisierens). Ist man weniger darin geübt zu mentalisieren, handelt es sich zugleich um einen anspruchsvollen Prozess. Deshalb kann es zielführend sein, mentalisieren zunächst zu üben und einen spielerischen Zugang dazu zu finden. Mentalisieren kann dabei sowohl in Alltagssituationen als auch anhand vergangener Konfliktsituationen geübt werden (Taubner et al., 2019). Am besten gelingt es gemeinsam mit Übungspartner:innen. Möglichkeiten, Mentalisieren zu üben, sind im folgenden Exkurs genauer beschrieben.

## Exkurs: Mentalisieren üben

Defizite der Mentalisierungsfähigkeiten erhöhen die Vulnerabilität gegenüber Stressoren und können es wahrscheinlicher machen, an einer psychischen Störung zu erkranken. Mentalisierungsfähigkeiten können durch Psychotherapie gefördert werden. Die folgenden Übungen bauen auf typischen Psychotherapieinhalten zur Förderung von Mentalisierungsfähigkeiten auf.

- *Den Möglichkeitsraum erkunden.* Betrachten Sie ein Bild, ein Video oder eine reale Person auf der Straße und fragen Sie sich, was diese Person wohl denken und fühlen könnte? Wie könnte ihre Perspektive auf die Situation sein? Was könnten Motive für ihr Verhalten sein? Was könnte sie als nächstes vorhaben? Überlegen Sie, woran Sie das jeweils festmachen. Es geht dabei nicht darum, eine „richtige" Lösung zu finden, sondern sich zu vergegenwärtigen, dass es unzählig viele potenzielle Erklärungen für ein bestimmtes Verhalten gibt und wir keineswegs mit unserer ersten Idee richtig liegen müssen.
- *Zirkuläre Fragen.* Erweitern Sie die vorangegangene Übung und fragen Sie sich, was eine andere Person annehmen könnte, was die betrachtete Person denkt, fühlt, beabsichtigt. Versetzen Sie sich dabei in das Vorwissen und die Perspektive der dritten Person hinein. Im Fokus dieser Übung steht die Einnahme fremder Perspektiven und die Erfahrung, dass aus unterschiedlichen Blickwinkeln unterschiedliche Hypothesen über mentale Zustände unterschiedlich naheliegend wirken.
- *Mit eigenen mentalen Zuständen auseinandersetzen.* Fragen Sie sich mehrmals am Tag, was Sie gerade tun und empfinden und woran das liegen könnte. Falls Sie wütend sind, fragen Sie sich nach den Ursachen Ihres Ärgers und prüfen Sie, ob hinter Ihrem Ärger möglicherweise „weichere" Zustände stecken, wie z. B. Angst, Scham oder Unsicherheit. Falls Sie in Gesellschaft sind, fragen Sie sich, welche Beweggründe andere hinter Ihrem aktuellen Verhalten vermuten könnten und was diese Personen wohl annehmen, wie Sie sich gerade fühlen und warum. Gehen Sie, falls möglich, darüber in einen Austausch mit anderen Personen.
- *Zwischen harten und weichen Daten trennen.* Beschreiben Sie eine Situation, wie Sie es „normalerweise" tun. Beschreiben Sie die gleiche Situation im Anschluss möglichst objektiv, d. h. ohne Wertung und ohne emotionale Beteiligung. Vergleichen Sie die Beschreibungen miteinander. Wo in Ihrer subjektiven Beschreibung sind Hypo-

thesen über die mentalen Zustände von anderen enthalten? Worauf basieren diese Hypothesen? Würden andere Hypothesen zu einer anderen Wahrnehmung bzw. Beurteilung der Situation führen?

- *Über mentale Zustände austauschen.* Die simpelste und wohl effektivste Methode, Mentalisieren zu üben, ist es, sich mit anderen Personen über mentale Zustände auszutauschen. Dabei sollte nicht nur das Ergebnis eines mentalen Prozesses kommuniziert werden (z. B. „Ich bin traurig."), sondern auch beschrieben werden, wie es (vermutlich) dazu kam (z. B. „Ich vermisse meinen Bruder, deshalb bin ich traurig."). Wertvoll ist es dabei auch, sich über Hypothesen zum Zustand anderer Person mit diesen auszutauschen (z. B. „Ich könnte mir vorstellen, dass du traurig bist, weil du deinen Bruder vermisst."). Hypothesen sollten dabei aber nicht mit Fakten verwechselt werden (z. B. nicht: „Ich weiß, dass du traurig bist, weil du deinen Bruder vermisst."). Durch einen regelmäßigen Austausch über mentale Zustände kann eine interpersonelle Kultur gefördert werden, bei der die Gedanken und Gefühle anderer ernst genommen und zur Beurteilung einer Situation berücksichtigt werden.
- *Konfliktsituationen analysieren.* Insbesondere wenn Situationen sich ungünstig entwickelt haben und man mit dem Ergebnis unzufrieden ist, kann es lohnend sein, sich die Situation im Nachhinein noch einmal genauer anzusehen. Auch hier sollte man den Ablauf der Situation zunächst möglichst objektiv beschreiben. Dann lohnt es sich häufig, damit zu beginnen, sich das Verhalten der anderen Person plausibel zu machen. Das heißt, man betrachtet das Verhalten der anderen Person nicht unter dem Blickwinkel „Was an ihrem Verhalten ist nicht okay? Wo hat sie mich falsch verstanden?" sondern aus der Perspektive „Was daran ist nachvollziehbar? Unter welchem Blickwinkel ist das stimmig? Wo könnte ich etwas missverstanden haben?" Dabei geht es nicht darum, der anderen Person in allem zuzustimmen oder die eigene Perspektive auf die Situation zu negieren. Stattdessen geht es darum, den eigenen Blickwinkel zu erweitern. Bzgl. des eigenen Verhaltens lohnt es sich, zu fragen „Wie habe ich mich gefühlt und warum? Was wollte ich und warum? Was kam vermutlich bei der anderen Person an und warum?" Das kann zum einen dabei helfen, das eigene Erleben und Verhalten selbst besser zu verstehen, und zum anderen kann es dazu beitragen, zukünftig besser zu kommunizieren.

**Literatur**

Taubner, S., Fonagy, P. & Bateman, A. W. (2019). *Mentalisierungsbasierte Therapie*. Hogrefe.

Euler, S. & Walter, M. (2020). *Mentalisierungsbasierte Psychotherapie (MBT)*. Kohlhammer.

## 5.3 Sinn und Bedeutsamkeit

Einen Sinn im Leben zu sehen, ist ein Schutzfaktor gegen (psychische) Krankheiten und kann helfen, Krisen erfolgreich zu bewältigen. Oder wie Nietzsche (1888) es formulierte: „Hat man sein Warum des Lebens, so verträgt man sich fast mit jedem Wie.“ Es gehört zu den existenziellen Wahrheiten, dass wir den großen Sinn des Lebens nie sicher kennen werden. Nichtsdestotrotz kann der Glaube an eine Antwort auf die große Sinnfrage – mag diese in Religion oder Philosophie gefunden werden – hilfreich und stützend sein. Die Frage nach dem „kleinen“ Sinn hingegen kann jede:r beantworten, jedoch nur für sich selbst (Noyon & Heidenreich, 2012): Was gibt meinem Leben Sinn? Die Antwort liegt in den individuellen Dingen, denen wir Bedeutung beimessen. Zu diesen Dingen gehören häufig bestimmte Personen, Aktivitäten, Werte und daraus resultierende Ziele. Die Wahrscheinlichkeit von Sinnerleben steigt, wenn man Zeit und Ressourcen in diese bedeutsamen Dinge investiert (Polk, Schoendorff, Webster & Olaz, 2019).

*Bedeutsame Personen.* Häufig haben Menschen Personen in ihrem Umfeld, die ihnen wichtig sind. Falls das bei Ihnen auch der Fall ist, ist es vermutlich Ihrem Sinn- und Bedeutsamkeitserleben zuträglich, Zeit und Ressourcen in die Beziehung zu diesen Personen zu investieren. Das bedeutet, sich für diese Personen zu interessieren, gemeinsamen Freizeitaktivitäten nachzugehen, sich auf Themen und Aktivitäten einzulassen, die diesen Personen wichtig sind, sich über den Alltag auszutauschen, diese Personen an eigenen Entscheidungen und Gedanken teilhaben zu lassen usw. Neben der Qualität gemeinsam verbrachter Zeit und deren Frequenz sind es häufig auch der gemeinsam zurückgelegte Weg und die geteilten Erfahrungen, die Beziehungen Bedeutung geben. Falls man feststellt, dass man wenige Personen in seinem Umfeld hat, mit denen man Erfahrungen, Gedanken, Gefühle und Aktivitäten teilt, kann es ein wichtiger Schritt hin zum Erleben von Bedeutung sein, das zu verändern. Das heißt, darauf hinzuwirken, den eigenen Freundes- und Bekanntenkreis zu vergrößern. Zum Beispiel indem man alte Kontakte wieder aufnimmt (z. B. zu ehemaligen Kommiliton:innen), Gruppenaktivitäten nachgeht (z. B. im Verein), private Kontakte auf der Arbeit knüpft (z. B. die Mittagspause für private Gespräche nutzen) oder sich gegenüber Bekannten und Familienmitgliedern mehr öffnet (z. B. Ziele, Hoffnungen und Sorgen besprechen).

*Bedeutsame Aktivitäten.* Investiert man Zeit und Ressourcen in bestimmte Aktivitäten, erhöht dies die Wahrscheinlichkeit, dass sich die Beschäftigung damit bedeutsam anfühlt. Dabei handelt es sich in der Regel um einen sich selbstverstärkenden Prozess. Je mehr Zeit man in etwas investiert, je mehr man darüber weiß, je mehr Aufmerksamkeit man darauf richtet, desto wichtiger und bedeutsamer wird es sich wahrscheinlich anfühlen. Je nach Gegenstand kann dies verschiedene Gründe haben. Betätigt man sich beispielsweise regelmäßig sportlich, werden sich beobachtbare Trainingsfortschritte (z. B. höheres technisches Niveau) und der gesundheitliche Effekt (z. B. besserer Schlaf) wahrscheinlich verstärkend auswirken, weshalb die Aktivität mehr und mehr positiv besetzt wird. Darüber hinaus wird man durch das Interesse an der Aktivität vermutlich nach und nach einen Expert:innen-Status erlangen. Das heißt, man wird sich selbst und andere bei der Aktivität mit mehr Hintergrundwissen beobachten, die Aktivität dadurch differenzierter wahrnehmen, ihre Feinheiten vertieft verarbeiten und dadurch einen Zugang gewinnen, der Laien in einem Feld verschlossen bleibt. Aktivitäten bekommen häufig auch dadurch mit der Zeit Bedeutung, dass man sie mit anderen Menschen teilt bzw. weil man von anderen Personen Anerkennung für sie erfährt. Zum Beispiel weil man sie gemeinsam mit ihnen ausführt (z. B. gemeinsam kochen), man sich gemeinsam darüber austauscht (z. B. bei einem Familientreffen), sie von der eigenen Expertise profitieren (z. B. weil man mit Rat zur Seite stehen kann), sie Produkte der Aktivität erhalten (z. B. bei handwerklichen Tätigkeiten) oder man vor Publikum auftritt (z. B. bei musikalischen Aktivitäten). Wird die Beschäftigung mit einer Aktivität über längere Zeit fortgesetzt, verbindet sie sich nach und nach mit dem zurückgelegten Lebensweg (z. B. wenn ein Wander-Verein oder anderer Verein einen sowohl bei der Heirat, durch den Verlauf der Ehe als auch bei der Scheidung begleitet hat). Dadurch werden bedeutsame Aktivitäten mit der Zeit Teil der eigenen Identität.

*Bedeutsame Wertvorstellungen.* Werte wie Gerechtigkeit, Nächstenliebe, Gewissenhaftigkeit und Loyalität begleiten explizit und implizit große

Teile des Alltags vieler Menschen. Werte sind eng mit unseren Glaubenssätzen verwandt und münden oft in Annahmen darüber, was erlaubt oder verboten ist. Dadurch stellen sie einen Rahmen zur Verfügung, innerhalb dessen wir Ziele und Handlungen gestalten können. Sinnstiftend können Wertvorstellungen werden, wenn sie zu einer Maxime des Handelns werden. Das heißt, wenn sie nicht nur die Rahmenbedingungen des Erlaubten festlegen, sondern die Förderung bestimmter Wertvorstellungen (in der Gesellschaft/der Familie/dem Freundeskreis) oder wertkonformes Verhalten an sich zum (Haupt-)Ziel einer Handlung wird. Hat ein Wert für einen selbst eine hohe Wichtigkeit (z. B. Gleichberechtigung) und sieht man diesen in der Gesellschaft als nicht ausreichend repräsentiert (z. B. aufgrund von Chancenungleichheit), kann das ein Antrieb sein, etwas an den gesellschaftlichen Gegebenheiten ändern zu wollen. Für die Förderung der eigenen Wertvorstellungen kann man auf unterschiedliche Arten und Weisen eintreten, z. B. indem man anderen die Werte vorlebt (z. B. den eigenen Kindern), indem man seinen direkten Handlungsspielraum nutzt (z. B. bei eigenen Personalentscheidungen Chancengleichheit herstellen) oder sich am gesellschaftlichen Diskurs beteiligt (z. B. an Demonstrationen teilnimmt). Sich für die eigenen Werte einzusetzen und sich mit anderen Personen dazu auszutauschen bzw. zu solidarisieren, die ähnliche (oder auch konträre) Werte vertreten, kann zu identitätsstiftenden Momenten werden, die Sinn- und Bedeutsamkeitserleben fördern. In anderen (und häufig problematischeren – siehe Hinweis) Fällen kann das identitätsstiftende Moment einer bestimmten Werthaltung auch in der Abgrenzung von anderen Personen liegen (z. B. „Ich halte die Fahne der Ehrlichkeit hoch, während die Gesellschaft verlogen ist.“).

**Hinweis**

Ausgehend von klinischer Erfahrung, aber auch eigenen Wertvorstellungen, ist uns wichtig, zu betonen, dass die Bewusstheit über persönliche Wertvorstellungen in der Regel sinnstiftend und handlungsleitend ist, in anderen Fällen jedoch auch zum Problem werden kann. Problematisch können Werte werden, wenn sie von Rigidität (d. h., ihre Befolgung berücksichtigt nicht den Kontext), Extremen (d. h., sie weichen stark von gesellschaftlichen Normen ab) und/oder wenig Toleranz gegenüber anderen Wertvorstellungen geprägt sind (d. h., wenn jemand der Meinung ist, dass die eigenen Wertvorstellungen denen anderer Personen überlegen sind). Während rigide und extreme Werte in erster Linie den eigenen Handlungsspielraum einengen und die

Wahrscheinlichkeit einer Nicht-Befriedigung von Bedürfnissen und die Entstehung von Stress begünstigen können, erhöht fehlende Toleranz gegenüber anderen Wertvorstellungen vor allem das Risiko, die Grenzen anderer zu verletzen und in der Folge die Wahrscheinlichkeit sozialer Konflikte.

*Bedeutsame Ziele.* Das Festlegen und Verfolgen von Zielen, die entweder bedeutsame Personen, Aktivitäten oder Werte einbeziehen, kann den Entbehrungen und Anstrengungen einer Lebensphase eine übergeordnete Bedeutung geben. Man kann dabei zwischen kurz-, mittel- und langfristigen Zielen oder auch Lebenszielen unterscheiden. Ziele können einem einen roten Faden und dadurch Orientierung geben. Zu Problemen mit Zielen kann es kommen, wenn Ziele (Stavemann, 2017):

- fehlen (z. B. „Ich gehe zwar täglich Aktivitäten nach und mache dieses oder jenes, aber ich weiß gar nicht, wozu ich das alles mache.“).
- nicht mit den zur Verfügung stehenden Ressourcen erreichbar sind (z. B. „Ich will Taekwondo machen, Klavier spielen und Tanzen lernen, wohne aber abgelegen und habe nur wenig freie Zeit zur Verfügung.“)
- miteinander in Konflikt stehen (z. B. „Ich will mir vollständige Unabhängigkeit erarbeiten und eine große Familie haben.“)
- nicht aus eigener Kraft erreichbar sind (z. B. „Ich will im Lotto gewinnen.“)
- eigenen Wertvorstellungen entgegenstehen (z. B. „Ich bin antikapitalistisch eingestellt, möchte aber Vorstandschef werden und in Reichtum leben.“)
- nicht aktualisiert werden (z. B. „Ich hatte das Ziel, mein Studium abzuschließen ... jetzt wo das erreicht ist, weiß ich gar nicht, wie es weitergeht.“)

Je nachdem welche Art von Problem vorliegt, können unterschiedliche Lösungswege hilfreich sein. Fehlt es beispielsweise an Zielen, lohnt sich häufig eine Auseinandersetzung mit den eigenen Werten, den eigenen Stärken oder auch den Zielen von Bekannten, Familienmitgliedern und Vorbildern, um potenziell attraktive Ziele zu identifizieren. Je nachdem, ob dadurch eher kurz- oder eher langfristige Ziele gefunden werden, kann die dahinterliegende Idee dann weiterentwickelt und erprobt werden. Stehen hingegen nicht genug Ressourcen zur Verfügung, um (alle) Ziele zu erreichen, muss man möglicherweise Ziele priorisieren, als Zwischenziel die Beschaffung der Ressourcen formulieren oder prüfen, welche ähnlichen Ziele mit den zur Verfügung stehenden Ressourcen verfolgt werden können. Das funktionale Verfolgen von Zielen spielt auch für das Kontrollerleben eine große Rolle.

**Beispiel**

Als Ali in Rente ging, löste das bei ihm eine Krise aus. Er hatte sich jahrelang durch seinen Beruf definiert. Jetzt sah er sich mit leeren Vormittagen konfrontiert. Er stellte fest, dass alle seine Lebensziele erreicht waren – zumindest so gut, wie es ihm möglich gewesen war. Was sollte er jetzt tun? Monatelang kratzte er am Rande der Depression. Erst als sein erstes Enkelkind geboren wurde, es die ersten Tage bei seinen Großeltern verbrachte und er die Wiege fertig gebaut hatte, konnte er wieder Ziele in seinem Leben sehen.

Um das Bedeutsamkeitserleben im Alltag zu fördern, sollte dabei – wie bereits bei der Befriedigung von Grundbedürfnissen besprochen – nicht nur auf eine, sondern auf mehrere Säulen gebaut werden. Das heißt, die Wahrscheinlichkeit von Sinnerleben steigt, wenn man Zeit in Beziehungen zu mehreren bedeutsamen Personen investiert, mehreren (potenziell) bedeutsamen Aktivitäten regelmäßig nachgeht, man (flexibel, ausgewogen und tolerant) Werte (vor)lebt und man gleichzeitig in mehreren Lebensbereichen kurz-, mittel- und langfristige Ziele verfolgt.

„Arbeitsblatt 13: Ressourcen bedeutsam investieren" hilft Ihnen bei der Planung des Investments Ihrer Ressourcen zur Steigerung des Empfindens von Bedeutung im Leben.

## 5.4 Internales Kontrollerleben

Internales Kontrollerleben ist ein Schutzfaktor, der die gesunde Bewältigung von Krisen erleichtert. Es bezeichnet die Überzeugung, dass die Geschehnisse um uns herum nicht (nur) vom Zufall oder anderen Personen abhängig sind, sondern durch unsere eigenen Entscheidungen und Handlungen mitbestimmt werden. Daher wächst internales Kontrollerleben, wenn wir

- Ziele verfolgen,
- aktiv Entscheidungen treffen,
- entsprechende Handlungen ausführen,
- die Ergebnisse von Handlungen wahrnehmen und evaluieren und
- uns die Ergebnisse von Handlungen selbst zuschreiben (Rotter, 1966).

Entsprechend sinkt das internale Kontrollerleben, wenn wir ziellos sind, Entscheidungen anderen überlassen, inaktiv bleiben oder die Ergebnisse unserer Handlungen entweder nicht wahrnehmen oder sie anderen bzw. dem Zufall zuschreiben.

*Aktiv Entscheidungen treffen.* Entscheidungen sind in der Regel unvermeidlich, denn auch wenn ich mich beispielsweise nicht dafür entscheide, das rote oder das blaue Auto zu kaufen, dann entscheide ich mich doch implizit dafür, (zumindest zunächst einmal) auf den Kauf eines Autos zu verzichten. Wenn mein Mann oder meine Frau dann entscheidet, dass wir das rote Auto nehmen, kann ich mich wiederum (implizit oder explizit) dafür entscheiden, diese Entscheidung zu akzeptieren bzw. ihm:ihr die Entscheidung zu überlassen oder ihm:ihr zu widersprechen (siehe Abb. 11).

Das heißt, es geht weniger darum, ob man eine Entscheidung trifft oder nicht (denn das tut man so oder so), sondern vielmehr darum, ob sich etwas nach einer eigenen Entscheidung anfühlt oder nicht. Das Gefühl, an einer Entscheidung beteiligt gewesen zu sein, ist in der Regel höher, wenn
- durch die Entscheidung eine Veränderung eintritt (denn der Status quo fühlt sich häufig passiv an).
- aus der Entscheidung eine Handlung resultiert (denn Inaktivität fühlt sich häufig passiv an).
- man die Entscheidung (sich selbst oder anderen gegenüber) kommuniziert (d.h., man macht die Entscheidung real und konkret).
- man die Entscheidung (sich selbst oder anderen gegenüber) begründet (also den Entscheidungsprozess offenlegt).
- man die Entscheidung (auch gegen Widerstände) aufrechterhält (die getroffenen Entscheidungen also für eine gewisse Zeit Gültigkeit haben).

Nicht jeder dieser Punkte wird für jede Entscheidung zutreffen. Nicht jede Entscheidung wird man eigenständig oder allein treffen können (was auch im Sinne langfristiger Beziehungen nicht zielführend wäre). Doch je öfter man sich selbst bei einer Entscheidung (auch) aktiv am Steuer fühlt, desto eher wird sich eine internale Kontrollüberzeugung bilden.

| Ich entscheide mich ... | |
|---|---|
| ... für A statt B. | ... für B statt A. |
| ... für A und B. | ... weder für A noch für B. |
| ... jemand anderem die Entscheidung zu überlassen. | |

**Abbildung 11:** Entscheidungen zu treffen, ist unumgänglich. Wenn man es nicht aktiv tut, wird es passiv geschehen. Dann erhöht sich jedoch die Wahrscheinlichkeit, dass man die eigene Kontrolle über die Situation unterschätzt.

*Konsequenzen evaluieren.* Ein weiterer wichtiger Aspekt, um internales Kontrollerleben zu fördern, ist es, die Konsequenzen von Entscheidungen und Handlungen zu evaluieren, d.h., die Konsequenzen wahrzunehmen und diese zu bewerten. Am leichtesten fällt das, wenn bereits zuvor die hinter der Handlung stehenden Zielen definiert wurden und diese SMART formuliert sind (Drucker, 2007). SMART steht für *s*pezifisch, *m*essbar, *a*ttraktiv, *r*ealistisch und *t*erminierbar. In diesen Fällen kann es zusätzlich hilfreich sein, nicht nur den erwartbaren bzw. anvisierten Zielzustand zu beschreiben, sondern auch Alternativen. Das heißt, wann wäre das Ergebnis (viel) besser oder (viel) schlechter als erwartet (vergleiche die Erläuterungen zur Zielerreichungsskalierung in Kapitel 3.2.1).

**Beispiel**

Aisha hat sich dazu entschieden, mehr Sport machen zu wollen, um sich fitter zu fühlen. Fitter würde für sie bedeuten, dass sie bei mittlerer Herzfrequenz fünf Kilometer in 32 Minuten joggen kann (spezifisch und messbar). Aktuell schafft sie das in etwa 40 Minuten. Von der Erreichung dieses Ziels verspricht sie sich mehr Energie im Alltag und ein besseres Körpergefühl (attraktiv). Sie traut sich die Erreichung dieses Ziels zu, denn als sie vor drei Jahren regelmäßiger Sport getrieben hatte, hatte sie diese Zeit auch geschafft (realistisch). Dieses Ziel würde sie gerne innerhalb von drei Monaten erreichen (terminiert). Viel schlechter als erwartet wäre das Ergebnis, wenn sich ihre Fitness nicht verbessern oder sogar verschlechtern würde. Etwas schlechter als erwartet wäre es, wenn sich ihre Zeit bei moderater Herzfrequenz nur auf 36 Minuten verbessern würde. Besser als erwartet wäre das Ergebnis, wenn sie ihre Zeit auf 30 Minuten verbessern könnte. Viel besser wäre das Ergebnis bei allem, was darunter läge.

*Konsequenzen zuschreiben.* Unabhängig davon, ob Konsequenzen von Entscheidungen oder Handlungen positiv oder negativ ausfallen, werden sie erst relevant für unser internales oder externales Kontrollerleben, wenn wir die Verantwortung für die Konsequenzen uns selbst, äußeren Umständen, anderen Personen oder dem Zufall zuschreiben. Ungünstig sind Zuschreibungsmuster, bei denen Misserfolge konsequent auf die eigene Person zurückgeführt werden und Erfolge konsequent auf externe Umstände. Um dem entgegenzuwirken, ist es zielführend, sich bei Misserfolgen zu vergegenwärtigen, welche Kontextfaktoren zum unerwünschten Ausgang beigetragen haben. Auch kann es zielführend sein, zu überprüfen, ob wirklich (nur) kontrollierbare oder auch unkontrollierbare Faktoren das Ergebnis beeinflusst haben. Bei Erfolgen hingegen ist es wichtig, sich zu vergegenwärtigen, welche eigenen Handlungen und Entscheidungen das Ergebnis mitverantworten.

„Arbeitsblatt 14: Internales Kontrollerleben fördern" hilft Ihnen, Ihr internales Kontrollerleben zu erhöhen.

## 5.5 Soziale Unterstützung

Die Wahrnehmung, im Zweifelsfall auf die Unterstützung des sozialen Umfelds bauen zu können, reduziert die Wahrscheinlichkeit psychischer Krankheiten und fördert einen funktionalen Umgang mit Stressoren (Wang, Wu & Liu, 2003). Die soziale Unterstützung beugt dabei nicht nur negativen gesundheitlichen Ereignissen vor, sondern fördert auch das allgemeine Wohlbefinden und die Lebensqualität, vermutlich vermittelt über die Befriedigung der Bedürfnisse nach Bindung und Zugehörigkeit. Es ist vermutlich keine Überraschung, dass es Vorteile hat, wenn man sozial unterstützt wird. Spannender ist vermutlich, dass es umgekehrt für die eigene Gesundheit und die Senkung des Stresserlebens ebenso förderlich ist, selbst aktiv zu werden und andere Personen zu unterstützen (Brown, Nesse, Vinokur & Smith, 2003). Einschränkend muss man erwähnen, dass das nicht der Fall zu sein scheint, wenn Unterstützung erfolgt, obwohl keine gute Beziehung zwischen den Betroffenen besteht oder die angebotene Unterstützung die eigenen Ressourcen übersteigt (Pandit & Nakagawa, 2021). Am effektivsten scheint soziale Unterstützung zu wirken, wenn eine gute Balance zwischen Geben und Nehmen besteht (Chen et al., 2021). Soziale Unterstützung kann dabei auf verschiedenen Ebenen erfolgen (Gottlieb & Bergen, 2010):

- Emotionale Unterstützung: Wechselseitiger Austausch über positives und negatives emotionales Erleben und Co-Regulation von Emotionen (d.h. wechselseitige Unterstützung bei der Emotionsregulation; siehe Kapitel 2.2).
- Instrumentelle Unterstützung: Wechselseitiges Aushelfen mit bzw. zur Verfügung stellen von materiellen (z.B. Geld) oder immateriellen (z.B. Kinderbetreuung) Ressourcen.
- Informationelle Unterstützung: Wechselseitiger Austausch von Wissen, Ratschlägen und Informationen.
- Freundschaftliche Unterstützung: Wechselseitige Begleitung und gemeinsame Ausübung bei Freizeitaktivitäten.
- Wertschätzende Unterstützung: Wechselseitige Stärkung und Bestätigung von Selbstbewusstsein, Selbstwirksamkeit und Selbstwert.

Die wahrgenommene soziale Unterstützung wächst sowohl mit der Zahl als auch der Qualität von aktiv geführten Beziehungen. Das gilt für „klassische" Beziehungen, die offline gelebt werden, aber auch für Beziehungen die (hauptsächlich) über soziale Netzwerke geführt werden (Gilmour, Machin, Brownlow & Jeffries, 2020). Sich zu vernetzen, Beziehungen zu pflegen und andere zu unterstützen, ist daher ein aktives Investment, sowohl in die Befriedigung von Bedürfnissen als auch in die Stressbewältigung. Aber soziale Unterstützung ist nicht unter allen Umständen uneingeschränkt positiv. Sie kann Stress erhöhen und das Wohlbefinden reduzieren, wenn sie auf verschiedene Arten als grenzverletzend oder nicht hilfreich erlebt wird (Laireiter, Fuchs & Pichler, 2007):

- Unerwünschtes Nachfragen ohne Einladung bzgl. persönlicher Themen und Emotionen (z.B. wenn eine emotionale Verbundenheit und Offenheit vorausgesetzt bzw. erwartet wird, die in der Beziehung nicht besteht)
- Invalidierende und nicht hilfreiche Reaktionen auf emotionales Erleben (z.B. wenn die Person, die eigentlich Unterstützung bräuchte, das

Gefühl hat, die „eigentlich" unterstützende Person beruhigen zu müssen, da diese von der geteilten Problematik ebenfalls überfordert scheint)

- Aufzwingen von Unterstützung (z. B. wenn kein Unterstützungsbedarf besteht, aber ein „Nein" nicht akzeptiert wird)
- Anbieten der „falschen" Art von Unterstützung (z. B. wird emotionale Unterstützung gebraucht, aber informationelle Unterstützung gegeben)
- Unerwünschte und ungefragte Ratschläge oder (vermeintliche) Vorwegnahme oder Abnahme von Entscheidungen (z. B. wenn man nicht zur Selbsthilfe unterstützt wird, sondern einem vermittelt wird, dass die Situation nicht selbstständig gelöst werden kann)

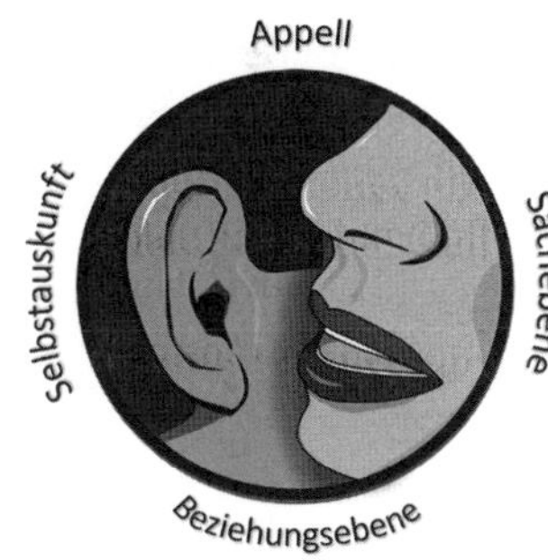


Solche Missverständnisse werden wahrscheinlicher, wenn es eine Schieflage in der Kommunikation gibt, bei der Sender und Empfänger auf unterschiedlichen Kanälen senden. Dieses Phänomen kann mit dem Kommunikationsquadrat, auch Vier-Ohren-Modell genannt, genauer betrachtet werden (Schulz von Thun, 2013). Dieses Modell der Kommunikationspsychologie geht davon aus, dass die Person, die sich mitteilt, Nachrichten auf vier Ebenen sendet und Empfänger:innen der Kommunikation diese Nachrichten ebenfalls mit vier Ohren hören:

- Sachebene, d. h. der konkrete Gegenstand der Kommunikation
- Selbstaussage, d. h., was legt der:die Sender:in über sich selbst offen
- Appell, d. h., was will der:die Sender:in von den Empfänger:innen
- Beziehungsaspekt, d. h., wie glaubt der:die Sender:in, dass sie zu den Empfänger:innen in Beziehung steht und was hält sie von ihnen

Während die Sachebene bei Alltagsproblemen häufig wenig Probleme bereitet, können sich (vermeintlich) gesendete Nachrichten und (vermeintlich) gehörte Nachrichten auf den Ebenen der Selbstaussagen, der Appelle und der Beziehungsaspekte oftmals unterscheiden.

**Beispiel**

Lotte sagt zu ihrem Vater, dass sie nächste Woche eine Klausur schreibt und sie deshalb viel lernen muss.

Lotte wollte damit Folgendes ausdrücken:
- Sachebene: „Ich schreibe nächste Woche eine Klausur und muss dafür viel lernen."
- Selbstaussage: „Mir ist die Klausur wichtig und durch das Lernen habe ich wenig Zeit."
- Appell: „Bitte gib mir den nötigen Freiraum und lass mich in Ruhe lernen."
- Beziehungsaspekt: „Ich glaube nicht, dass du mir dabei helfen kannst."

Lottes Vater hört:
- Sachebene: „Lotte schreibt nächste Woche eine Klausur und muss dafür viel lernen."
- Selbstaussage: „Sie ist überfordert."
- Appell: „Lotte möchte meine Hilfe."
- Beziehungsaspekt: „Sie sieht mich in der Verantwortung, ihr zu helfen."

Lottes Vater antwortet: „Ich kann gerne morgen vorbeikommen und dir etwas kochen." Er kann nicht verstehen, warum Lotte auf diese Aussage hin genervt reagiert.

Liegen die von Sender:innen intendierten Aussagen und das von Empfänger:innen Gehörte weit auseinander, kann sich daraus schnell ein Kreislauf von Missverständnissen entwickeln. Denn, wenn Empfänger:innen der Nachrichten entsprechend ihrer Wahrnehmung des Gesagten reagieren („Lotte möchte meine Hilfe."), wird dies das Gegenüber irritieren und frustrieren („Ich habe doch gerade gesagt, dass ich keine Zeit habe."). Dessen Reaktion ist dann wiederum nicht für die andere Person nachvollziehbar. Dadurch erhöht sich die Wahrscheinlichkeit, dass positiv gemeinte soziale Unterstützungsangebote negativ aufgefasst werden können. Was wiederum die Wahrscheinlichkeit reduziert, dass zukünftig nach Unterstützung gefragt wird. Die Wahrscheinlichkeit von Missverständnissen kann auf verschiedene Weisen reduziert werden:
- *Wünsche klar äußern.* Das heißt, nicht im Dunkeln lassen, was der „Appell" hinter einer Aussage ist, sondern klar formulieren, was man sich (nicht) wünschen würde bzw. um was man bittet. Insbesondere, wenn es sich um vermeintliche Zurückweisungen handelt (z. B. „Bitte gib mir den nötigen Freiraum und lass mich in Ruhe lernen."), ist es hilfreich, zusätzlich auf der Beziehungsebene transparent zu sein (z. B.

„Es ist sehr lieb, dass du mich unterstützen willst. Ich glaube aber, dass ich am besten vorankomme, wenn ich die nächsten Tage für mich allein lerne. Bitte gib mir den nötigen Freiraum und lass mich in Ruhe lernen.“).

- *Verbal, nonverbal und paraverbal übereinstimmende Nachrichten senden.* Verbale Kommunikation meint den sprachlichen Inhalt des Gesagten. Nonverbale Kanäle sind z. B. Mimik, Gestik und Körperhaltung. Paraverbale Signale sind der Tonfall, die Lautstärke und die Sprechgeschwindigkeit. Missverständnisse werden wahrscheinlicher, wenn die (vermeintlichen) Nachrichten auf diesen Kanälen voneinander abweichen. Wenn zum Beispiel Lotte sagen würde „Es ist sehr lieb, dass du mich unterstützen willst.“, aber das in einem sehr genervten Ton tut, wird sich ihr Vater vermutlich – unabhängig von den verbalen Inhalten – paraverbal zurückgewiesen fühlen. Stellt man fest, dass man etwas nicht auf eine Weise gesagt hat, wie es intendiert war, kann es auch hilfreich sein, das zu erklären (z. B. „Entschuldige, dass ich so genervt wirke. Ich freue mich über dein Unterstützungsangebot. Ich bin einfach etwas gestresst von den Prüfungsvorbereitungen. Da reagiere ich manchmal genervt, obwohl ich es eigentlich gar nicht bin.“).
- *Auf die Reaktionen der anderen Person achten.* Passt die Reaktion der anderen Person zu dem, was ich gerade kommunizieren wollte? Falls nicht, kann es natürlich vorkommen, dass eine andere Person bewusst über das hinweg geht, was man eigentlich sagen wollte und was sie auch verstanden hat. Häufiger wird es sich aber um ein Missverständnis handeln – insbesondere in eigentlich positiv besetzten (z. B. innerhalb der Familie oder im Freundeskreis) oder kooperativ ausgerichteten Beziehungen (z. B. zwischen Arbeitskolleg:innen oder Kommiliton:innen). Scheint die Reaktion der anderen Person nicht zu dem zu passen, was man eigentlich ausdrücken wollte, ist es daher häufig hilfreich, nachzufragen und auf ein mögliches Missverständnis einzugehen (z. B. „Ich glaube wir reden gerade aneinander vorbei. Es ist sehr lieb, dass du morgen vorbeikommen würdest, um mir etwas zu kochen. Ich glaube aber ...“).
- *Ich-Botschaften senden.* Der Inhalt einer Nachricht ist höchstens auf der Sachebene, aber nie auf der Appell-, Beziehungs- oder Selbstoffenbarungsebene objektiv. Die Wahrscheinlichkeit von Missverständnis und Konflikten erhöht sich jedoch, wenn wir auch diese Ebenen als „quasi objektiv“ behandeln (z. B. „Du hast doch gesagt, dass du dich überfordert fühlst.“). Ein entsprechender Kommunikationsstil erhöht die Wahrscheinlichkeit, dass man die Situation nicht als unterstützend,

sondern frustrierend erlebt, sich falsch verstanden fühlt und es in der weiteren Kommunikation weniger um das eigentliche Thema, sondern um einen Streit über die Kommunikation an sich geht (z. B. „Das habe ich gar nicht gesagt. Nie hörst du mir zu."). Die Subjektivität einer Wahrnehmung und die Bereitschaft, diese gegebenenfalls zu revidieren, falls ein Missverständnis aufgetreten ist, kann durch das Verwenden von Ich-Botschaften betont werden (z. B. „Ich hatte deine Aussage, dass du viel lernen musst, so verstanden, dass du dich überfordert fühlst und Hilfe brauchst. Habe ich das richtig verstanden?").

Eine Kombination aus Beziehungspflege, wechselseitiger sozialer Unterstützung und klarer, kooperationsorientierter Kommunikation, ist ein wertvoller und bedürfnisbefriedigender Weg zu mehr Resilienz und Wohlbefinden.

„Arbeitsblatt 15: Kommunikation analysieren" unterstützt Sie bei der Analyse Ihres Kommunikationsverhaltens.

„Arbeitsblatt 16: Wünsche formulieren" unterstützt Sie bei der Formulierung von Wünschen.

**Zusammenfassung: Vulnerabilität reduzieren, Resilienz fördern**

- Vulnerabilitäten wie dysfunktionale Glaubenssätze und Defizite der Mentalisierungsfähigkeiten erhöhen die Anfälligkeit gegenüber Stressoren.
- Dysfunktionale Glaubenssätze können verändert werden, indem man unflexible und extreme Annahmen über die Welt, sich selbst und andere zielgerichtet in Frage stellt, neue Glaubenssätze formuliert, diese im Alltag erprobt und verfestigt.
- Auch Mentalisierungsfähigkeiten können trainiert werden, indem man im Alltag immer wieder die eigenen mentalen Zustände aber auch die mentalen Zustände anderer reflektiert, sich der Grenzen der eigenen Perspektivübernahme (insbesondere in Stresssituationen) bewusst wird und einen konstruktiven Umgang damit findet.
- Das Leben als sinnhaft wahrzunehmen, ein internales Kontrollerleben und soziale Unterstützung sind Schutzfaktoren, die dabei helfen, Stress effektiv zu bewältigen.

- Das Sinnhaftigkeitserleben nimmt zu, wenn man Zeit und Ressourcen aktiv in bedeutsame Menschen und Aktivitäten investiert, seine Werte lebt und langfristige Ziele verfolgt.
- Das internale Kontrollerleben kann gestärkt werden, indem man Entscheidungen bewusst trifft, deren Konsequenzen evaluiert und sie differenziert attribuiert.
- Soziale Unterstützung wirkt am besten, wenn eine Balance zwischen empfangener und gewährter Unterstützung besteht, man in Beziehungen investiert und man seine Wünsche und Bedürfnisse funktional kommuniziert.

# 6 Psychische Erkrankungen behandeln

Alle zuvor beschriebenen Ansätze können sowohl von Personen mit als auch ohne klinisch relevante psychische Symptomatik genutzt werden, um Stress zu regulieren und Bedürfnisbefriedigung zu steigern. Manchmal reichen Alltagsstrategien und Selbsthilfe-Werkzeuge jedoch nicht aus und es braucht zusätzliche professionelle Hilfe. In diesen Fällen haben sich vor allem Psychotherapie und/oder Psychopharmakotherapie bewährt. In diesem Kapitel wollen wir für Betroffene und Angehörige daher Informationen zu psychotherapeutischen und psychopharmakologischen Behandlungsangeboten bei psychischen Erkrankungen zusammenfassen, die Ihnen helfen sollen, wenn Sie überlegen, eine Behandlung in Anspruch zu nehmen.

## 6.1 Wann sind psychische Probleme behandlungsbedürftig?

Veränderungsbedürftig werden psychische Probleme, wenn sie mit einer Intensität, Dauer und/oder Häufigkeit vorliegen, die bei Ihnen selbst oder anderen zu Leid führen (z.B. an den meisten Tagen seit mehreren Monaten übermäßiges Angsterleben), die weitere gesundheitliche Entwicklung gefährden (z.B. körperliche Schäden durch Alkoholkonsum) und/oder zu Funktionseinschränkungen im Alltag führen (z.B. Arbeitsunfähigkeit). Behandlungsbedürftig werden solche Probleme, wenn die zur Lösung der Problematik notwendigen Veränderungen nicht in angemessenem Umfang bzw. angemessener Zeit selbstständig erreicht werden können. Das ist vor allem der Fall, wenn Symptome sich selbst aufrechterhalten bzw. verstärken, wenn die Ursachen der Probleme den Betroffenen nicht (ausreichend) bewusst sind und/oder Veränderungen der Biochemie des zentralen Nervensystems (mit)ursächlich sind.

*Die Eigendynamik von Symptomen.* Viele psychische Symptome entwickeln mit der Zeit eine Eigendynamik, die dazu führt, dass die Symptome sich selbst aufrechterhalten bzw. immer weiter verstärken (Losekam & Konrad, 2017). Das Musterbeispiel eines solchen Prozesses ist die Entstehung eines „Teufelskreises“, bei dem ein Symptom/Problem das nächste hervorruft bzw. verstärkt. Einen solchen Teufelskreis können wir zum Beispiel bei Depressionen beobachten.

**Beispiel: Teufelskreis der Depression**

Marion hatte schon seit ihrer Kindheit mit Selbstzweifeln zu kämpfen. Seit sie vor zwei Monaten ihren Job verloren hat, sind diese jedoch geradezu explodiert. Sie hat das Gefühl, vollkommen unfähig zu sein, und traut sich nichts mehr zu. Ein Gefühl von Hoffnungslosigkeit machte sich breit, das in Inaktivität resultierte. Durch ihre reduzierten Aktivitäten erlebt Marion weniger positive Ereignisse und weniger soziale Verstärkung. Dadurch wird zum einen ihre Stimmung immer schlechter und zum anderen hat sie immer weniger das Gefühl, etwas zu leisten, was ihre Selbstzweifel weiter verstärkt. Wodurch der Teufelskreis geschlossen wird (siehe Abb. 12).

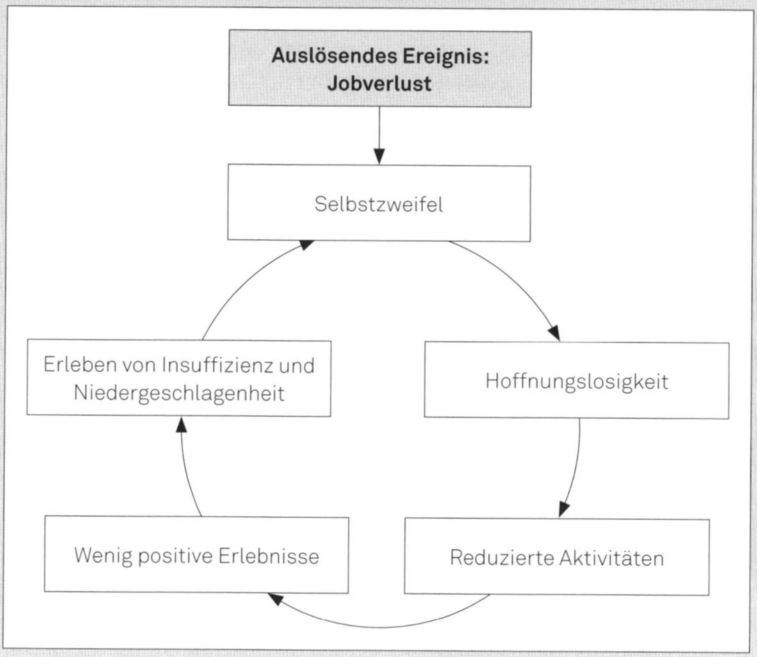


**Abbildung 12:** Marions Teufelskreis der Depression

Hat sich ein solcher Teufelskreis entwickelt, fällt es Betroffenen häufig schwer, diesen selbstständig zu durchbrechen. Bei der Durchbrechung eines solchen Teufelskreises kann Psychotherapie und/oder Psychopharmakotherapie hilfreich sein. Denn sowohl Psychotherapie als auch Psychopharmakotherapie können den Teufelskreis dadurch unterbrechen, dass sie auf einzelne Glieder des Teufelskreises einwirken. So kann Psychotherapie dabei helfen, Selbstzweifel und Hoffnungslosigkeit zu reduzieren, indem die Selbstbewertung reflektiert und Selbstwirksamkeit gefördert wird. Psychopharmakotherapie kann dabei helfen, den Antrieb zu steigern und dadurch die Wahrscheinlichkeit von Aktivitäten erhöhen, die im Anschluss potenziell positive Erfahrungen nach sich ziehen.

*Ungeklärte Probleme* (Rudolf, 2014). Manchmal geraten Menschen immer wieder in ähnliche Konfliktsituationen. Zum Beispiel beginnen sie immer wieder romantische Beziehungen, in denen ihr Vertrauen missbraucht wird, oder sie treten immer wieder Arbeitsstellen an, bei denen sie sich überlastet fühlen und sie keine Grenzen setzen können. Bilden solche Situationen Ausnahmen auf unserem Lebensweg und treten selten auf, ist die Wahrscheinlichkeit hoch, dass sie (viel) mit unseren Interaktionspartner:innen (z. B. den Vorgesetzten) oder den äußeren Umständen zu tun haben (z. B. dem Gesundheitssystem). Treten sie jedoch immer wieder auf, steigt die Wahrscheinlichkeit, dass auch wir selbst einen Anteil an ihrer Entstehung haben. Oft sind uns die Persönlichkeitsaspekte und Verhaltenspläne, die solche wiederkehrenden Konflikte fördern, nicht vollkommen bewusst.

**Beispiel: Ungeklärte Probleme**

Ben ist unzufrieden. Diese Unzufriedenheit zeigt sich vor allem auf der Arbeit. Er ist überzeugt, dass sein Chef und seine Kolleg:innen seine „Gutmütigkeit ausnutzen". Er selbst müsse immer wieder „den Karren aus dem Dreck" ziehen. Darauf habe er keine Lust mehr, denn es würde ihm „nie gedankt". Es ist nicht das erste Mal, dass sich Ben in einer solchen Situation wiederfindet. Nicht nur auf der Arbeit, sondern auch in Beziehungen, in Freundschaften, im Fußballverein fühlt er sich immer wieder ausgenutzt. Konfrontiert habe er andere Personen in solchen Situationen selten, wenn doch, sei es zumeist eskaliert, weil er vor Wut förmlich übergeschäumt sei. Das habe in der Vergangenheit auch schon Arbeitsplatzwechsel oder das Ende „so mancher"

Beziehung bedeutet. Eigene Anteile an dieser Dynamik sieht Ben kaum. Erst im Verlauf einer Psychotherapie konnte er sich langsam bewusst machen, dass er immer wieder zur Entstehung dieser Dynamik beiträgt. Wichtige Stellschrauben sind dabei u.a. seine Überzeugungen, dass eigennützige Entscheidungen zu treffen, eigene Bedürfnisse zu befriedigen und mit anderen in Konflikte zu gehen grundsätzlich etwas Schlechtes und nie legitim sei. Diese Überzeugungen, die in der frühen Kindheit aus den Erfahrungen mit seinen Eltern entstanden waren, führten dazu, dass er seine eigenen Bedürfnisse immer wieder zurückstellte und nicht kommunizierte, wodurch andere jedoch auch der Möglichkeit beraubt wurden, auf diese einzugehen. Um Beziehungen zu stabilisieren, bot er anderen zudem immer wieder Unterstützung an, auch wenn er diese eigentlich überhaupt nicht leisten konnte bzw. wollte. Aufgrund seiner Konfliktscheue schluckte er seinen resultierenden Ärger immer wieder herunter, bis er so angespannt war, dass es förmlich aus ihm herausplatzte.

Oftmals ist das Bewusstmachen dieser sich wiederholenden Muster und des eigenen Anteils daran ein wichtiger Schritt für die langfristige Veränderung von Problemen. Psychotherapie ist gut dazu geeignet, diesen Klärungsprozess zu unterstützen und Starthilfe bei eventuell notwendigen Veränderungsprozessen zu geben. Dafür nutzt Psychotherapie eine ausführliche Diagnostik (z.B. Lebensgeschichte, Analyse von Problemsituationen), die in einem individuellen Erklärungsmodell der psychischen Problematik mündet (z.B. vor dem Hintergrund welcher biographischen Ereignisse wurden welche Perspektiven auf Beziehungen entwickelt, die in welchen Situationen zum Problem werden?). Dieses Erklärungsmodell ist dann der Ausgangspunkt für die gemeinsame Planung von psychotherapeutischen Interventionen (z.B. Verhaltensexperimenten; Schanz, Equit, Schäfer, 2023).

*Veränderte Biochemie* (Benkert et al., 2012). Die Biochemie unseres Gehirns ist untrennbar mit unserem psychischen Erleben verbunden. Psychische Prozesse resultieren aus biochemischen Gehirnprozessen und beeinflussen diese zugleich maßgeblich. Manchmal kommt es zu Störungen der Biochemie unseres Gehirns. Diese können viele Ursachen haben. Teilweise sind sie genetisch veranlagt, teilweise resultieren sie aus Erfahrungen mit unserer Umwelt, teilweise sind sie das Resultat der Einnahme von Drogen, teilweise basieren sie auf körperlichen Erkrankungen. Störungen der Biochemie des Gehirns verändern das Erleben und die Verhaltenssteuerung. Sie können zur Entstehung von neurobiologischen Erkrankungen (z. B. Parkinson) und psychischen Erkrankungen (z. B. Schizophrenie) beitragen. Manchmal sind diese biochemischen Störungen nur von kurzer Dauer und normalisieren sich nach einer Zeit selbstständig. In anderen Fällen können sie zu langandauernden Problemen führen.

**Beispiel: Veränderte Biochemie**

Noah leidet unter einer Aufmerksamkeitsdefizit-Hyperaktivitätsstörung, kurz ADHS. Bei ADHS haben die Betroffenen unter anderem große Schwierigkeiten, sich auf eine Sache zu konzentrieren, zu warten, bis sie an der Reihe sind, oder stillzusitzen. Diese Symptomatik ist sehr einschränkend für die Betroffenen, denn sie behindert sowohl die Schullaufbahn als auch das Arbeitsleben und (romantische) Beziehungen. ADHS-Symptomatik ist die Folge einer biochemischen Veränderung des Gehirns, genauer gesagt einer Unterfunktion des dopaminergen Systems. Dopamin ist ein Neurotransmitter und unter anderem beteiligt an Prozessen der Bewegungssteuerung, des Antriebs, der Motivation und des Belohnungslernens. Mithilfe von Medikamenten ist es möglich, die Aktivität des dopaminergen Systems zu normalisieren. Die Normalisierung resultiert in der Regel in einem Rückgang der ADHS-Symptomatik, wodurch die Alltagsfunktionalität der Betroffenen deutlich gesteigert wird. Dadurch haben sie die Chance, weniger Stress und mehr Bedürfnisbefriedigung zu erleben. Eine medikamentöse Behandlung kann bei mittelgradiger oder stark ausgeprägter ADHS-Symptomatik empfehlenswert sein (AWMF, 2018).

Bei einigen Erkrankungen hat sich Psychopharmakotherapie bewährt, um die Biochemie von Betroffenen zu normalisieren und dadurch Symptome zu reduzieren. Auch für Psychotherapie ist eine Veränderung der neuronalen Biochemie bei einigen Erkrankungen nachgewiesen (Barsaglini, Sartori, Benetti, Pettersson-Yeo & Mechelli, 2014).

## 6.2 Psychotherapie und Psychopharmakotherapie

Sowohl Psychotherapie als auch Psychopharmakotherapie haben sich zur Behandlung von psychischen Störungen als wirksam erwiesen. Die Psychotherapie nutzt bei der Behandlung vor allem psychologische Mittel, das heißt Methoden, die am Erleben und Verhalten einer Person ansetzen. Psychotherapie für Erwachsene wird von Personen angeboten, die entweder Psychologie oder Medizin studiert haben. In beiden Fällen ist nach dem Studium eine Weiterbildung zum Psychotherapeuten bzw. zur Psychotherapeutin erforderlich.

**Wie funktioniert Psychotherapie?**

In Deutschland sind Verhaltenstherapie, psychoanalytisch begründete Verfahren und Systemische Therapie wissenschaftlich und sozialmedizinisch anerkannte Psychotherapieverfahren (Gemeinsamer Bundesausschuss, 2020). Das heißt, ihre Wirksamkeit bei einer Vielzahl psychischer Erkrankungen wurde wissenschaftlich bestätigt und die Kosten werden von den gesetzlichen Krankenkassen übernommen. Die drei Verfahren teilen viele Gemeinsamkeiten, haben jedoch auch einige Unterschiede.

- *Verhaltenstherapie* erklärt sich psychische Erkrankungen primär durch Lernprozesse (Margraf & Schneider, 2018). Das heißt, sie nimmt an, dass psychische Erkrankungen aus belastenden Erfahrungen resultieren (z.B. Ablehnung durch die Mutter), die zu dysfunktionalen Lernprozessen führten (z.B. „Ich bin wertlos.“). Durch das Anstoßen korrigierender Lernprozesse (z.B. Hinterfragen, was den Wert einer Person ausmacht), hilft die Verhaltenstherapie dysfunktionales Erleben- und Verhalten abzubauen und funktionales Erleben und Verhalten aufzubauen.
- *Psychoanalytisch begründete Verfahren* nehmen an, dass die Wurzel psychischer Erkrankungen in negativen Erfahrungen (z.B. Verlusterlebnissen) und/oder fehlenden positiven Erfahrungen (z.B. Fürsorge) in der frühen Kindheit liegt, aufgrund derer bestimmte Entwicklungsaufgaben nicht ausreichend gut bewältigt werden konnten (Rudolf, 2014). Dadurch entstehen Sollbruchstellen (d.h. Grundkonflikte bzw. Strukturdefizite), die bei Konfrontation mit erneuten Belastungen (z.B. Abbruch von Beziehungen) reaktiviert wer-

den können. Die Therapie fokussiert das Verständnis und die Veränderung dieser Sollbruchstellen sowie das Anstoßen einer Persönlichkeitsentwicklung, die einen funktionalen Umgang mit den Konfliktthemen wahrscheinlicher macht.
- *Systemische Therapie* konzentriert sich auf zwischenmenschliche Prozesse in sozialen Gruppen (z.B. einem Familiensystem; von Schlippe & Schweitzer, 2016). Symptome werden dabei als funktionale und nachvollziehbare Reaktionen auf zwischenmenschliche Probleme betrachtet. Die Gruppe findet in der Regel eine Erklärung für das Problem, die jedoch nicht hilfreich ist, um das Problem zu bewältigen. Es entsteht eine sogenannte Problemtrance, bei der die Gruppe in einem unangenehmen, aber stabilen Zustand verbleibt. Aufgabe systemischer Therapeut:innen ist es, die Gruppe durch die Einnahme neuer, multikausaler Perspektiven bei der Auflösung der Problemtrance und der Entwicklung funktionaler Lösungen zu unterstützen.

Trotz der kleineren und größeren Unterschiede in ihren Betrachtungsweisen kann die Wirksamkeit von Psychotherapie zu einem relevanten Umfang auf gemeinsame Faktoren zurückgeführt werden (Grawe, Donati & Bernauer, 2001):
- *Motivationale Klärung,* d.h., es muss geklärt werden, warum ein bestimmtes (Problem-)Verhalten gezeigt wird.
- *Problemaktualisierung,* d.h., das Problem muss (emotional) für die betroffene Person aktiviert werden und erlebbar sein.
- *Problembewältigung,* d.h., es müssen neue Wege erarbeitet werden, um mit dem Problem umzugehen.
- *Ressourcenaktivierung,* d.h., es müssen Faktoren gestärkt werden, die die Stress- und Problembewältigung unterstützen.
- *Therapeutische Beziehung,* d.h., es muss eine positiv gefärbte, vertrauensvolle und professionelle Arbeitsbeziehung zwischen Therapeut:in und Patient:in bestehen.

Kommen diese Faktoren zusammen, werden dadurch entweder funktionale Lernprozesse (Verhaltenstherapie), die funktionale Konfliktbewältigung sowie Persönlichkeitsentwicklung (Psychoanalytisch-begründete Verfahren) oder die Entwicklung neuer Lösungsmöglichkeiten (Systemische Therapie) begünstigt.

Der folgende Exkurs gibt einen Überblick über die Phasen einer Psychotherapie sowie deren Beantragungsschritte.

## Exkurs: Phasen einer Psychotherapie und Beantragungsschritte

In diesem Exkurs stellen wir Ihnen die Phasen und Beantragungsschritte einer Psychotherapie vor, wie diese von den gesetzlichen Krankenkassen in Deutschland übernommen wird. Wenn Sie privatversichert sind, läuft eine Psychotherapie ähnlich ab, Sie müssen jedoch im Vorhinein mit Ihrer Krankenversicherung (sowie ggf. mit der für Sie zuständigen Beihilfe-Stelle) klären, ob diese die Kosten für Psychotherapie (anteilig) übernimmt und wie viele Stunden ggf. (mit)finanziert werden. Das Vorgehen in Österreich und der Schweiz unterscheidet sich von dem hier beschriebenen.

Psychotherapie kann im Einzel- und Gruppensetting stattfinden. Sowohl für Einzel- als auch Gruppentherapie gibt es für viele psychische Erkrankungen Wirksamkeitsnachweise. Gruppentherapie kann nur von Psychotherapeut:innen mit einer entsprechenden Zusatzqualifikation angeboten werden.

*Sprechstunde:*

Primäres Ziel von psychotherapeutischen Sprechstunden ist es, zu klären, ob Hinweise auf eine behandlungsbedürftige Erkrankung vorliegen, und ggf. zu klären, welche Behandlungsform am zielführendsten ist (z.B. ambulante oder stationäre Therapie, Psychotherapie oder Psychopharmakotherapie). Zu diesem Zweck stellen Psychotherapeut:innen viele diagnostische Fragen, die sich u.a. auf die erlebte Symptomatik, aber auch auf Ihren bisherigen Lebensweg und Ihre aktuelle Lebenssituation beziehen. Besonders wichtig wird auch die Frage nach Ihren Therapiezielen sein, d.h. die Frage nach den Veränderungen, die Sie durch die Therapie gerne erreichen würden. Neben der Klärung diagnostischer Fragen wird sie der:die Behandler:in auch über wichtige Themenfelder aufklären (z.B. Schweigepflicht). Selbstverständlich werden Sie auch die Möglichkeit haben, selbst viele Fragen zu stellen (z.B. zur Prognose der ggf. vorliegenden Erkrankung). Am Ende der Sprechstunde erhalten Sie ein Formular, auf dem die Ergebnisse der Sprechstunde zusammengefasst sind.

Kostenübernahme, Dauer und Implikationen: Sprechstunden können an einem oder mehreren Terminen stattfinden. Die Gesamtdauer schwankt zwischen 25 und 150 Minuten. Um mit den probatorischen Sitzungen zu beginnen (s.u.), müssen mindestens 50 Minuten Sprechstunde stattgefunden haben. Die Kosten für Sprechstunden werden von gesetzlichen Krankenkassen immer übernommen. Die Kostenübernahme muss nicht gesondert beantragt werden und eine Überweisung durch Hausärzt:innen oder Psychiater:innen ist nicht nötig. Eine Sprechstunde ist im Regelfall noch keine Garantie, dass eine Behandlung (zeitnah) bei dem:r jeweiligen Behandler:in erfolgen kann. Sie dient lediglich dazu festzustellen, ob generell eine Indikationsstellung für eine Psychotherapie bzw. für eine andere Behandlungsform vorliegt.

*Probatorische Sitzungen:*

An die Sprechstunde(n) schließen sich probatorische Sitzungen an. Die probatorischen Sitzungen dienen in erster Linie der Vertiefung diagnostischer Fragen, d.h., die Diagnose wird abgesichert (z.B. durch Interviews und/oder Fragebogen) und es wird ein individuelles Erklärungsmodell der Symptomatik mit Ihnen erarbeitet (z.B. Welche Glaubenssätze tragen zur Aufrechterhaltung der Symptomatik bei?). Auf Basis dieser Informationen entwickelt Ihr:e Behandler:in einen Behandlungsplan, d.h., er:sie wählt die vielversprechendsten Therapiemethoden aus und bespricht diese mit Ihnen. Spätestens im Verlauf der probatorischen Sitzungen (manchmal auch schon in der Sprechstunde) gibt Ihnen Ihr:e Behandler:in einen sogenannten Konsiliarbericht mit. Mit diesem Konsiliarbericht gehen Sie zu einem Arzt bzw. einer Ärztin (z.B. Hausarzt/Hausärztin, Psychiater:in). Der Arzt bzw. die Ärztin beurteilt dann, ob aus medizinischer Sicht etwas gegen die psychotherapeutische Behandlung spricht (z.B. weil die Symptomatik sehr wahrscheinlich körperlich verursacht ist) bzw. ob eine ärztliche Mitbehandlung indiziert ist. Der Arzt bzw. die Ärztin füllt dazu den Konsiliarbericht aus und gibt ihn Ihnen wieder mit, damit Sie ihn bei Ihrem Psychotherapeuten oder Ihrer Psychotherapeutin abgeben können. Spricht aus medizinischer Sicht nichts gegen die Aufnahme einer Psychotherapie, können Sie gemeinsam mit Ihrem Psychotherapeuten oder Ihrer Psychotherapeutin Kontingenzsitzungen bei der zuständigen Krankenkasse beantragen.

Kostenübernahme, Dauer und Implikationen: Probatorische Sitzungen werden immer von der gesetzlichen Krankenkasse finanziert, eine gesonderte Beantragung ist nicht erforderlich. Vor Beantragung einer Richtlinienbehandlung (d.h. der Psychotherapie im engeren Sinne) müssen mindestens zwei probatorische Sitzungen stattfinden (außer es erfolgt eine Akutbehandlung, s.u.). Bei einem:r Behandler:in können maximal vier probatorische Sitzungen erfolgen – wenn Sie unsicher sind, ob Sie die Richtlinienpsychotherapie bei einem:r bestimmten Behandler:in durchführen möchten, können Sie jedoch probatorische Sitzungen bei mehreren Behandler:innen in Anspruch nehmen. Probatorische Sitzungen dauern jeweils 50 Minuten.

*Richtlinienpsychotherapie:*

In der Richtlinienpsychotherapie finden Methoden Anwendung, um die vorliegende Symptomatik zu reduzieren und einem Rückfall vorzubeugen. Je nach Therapieverfahren kommen dabei unterschiedliche Methoden zur Anwendung. Während in der Verhaltenstherapie häufig gegenwartsorientiert an konkretem Erleben und Verhalten gearbeitet wird, fokussieren psychoanalytisch-begründete Verfahren häufig ungeklärte Konflikte der Vergangenheit und Systemische Therapie zwischenmenschliche Interaktionen in der Familie. Neben der Arbeit innerhalb der Sitzungen wird dabei stets auch der Transfer der Therapieinhalte in den Alltag wichtig sein, d. h., dass Ihr:e Behandler:in zum Beispiel Übungen mit Ihnen vereinbaren wird, die sie zwischen den Sitzungen umsetzen können, um die angestrebten Veränderungen voranzubringen. Gegen Ende der Therapie wird die Häufigkeit der Sitzungen häufig (aber nicht immer) schrittweise reduziert. In dieser Phase finden häufig Methoden Anwendung, die das Therapieende vorbereiten und Rückfällen vorbeugen sollen.

Kostenübernahme, Dauer und Implikationen: Wurde der Antrag auf Kostenübernahme durch die Krankenkassen bewilligt, kann mit einer Richtlinienpsychotherapie begonnen werden. Dabei findet häufig zunächst eine Kurzzeittherapie statt. Diese umfasst im ersten Beantragungsschritt 12 Sitzungen und kann in einem zweiten Beantragungsschritt um weitere 12 Sitzungen verlängert werden. Sollte eine Kurzzeittherapie nicht ausreichend sein, um die Symptomatik bedeutsam zu reduzieren und einem Rückfall vorzubeugen, kann eine Langzeittherapie beantragt werden. Bei der Beantragung der Langzeittherapie verfasst Ihr:e Behandler:in einen Bericht an eine:n Gutachter:in, der:die im Auftrag der Krankenkasse prüfen wird, ob eine Langzeittherapie notwendig ist. In der Systemischen Therapie sind hier bis zu 48 Sitzungen, in der Verhaltenstherapie bis zu 80 und in den psychoanalytisch-begründeten Verfahren bis zu 100 (tiefenpsychologisch-fundierte Psychotherapie) bzw. 300 Sitzungen möglich (analytische Psychotherapie). Die Sitzungen dauern jeweils 50 Minuten, wobei auch Doppelsitzungen mit einer Dauer von 100 Minuten möglich sind. Sowohl Anträge auf Kurzzeit- als auch Langzeittherapie haben sehr hohe Bewilligungsquoten.

*Akutbehandlung:*

In akuten Krisen bzw. wenn die Notwendigkeit eines schnellen Therapiebeginns besteht, kann direkt an die Sprechstunden eine Akutbehandlung angeschlossen werden. Die Akutbehandlung muss nicht beantragt werden, ihre Durchführung ist immer möglich. Die Akutbehandlung hat das Ziel, die ggf. vorliegende Krise bzw. die belastende Symptomatik zu reduzieren. Im Anschluss an die Akutbehandlung kann (sofern notwendig und gewünscht) mit probatorischen Sitzungen fortgefahren werden. Es sind bis zu 24 Sitzungen im Rahmen der Akutbehandlung möglich, die 25 Minuten dauern, aber auch in Doppelsitzungen durchgeführt werden können. Die Sitzungen, die im Rahmen der Akutbehandlung wahrgenommen werden, werden von dem Kontingent einer ggf. später stattfindenden Richtlinienpsychotherapie abgezogen. Die Akutbehandlung ist nur im Einzelsetting möglich.

*Gruppenpsychotherapeutische Grundversorgung:*

Psychotherapeut:innen mit entsprechender Zusatzqualifikation können vor dem Beginn probatorischer Sitzungen, Sitzungen im Zuge der gruppenpsychotherapeutischen Grundversorgung anbieten. Diese dienen dazu, den Beginn einer ggf. nachfolgenden Gruppenpsychotherapie vorzubereiten (z. B. dadurch, dass die Teilnehmenden mit dem Gruppensetting vertraut gemacht werden). Die gruppenpsychotherapeutische Grundversorgung findet in bis zu 8 Sitzungen statt, die jeweils 50 Minuten umfassen, kann jedoch auch in Form von 4 Doppelsitzungen mit jeweils 100 Minuten durchgeführt werden.

**Literatur**

Gemeinsamer Bundesausschuss (2020). *Richtlinie des Gemeinsamen Bundesausschusses über die Durchführung der Psychotherapie (Psychotherapie-Richtlinie).* Verfügbar unter https://www.g-ba.de/downloads/62-492-2400/PT-RL_2020-11-20_iK-2021-02-18.pdf

Kassenärztliche Bundesvereinigung (2022). *Psychotherapie für Erwachsene: Kontingente und Bewilligungsschritte.* Verfügbar unter https://www.kbv.de/media/sp/Psychotherapie_Uebersicht_Erwachsene.pdf

Psychopharmakotherapie nutzt Medikamente, um die Biochemie des zentralen Nervensystems so zu beeinflussen, dass funktionale Erlebens- und Verhaltensweisen erneut möglich werden. Psychopharmaka können nur von approbierten Ärzt:innen verschrieben werden, die Medizin studiert haben.

**Wie funktioniert Psychopharmakotherapie?**
(Benkert et al., 2012)

Psychopharmaka sind Medikamente, die einen Einfluss auf die Gehirnaktivität haben. Die meisten Psychopharmaka beeinflussen dazu die Aktivität von Neurotransmittern. Neurotransmitter sind Botenstoffe, d.h., sie dienen der Kommunikation zwischen (Gehirn-)Zellen. Die Zellen im Gehirn sind über Synapsen miteinander verbunden. Die Zellen kommunizieren, indem Zelle 1 an der „präsynaptischen Membran" Neurotransmitter freisetzt. Diese durchqueren den synaptischen Spalt und gelangen zu Zelle 2, wo sie an der „postsynaptischen Membran" an Rezeptoren andocken und die Nachricht übermitteln (siehe Abb. 13). Die Neurotransmitter, welche die Nachricht übermittelt haben, werden im Anschluss deaktiviert.

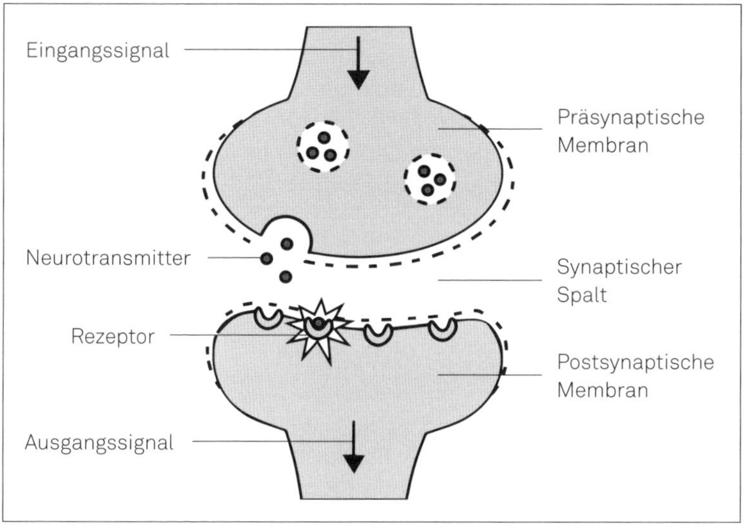


**Abbildung 13:** Schematische Darstellung der Reizweiterleitung an einer Synapse

Die wichtigsten (aber nicht einzigen) Neurotransmitter, die durch Psychopharmaka beeinflusst werden, sind folgende:

- *Serotonin* ist an vielen Erlebens- und Verhaltensprozessen beteiligt, u.a. an der Modulation der Stimmung, des Schmerzerlebens, des Schlafes und des Appetits.
- *Endorphine* hemmen die Schmerzweiterleitung und das Stresserleben und haben eine euphorisierende Wirkung.
- *Dopamin* ist zum einen für die Bewegungssteuerung essenziell, zum anderen auch für Antrieb und Motivation mitverantwortlich. Es ist der wichtigste Botenstoff in unserem „Belohnungssystem".
- *Gamma-Amino-Buttersäure (GABA)* hat eine hemmende Wirkung. Das heißt, wenn GABA aktiver wird, werden Emotionen abgeschwächt, man wird müder und teilnahmsloser.

Wenn diese Neurotransmitter aus dem Gleichgewicht geraten, kann das Störungen des Erlebens und Verhaltens nach sich ziehen. Medikamente werden dann eingesetzt, um dieses Ungleichgewicht zu korrigieren. Das kann auf unterschiedlichen Wegen erfolgen:

- Das Medikament verhindert, dass der Neurotransmitter deaktiviert wird. Dadurch ist er länger im synaptischen Spalt aktiv. Die Übertragung wird dadurch stärker.
- Das Medikament wirkt selbst wie ein Neurotransmitter, d.h., seine Moleküle docken selbst an Rezeptoren der postsynaptischen Membran an. Dadurch wird die Übertragung verstärkt.
- Das Medikament blockiert die Rezeptoren an der postsynaptischen Membran. Dadurch können die Neurotransmitter nicht mehr andocken. Die Übertragung wird geschwächt.

## 6.3 Leitlinienempfehlungen

Ob Psychotherapie oder Psychopharmakotherapie zu empfehlen ist, hängt von mehreren Faktoren ab. Ein wichtiger Faktor ist dabei, welche Erkrankung vorliegt. Es gibt Erkrankungen, bei denen sich vor allem Psychotherapie bewährt hat, und Erkrankungen, bei denen sich vor allem Psychopharmakotherapie bewährt hat. In vielen Fällen ist die wissenschaftliche Evidenz für beide Behandlungsmethoden jedoch vergleichbar gut, sodass die Verfügbarkeit der Methoden, die zu erwartenden Nebenwirkungen und vor allem die persönliche Präferenz der Patient:innen darüber entscheiden, welche Methode angewendet werden sollte. Informationen zur wissenschaftlichen Evidenz und zur Auswahl der geeignetsten Behandlungsmethode werden in Leitlinien zusammengefasst. Leitlinien enthalten systematische Empfehlungen, wie bestimmte Erkrankungen am besten behandelt werden können. Die Leitlinien werden von Psychotherapeut:innen und Ärzt:innen erstellt, die Expert:innen für die Behandlung bestimmter Erkrankungen sind, und von Fachgesellschaften herausgegeben. Bei der Leitlinienerstellung werden oftmals auch Patient:innen einbezogen. Leitlinien basieren daher auf dem neusten Stand der Wissenschaft, der (praktischen) Expertise von Behandler:innen sowie Erfahrungsberichten und Blickwinkeln von Patient:innen. Im Zuge des Leitlinienprozesses werden Empfehlungsgrade für bestimmten Behandlungsmethoden festgelegt, an denen sich Behandler:innen orientieren können und sollen. Bezogen auf die Erkrankungsbilder, die wir Ihnen in der Einleitung vorgestellt haben, ...

- ist Psychotherapie die Behandlungsmethode der ersten Wahl bei Zwangsstörungen (DGPPN, 2022), Essstörungen (DGPM, 2018) und Traumafolgestörungen (Schäfer et al., 2019).
- ist Psychopharmakotherapie die Behandlungsmethode der ersten Wahl bei Schizophrenie (DGPPN, 2019).
- sind Psychotherapie oder Psychopharmakotherapie Behandlungsmethoden erster Wahl bei Angststörungen (DGPM, 2021) sowie mittelgradigen Depressionen (d. h., sie sind gleichwertige Alternativen; NVL-Programm, 2022).
- ist eine Kombinationsbehandlung aus Psychotherapie und Psychopharmakotherapie die Behandlungsmethode der ersten Wahl bei Abhängigkeitserkrankungen (DGPPN & DG-Sucht, 2020) und schweren Depressionen (NVL-Programm, 2022).

Im Hinblick auf Psychotherapie ist dabei in den meisten Fällen Verhaltenstherapie die Psychotherapieart mit dem höchsten Empfehlungsgrad (DGPPN, 2022; DGPM, 2018; Schäfer et al., 2019; NVL-Programm, 2022; DGPPN, 2019; DGPM, 2021; DGPPN & DG-Sucht, 2020). Bezüglich Psychopharmakotherapie finden vor allem Medikamente, die auf das serotonerge System (DGPPN, 2022; NVL-Programm, 2022; DGPM, 2021) oder das dopaminerge System (DGPPN, 2019) einwirken, Anwendung. Auch wenn ein Therapieerfolg im Einzelfall nicht garantiert werden kann, zeigen Studien in allen beschriebenen Fällen eine gute Wirksamkeit der jeweiligen Behandlungsempfehlungen. Im Regelfall sind psychische Erkrankungen daher mit der Unterstützung von Psychotherapeut:innen und Ärzt:innen gut behandelbar.

**Hinweis**

Insbesondere bei Psychotherapie bestehen häufig lange Wartezeiten auf Sprechstunden und Therapieplätze. Daher empfiehlt es sich, sich im Krankheitsfall frühzeitig um einen Termin zu bemühen. In schweren bzw. dringlichen Fällen kann eine Behandlung in einem stationären Setting (z.B. Psychiatrie) oder eine medikamentöse Therapie eine gute und schneller verfügbare Alternative sein und/oder die Wartezeit auf die Psychotherapie überbrücken. Unterstützung bei der Terminfindung für eine Psychotherapie können Sie über die Terminservicestelle der Kassenärztlichen Vereinigung erhalten (Telefonnummer: 116117).

**Beispiel**

Lana litt zu Beginn der verhaltenstherapeutischen Behandlung seit etwa 18 Monaten unter einer schweren depressiven Episode. Niedergeschlagenheit und Antriebslosigkeit hatten dazu geführt, dass sie sich aus vielen wichtigen Lebensbereichen zurückgezogen hatte (u.a. Freundeskreis, Beziehung, Beruf). Der soziale Rückzug wurde auch dadurch verstärkt, dass andauernde Schlafprobleme zu einer Umkehr ihres Tag-Nacht-Rhythmus beigetragen hatten. In Lanas Fall hieß das, dass sie bis etwa 4 Uhr nachts wach lag, aber dann bis in den Mittag hinein schlief. Über die beschriebene Symptomatik hinaus litt Lana zudem unter Konzentrationsproblemen, dem Verlust ihres Selbstwertgefühls und Appetitverlust. Seit Beginn der Depression hatte sie etwa 8 Kilogramm abgenommen. Ihr Denken war von kognitiven Verzerrungen (z.B. Übergeneralisieren, dichotomes Denken) und Inflexibilität geprägt. Die ersten psychotherapeutischen Interventionen fokussierten eine Restrukturierung des Alltags (u.a. regelmäßige Aufstehzeiten am Morgen) und den Aufbau von Aktivitäten (u.a. Spaziergänge). Diese Maßnahmen waren wichtig, um den Teufelskreis der Depression zu durchbrechen, durch den Lana zu großen Teilen in der Befriedigung ihrer Bedürfnisse behindert wurde und der maßgeblich zur Aufrechterhaltung der depressiven Symptomatik beitrug. Da aufgrund der Schwere der Symptomatik eine Kombination von Psychotherapie mit Psychopharmakotherapie empfehlenswert war, hatte Lanas Psychotherapeut ihr zudem bereits in den ersten Sitzungen das Aufsuchen einer Psychiaterin empfohlen. Die Ärztin verschrieb Lana die Einnahme des Selektiven-Serotonin-Wiederaufnahmehemmers

Sertralin (d.h. einem Medikament, das die Verfügbarkeit von Serotonin im synaptischen Spalt erhöht), mit einer Tagesdosis von 50 mg. Nachdem es Lana gelungen war, ihr Aktivitätsniveau zu steigern und ihren Alltag zu strukturieren, begann auch ihr Denken wieder flexibler zu werden. Die Flexibilisierung des Denkens und die Einnahme neuer Perspektiven wurden dabei durch die Anwendung kognitiver Therapiemethoden unterstützt. Das heißt durch Therapiemethoden, die vor allem auf die Neubewertung von Situationen und das Hinterfragen dysfunktionaler Glaubenssätze abzielen. Nachdem die depressive Symptomatik deutlich reduziert war, wurde daran gearbeitet, Rückfällen vorzubeugen. Dafür hat Lana vor allem ihre Emotionsregulation trainiert (z.B. Üben von Entspannungsverfahren, Vermittlung von Skills) und sich ein aktives und unterstützendes soziales Netzwerk aufgebaut. In der letzten Therapiephase standen zudem die Steigerung von Sinnerleben und die Förderung des internalen Kontrollerlebens im Vordergrund. Die Sitzungsfrequenz wurde gegen Ende der Therapie schrittweise reduziert, sodass Lana sich wieder an ein Leben ohne therapeutische Unterstützung gewöhnen konnte. Über das psychotherapeutische Behandlungsende hinaus nahm Lana für 6 Monate weiter Medikamente ein, bevor diese in Rücksprache mit ihrer Psychiaterin abgesetzt werden konnten.

## Zusammenfassung: Psychische Erkrankungen behandeln

- Psychische Erkrankungen werden behandlungsbedürftig, wenn die zur Lösung der Problematik notwendigen Veränderungen nicht in angemessenem Umfang bzw. angemessener Zeit selbstständig erreicht werden können.
- Verhaltenstherapie, psychoanalytisch-begründete Verfahren und Systemische Therapie sind wissenschaftlich und sozialrechtlich anerkannte Psychotherapieverfahren, die sich zur Behandlung einer Vielzahl von Erkrankungen als wirksam erwiesen haben.
- Psychopharmakotherapie nutzt die medikamentöse Veränderung der Biochemie des zentralen Nervensystems, um psychisches Leiden zu lindern, und hat sich ebenfalls zur Behandlung vieler Erkrankungen bewährt.
- Sowohl Psychotherapie als auch Psychopharmakotherapie haben sich bewährt, um den Teufelskreis einer Symptomatik zu durchbre-

chen. Psychotherapie ist zudem sehr gut geeignet, wenn die Ursache der Symptomatik in bislang ungeklärten Konflikten oder Problemen vermutet wird. Psychopharmakotherapie hat sich vor allem bewährt, wenn eine veränderte Biochemie zur Entstehung und Aufrechterhaltung der Symptomatik beiträgt.

- Leitlinien geben Behandler:innen Handlungsempfehlungen, wie (psychische) Krankheiten nach neuesten wissenschaftlichen Erkenntnissen und unter Berücksichtigungen von Expert:innen- und Patient:innen-Blickwinkeln behandelt werden sollen.
- Zwangsstörungen und Essstörungen sollen primär psychotherapeutisch behandelt werden.
- Depressionen und Angsterkrankungen sollen mit Psychotherapie oder Psychopharmakotherapie behandelt werden.
- Abhängigkeitserkrankungen sollten multidisziplinär behandelt werden.

# Literatur


Ainsworth, M.D.S., Bell, S. & Stayton, D. (1974). Infant-mother attachment and social development. In M.P. Richards (Ed.), *The introduction of the child into a social world* (pp. 9–135). Cambridge University Press.

Ainsworth, M.D.S., Blehar, M.C., Waters, E. & Wall, S. (1978). *Patterns of attachment: A psychological study of the strange situation.* Lawrence Erlbaum.

Aldao, A., Nolen-Hoeksema, S. & Schweizer, S. (2010). Emotion-regulation strategies across psychopathology: A meta-analytic review. *Clinical Psychology Review, 30*(2), 217–237. https://doi.org/10.1016/j.cpr.2009.11.004

Antonovsky A. (1987). *Unraveling the mystery of health: How people manage stress and stay well.* Jossey-Bass.

Arbeitsgemeinschaft der Wissenschaftlichen Medizinischen Fachgesellschaften. (2018). Langfassung der interdisziplinären evidenz- und konsensbasierten (S3) Leitlinie „Aufmerksamkeitsdefizit-/Hyperaktivitätsstörung (ADHS) im Kindes-, Jugend- und Erwachsenenalter (AWMF-Registernummer 028–045). Verfügbar unter https://www.awmf.org/leitlinien/detail/ll/028-045.html

Atkinson, J.W. (1957). Motivational determinants of risk-taking behavior. *Psychological Review, 64*(6, Pt.1), 359–372. https://doi.org/10.1037/h0043445

Baldwin, S.A. & Hoffmann, J.P. (2002). The dynamics of self-esteem: A growth-curve analysis. *Journal of Youth and Adolescence, 31,* 101–113. https://doi.org/10.1023/A:1014065825598

Barsaglini, A., Sartori, G., Benetti, S., Pettersson-Yeo, W. & Mechelli, A. (2014). The effects of psychotherapy on brain function: A systematic and critical review. *Progress in Neurobiology, 114,* 1–14. https://doi.org/10.1016/j.pneurobio.2013.10.006

Baumrind, D. (1966). Effects of authoritative parental control on child behavior. *Child Development, 37,* 887–907. https://doi.org/10.2307/1126611

Beck, A.T. & Haigh, E.A. (2014). Advances in cognitive theory and therapy: The generic cognitive model. *Annual review of clinical psychology, 10,* 1–24. https://doi.org/10.1146/annurev-clinpsy-032813-153734

Beeney, J.E., Wright, A.G., Stepp, S.D., Hallquist, M.N., Lazarus, S.A., Beeney, J.R. et al. (2017). Disorganized attachment and personality functioning in adults: A latent class analysis. *Personality Disorders: Theory, Research, and Treatment, 8*(3), 206. https://doi.org/10.1037/per0000184

Bender, J. (2019). *Praxisbuch Trauerbegleitung: Trauerprozesse verstehen, begleiten, verwandeln.* Springer. https://doi.org/10.1007/978-3-662-59100-0

Benkert, O., Hautzinger, M., Graf-Morgenstern, M., Hiemke, C., Heiser, P. & Schulz, E. (2012). *Psychopharmakologischer Leitfaden für Psychologen und Psychotherapeuten* (2., vollst. überarb. und aktualis. Aufl.). Springer. https://doi.org/10.1007/978-3-642-29878-3

Bohus, M. & Wolf-Arehulz, M. (2018). *Interaktives Skillstraining für Borderline-Patienten*. Schattauer.

Bonanno, G. A. & Burton, C. L. (2013). Regulatory flexibility: An individual differences perspective on coping and emotion regulation. *Perspectives on Psychological Science, 8*(6), 591–612. https://doi.org/10.1177/1745691613504116

Bowlby, J. & World Health Organization (1952). *Maternal care and mental health: a report prepared on behalf of the World Health Organization as a contribution to the United Nations programme for the welfare of homeless children* (2nd ed.). World Health Organization. https://apps.who.int/iris/handle/10665/40724

Brandstätter, V., Schüler, J., Puca, R. M. & Lozo, L. (2013). *Motivation und Emotion*. Springer. https://doi.org/10.1007/978-3-642-30150-6

Brown, S. L., Nesse, R. M., Vinokur, A. D. & Smith, D. M. (2003). Providing social support may be more beneficial than receiving it: Results from a prospective study of mortality. *Psychological Science, 14*(4), 320–327. https://doi.org/10.1111/1467-9280.14461

Burch, C. & Burch, C. (2021). Progressive Relaxation – Technik und Weiterentwicklung. In C. Burch (Hrsg.), *Entspannungstechniken in der Physiotherapie: Strategien für psychische, psychosomatische und physische Beschwerden* (S. 31–47). Springer.

Caspar, F. (2018). *Beziehungen und Probleme verstehen: Eine Einführung in die psychotherapeutische Plananalyse*. Hogrefe.

Chen, E., Lam, P. H., Finegood, E. D., Turiano, N. A., Mroczek, D. K. & Miller, G. E. (2021). The balance of giving versus receiving social support and all-cause mortality in a US national sample. *Proceedings of the National Academy of Sciences, 118*(24), e2024770118. https://doi.org/10.1073/pnas.2024770118

Clayton, K. (2019). *A meta-analysis on the rate of attachment classifications of infants in the strange situation paradigm: distribution across cultures and demographic variables*. Unpublished Doctoral Dissertation, University of Manitoba. https://mspace.lib.umanitoba.ca/server/api/core/bitstreams/c3490f3a-167a-4276-a399-72b21ecfd81d/content

Diamond, D. M., Campbell, A. M., Park, C. R., Halonen, J. & Zoladz, P. R. (2007). The temporal dynamics model of emotional memory processing: a synthesis on the neurobiological basis of stress-induced amnesia, flashbulb and traumatic memories, and the Yerkes-Dodson law. *Neural plasticity*, 060803. https://doi.org/10.1155/2007/60803

DIW-Berlin (2014). *Ist die Hauptmotivation für Ihre angestrebte Berufstätigkeit, dass Sie Geld verdienen oder sind es andere Gründe?* Zitiert nach https://de.statista.com/statistik/daten/studie/179470/umfrage/hauptmotivation-der-berufstaetigkeit/

Deutsche Gesellschaft für Psychiatrie und Psychotherapie, Psychosomatik und Nervenheilkunde e. V. (DGPPN). (Hrsg.). (2019). *S3-Leitlinie Schizophrenie – Langfassung* (AWMF-Registernummer 038–009). Verfügbar unter https://register.awmf.org/de/leitlinien/detail/038-009

Deutsche Gesellschaft für Psychiatrie und Psychotherapie, Psychosomatik und Nervenheilkunde e. V. (DGPPN). (Hrsg.). (2022). *S3-Leitlinie Zwangsstörungen – Langversion* (AWMF-Registernummer 038–017). Verfügbar unter https://register.awmf.org/assets/guidelines/038_017l_S3_Zwangsst%C3%B6rungen_2022-07.pdf

Deutsche Gesellschaft für Psychiatrie und Psychotherapie, Psychosomatik und Nervenheilkunde e.V. & Deutsche Gesellschaft für Suchtforschung und Suchttherapie e. V. (DGPPN & DG-Sucht). (Hrsg.). (2020). *S3 Leitlinie Screening, Diagnose und Behandlung alkoholbezogener Störungen – Langfassung* (AWMF-Registernummer 076–001). Verfügbar unter https://register.awmf.org/assets/guidelines/076-001l_S3-Screening-Diagnose-Behandlung-alkoholbezogene-Stoerungen_2021-02.pdf

Deutsche Gesellschaft für Psychosomatische Medizin und Ärztliche Psychotherapie (DGPM). (Hrsg.). (2018). *S3-Leitlinie Diagnostik und Therapie der Essstörungen* (AWMF-Registernummer 051–026). Verfügbar unter https://register.awmf.org/assets/guidelines/051-026l_S3_Essstoerung-Diagnostik-Therapie_2020-03-abgelaufen.pdf

Deutsche Gesellschaft für Psychosomatische Medizin und Ärztliche Psychotherapie (DGPM). (Hrsg.). (2021). *S3-Leitlinie Behandlung von Angststörungen – Langfassung, Version 2* (AWMF-Registernummer 051–028). Verfügbar unter https://register.awmf.org/de/leitlinien/detail/051-028

De Vel-Palumbo, M., Woodyatt, L. & Wenzel, M. (2018). Why do we self-punish? Perceptions of the motives and impact of self-punishment outside the laboratory. *European Journal of Social Psychology, 48*(6), 756–768. https://doi.org/10.1002/ejsp.2368

Drucker, P. F. (2007). *People and Performance: The Best of Peter Drucker on Management*. Harvard Business Review press.

Duschinsky, R. (2015). *The emergence of the disorganized/disoriented (D) attachment classification*, 1979–1982. *History of Psychology, 18*(1), 32–46. https://doi.org/10.1037/a0038524

D'Zurilla, T. J. & Goldfried, M. R. (1971). Problem solving and behavior modification. *Journal of Abnormal Psychology, 78*(1), 107. https://doi.org/10.1037/h0031360

Einsle, F. & Hummel, K. V. (2015). *Kognitive Umstrukturierung*. Beltz.

Euler, S. & Walter, M. (2020). *Mentalisierungsbasierte Psychotherapie (MBT)*. Kohlhammer. https://doi.org/10.17433/978-3-17-038696-9

European Values Study (2021). *EVS Trend File* 1981–*2017* (GESIS Datenarchiv, Köln. ZA7503 Datenfile Version 2.0.0. Zitiert nach https://www.werteforschung.at/projekte/werte-zoom/werte-zoom-16-politisches-interesse/

Fietze, I. & Penzel, T. (2021). Schlafstörungen – Prävalenz, Bedeutung und Implikationen für die Prävention und Gesundheitsförderung. In M. Tiemann & M. Mohokum (Hrsg.), *Prävention und Gesundheitsförderung,* 947–954. Springer. https://doi.org/10.1007/978-3-662-62426-5_63

Förster, K., Kurtz, M., Konrad, A. & Kanske, P. (2022). Emotional Reactivity, Emotion Regulation, and Social Emotions in Affective Disorders. *Zeitschrift für Klinische Psychologie und Psychotherapie, 51*(1), 11–25. https://doi.org/10.1026/1616-3443/a000648

Fresco, D. M., Frankel, A. N., Mennin, D. S., Turk, C. L. & Heimberg, R. G. (2002). Distinct and overlapping features of rumination and worry: The relationship of cognitive production to negative affective states. *Cognitive Therapy and Research, 26,* 179–188. https://doi.org/10.1023/A:1014517718949

Gatt, J. M., Burton, K. L., Williams, L. M. & Schofield, P. R. (2015). Specific and common genes implicated across major mental disorders: a review of meta-analysis studies. *Journal of Psychiatric Research, 60,* 1–13. https://doi.org/10.1016/j.jpsychires.2014.09.014

Gemeinsamer Bundesausschuss (2020). *Richtlinie des Gemeinsamen Bundesausschusses über die Durchführung der Psychotherapien* (Fassung vom 19. Februar 2009, zuletzt geändert am 20. November 2020). Verfügbar unter https://www.g-ba.de/downloads/62-492-2400/PT-RL_2020-11-20_iK-2021-02-18.pdf

Gilmour, J., Machin, T., Brownlow, C. & Jeffries, C. (2020). Facebook-based social support and health: A systematic review. *Psychology of Popular Media, 9*(3), 328. https://doi.org/10.1037/ppm0000246

Gottlieb, B. H. & Bergen, A. E. (2010). Social support concepts and measures. *Journal of Psychosomatic Research, 69*(5), 511–520. https://doi.org/10.1016/j.jpsychores.2009.10.001

Grawe, K. (2003). *Neuropsychotherapie*. Hogrefe.

Grawe, K., Donati, R. & Bernauer, F. (2001). *Psychotherapie im Wandel. Von der Konfession zur Profession*. Hogrefe.

Greenberg, L. S. & Goldman, R. N. (2010). *Die Dynamik von Liebe und Macht: emotionsfokussierte Paartherapie*. Reinhardt.

Gross, J. J. (2002). Emotion regulation: affective, cognitive, and social consequences. *Psychophysiology, 39*(3), 281–291. https://doi.org/10.1017/S0048577201393198

Grossman, R., Nolan, K., Rosch, Z., Mazer, D. & Salas, E. (2022). The team cohesion-performance relationship: A meta-analysis exploring measurement approaches and the changing team landscape. *Organizational Psychology Review, 12*(2), 181–238. https://doi.org/10.1177/20413866211041157

Hechler, S., Wenzel, M., Woodyatt, L. & de Vel-Palumbo, M. (2022). What does being hard on yourself communicate to others? The role of symbolic implications of self-punishment in attributions of remorse. *Journal of Experimental Social Psychology, 101,* 104305. https://doi.org/10.1016/j.jesp.2022.104305

Hill-Soderlund, A. L. et al. (2008). Parasympathetic and sympathetic responses to the strange situation in infants and mothers from avoidant and securely attached dyads. *Developmental Psychobiology: The Journal of the International So-*

*ciety for Developmental Psychobiology, 50*(4), 361–376. https://doi.org/10.1002/dev.20302

Hoffmann, N. & Hofmann, B. (2012). *Expositionszentrierte Verhaltenstherapie bei Ängsten und Zwängen*. Beltz.

Hollas, S. (2020). *Psychotherapie der Misserfolgsangst: Ein Training bei Insuffizienzerleben, Scham und Therapieresistenz*. Springer. https://doi.org/10.1007/978-3-662-61142-5

Jacob, G. & Arnoud, A. (2015). *Schematherapie in der Praxis*. Beltz.

Jacobi, F., Höfler, M., Siegert, J., Mack, S., Gerschler, A., Scholl, L. et al. (2014). Twelve-month prevalence, comorbidity and correlates of mental disorders in Germany: the Mental Health Module of the German Health Interview and Examination Survey for Adults (DEGS1-MH). *International Journal of Methods in Psychiatric Research, 23*(3), 304–319. https://doi.org/10.1002/mpr.1439

Jenni, O. (2021). *Die kindliche Entwicklung verstehen*. Springer. https://doi.org/10.1007/978-3-662-62448-7

Juchmann, U. (2020). *Achtsamkeitsbasierte Psychotherapie bei Depressionen und Ängsten: MBCT in der Praxis*. Beltz.

Kabat-Zinn, J. (2009). *Wherever you go, there you are: Mindfulness meditation in everyday life*. Hachette.

Kalisch, R., Müller, M. & Tüscher, O. (2015). A conceptual framework for the neurobiological study of resilience. *Behavioral and Brain Sciences, 38,* E92. https://doi.org/10.1017/S0140525X1400082X

Karabinski, T., Haun, V.C., Nübold, A., Wendsche, J. & Wegge, J. (2021). Interventions for improving psychological detachment from work: A meta-analysis. *Journal of Occupational Health Psychology, 26*(3), 224. https://doi.org/10.1037/ocp0000280

Kiresuk, T.J. & Sherman, R.E. (1968). Goal attainment scaling: A general method for evaluating comprehensive community mental health programs. *Community Mental Health Journal, 4*, 443–453. https://doi.org/10.1007/BF01530764

Koehler, F., Schäfer, S.K., Lieb, K. & Wessa, M. (2023). Differential associations of leisure music engagement with resilience: A network analysis. *International Journal of Clinical and Health Psychology, 23*(3), 100377. https://doi.org/10.1016/j.ijchp.2023.100377

Kraiss, J.T., Ten Klooster, P.M., Moskowitz, J.T. & Bohlmeijer, E.T. (2020). The relationship between emotion regulation and well-being in patients with mental disorders: A meta-analysis. *Comprehensive Psychiatry, 102,* 152189. https://doi.org/10.1016/j.comppsych.2020.152189

Kring, A.M., Johnson, S.L., Hautzinger, M. & Brock, E. (2019). *Klinische Psychologie*. Beltz.

Laireiter, A.R., Fuchs, M. & Pichler, M.E. (2007). Negative soziale Unterstützung bei der Bewältigung von Lebensbelastungen: Eine konzeptuelle und empirische Analyse. *Zeitschrift für Gesundheitspsychologie, 15*(2), 43–56. https://doi.org/10.1026/0943-8149.15.2.43

Lazarus, R.S. & Folkman, S. (1984). *Stress, Appraisal, and Coping*. Springer.

Lewis, M. & Sullivan, M.W. (2005). The development of self-conscious emotions. In A.J. Elliot, C.S. Dweck & D.S. Yeager (Eds.), *Handbook of Competence and Motivation* (pp. 185–201). The Guilford Press.

Lohmann-Haislah, A., Wendsche, J., Schulz, A., Scheibe, T. & Schöllgen, I. (2019). Von der Arbeit (Nicht) Abschalten-Können: Ursachen, Wirkungen, Verbreitung und Interventionsmöglichkeiten. In B. Badura, A. Ducki, H. Schröder, J. Klose & M. Meyer (Hrsg.), *Fehlzeiten-Report 2019. Digitalisierung – gesundes Arbeiten ermöglichen*. Springer. https://doi.org/10.1007/978-3-662-59044-7_20

Losekam, S. & Konrad, C. (2017). Praxis der kognitiven Verhaltenstherapie. In C. Konrad (Hrsg.), *Therapie der Depression: Praxisbuch der Behandlungsmethoden* (S. 31–53). Springer.

Maccoby, E.E. & Martin, J.A. (1983). Socialization in the context of the family: Parent-child interaction. In P.H. Mussen & E.M. Hetherington (Eds.), *Handbook of child psychology* (4th ed., Vol. 4, pp. 1–101). Wiley.

Margraf, J. (1993). Hyperventilation and panic disorder: A psychophysiological connection. *Advances in Behaviour Research and Therapy, 15*(1), 49–74. https://doi.org/10.1016/0146-6402(93)90003-K

Margraf, J. & Schneider, S. (2018). *Lehrbuch der Verhaltenstherapie: Grundlagen, Diagnostik, Verfahren und Rahmenbedingungen psychologischer Therapie*. Springer.

Maslow, A.H. (1943). A theory of human motivation. *Psychological Review, 50*(4), 370–396. https://doi.org/10.1037/h0054346

McNeil, C.B., Hembree-Kigin, T.L. & Anhalt, K. (2010). *Parent-child interaction therapy*. Springer. https://doi.org/10.1007/978-0-387-88639-8

Meuret, A.E. & Ritz, T. (2010). Hyperventilation in panic disorder and asthma: empirical evidence and clinical strategies. *International Journal of Psychophysiology, 78*(1), 68–79. https://doi.org/10.1016/j.ijpsycho.2010.05.006

Mikulincer, M. & Shaver, P.R. (2007). *Attachment in adulthood: Structure, dynamics, and change*. The Guilford Press.

Morey, J.N., Boggero, I.A., Scott, A.B. & Segerstrom, S.C. (2015). Current directions in stress and human immune function. *Current Opinion in Psychology, 5*, 13–17. https://doi.org/10.1016/j.copsyc.2015.03.007

Murray, D.W., Rosanbalm, K., Christopoulos, C. & Hamoudi, A. (2014). *Self-Regulation and Toxic Stress: Foundations for Understanding Self- Regulation from an Applied Developmental Perspective* (OPRE Report #2015-21). Office of Planning, Research and Evaluation, Administration for Children and Families, U.S. Department of Health and Human Services.

Murray, R.G. & Hobbs, S.A. (1981). Effects of self-reinforcement and self-punishment in smoking reduction: implications for broad-spectrum behavioral approaches. *Addictive Behaviors, 6*(1), 63–67. https://doi.org/10.1016/S0306-4603(81)80011-1

Nietzsche, F. (1888). *Götzen-Dämmerung: Sprüche und Pfeile. Reprint 2012*. Createspace Independent Publishing Platform.

Nixon, A.E., Mazzola, J.J., Bauer, J., Krueger, J.R. & Spector, P.E. (2011). Can work make you sick? A meta-analysis of the relationships between job stressors and physical symptoms. *Work & Stress, 25*(1), 1–22. https://doi.org/10.1080/02678373.2011.569175

Noyon, A. & Heidenreich, T. (2012). *Existenzielle Perspektiven in Psychotherapie und Beratung.* Beltz.

NVL-Programm (Hrsg.). (2022). *Nationale Versorgungsleitlinie Unipolare Depression – Langfassung* (Version 3.2). Verfügbar unter https://www.leitlinien.de/themen/depression/version-3

Opie, J.E., McIntosh, J.E., Esler, T.B., Duschinsky, R., George, C., Schore, A. et al. (2021). Early childhood attachment stability and change: A meta-analysis. *Attachment & Human Development, 23*(6), 897–930. https://doi.org/10.1080/14616734.2020.1800769

Pandit, A. & Nakagawa, Y. (2021). How Does Reciprocal Exchange of Social Support Alleviate Individuals' Depression in an Earthquake-Damaged Community? *International Journal of Environmental Research and Public Health, 18*(4), 1585. https://doi.org/10.3390/ijerph18041585

Pinquart, M. (2017a). Associations of parenting dimensions and styles with externalizing problems of children and adolescents: An updated meta-analysis. *Developmental Psychology, 53*(5), 873. https://doi.org/10.1037/dev0000295

Pinquart, M. (2017b). Associations of parenting dimensions and styles with internalizing symptoms in children and adolescents: A meta-analysis. *Marriage & Family Review, 53*(7), 613–640. https://doi.org/10.1080/01494929.2016.1247761

Pinquart, M. & Gerke, D.C. (2019). Associations of parenting styles with self-esteem in children and adolescents: A meta-analysis. *Journal of Child and Family Studies, 28,* 2017–2035. https://doi.org/10.1007/s10826-019-01417-5

Polk, K.L., Schoendorff, B., Webster, M. & Olaz, F. (2019). *Praxishandbuch ACT-Matrix.* Springer. https://doi.org/10.1007/978-3-662-59416-2

Rief, W. & Stenzel, N. (2012). Diagnostik und Klassifikation. In M. Berking & W. Rief (Hrsg.), *Klinische Psychologie und Psychotherapie für Bachelor.* Springer. https://doi.org/10.1007/978-3-642-16974-8_2

Riemann, D. et al. (2017). S3-Leitlinie. Nicht erholsamer Schlaf/Schlafstörungen. *Somnologie, 21,* 2–44. https://doi.org/10.1007/s11818-016-0097-x

Riepenhausen, A., Wackerhagen, C., Reppmann, Z.C., Deter, H.C., Kalisch, R., Veer, I.M. et al. (2022). Positive cognitive reappraisal in stress resilience, mental health, and well-being: A comprehensive systematic review. *Emotion Review, 14*(4), 310–331. https://doi.org/10.1177/17540739221114642

Robins, R.W., Trzesniewski, K.H., Tracy, J.L., Gosling, S.D. & Potter, J. (2002). Global self-esteem across the life span. *Psychology and Aging, 17*(3), 423. https://doi.org/10.1037/0882-7974.17.3.423

Rotter, J.B. (1966). Generalized expectancies for internal versus external control of reinforcement. *Psychological Monographs: General and Applied, 80,* 1–28. https://doi.org/10.1037/h0092976

Rudolf, G. (2014). *Psychodynamische Psychotherapie: Die Arbeit an Konflikt, Struktur und Trauma*. Schattauer.

Ryan, R.M. & Deci, E.L. (2017). *Self-determination theory: Basic psychological needs in motivation, development, and wellness*. Guilford Publishing. https://doi.org/10.1521/978.14625/28806

Sachse, R. (2010). *Persönlichkeitsstörungen verstehen: Zum Umgang mit schwierigen Klienten*. Psychiatrie-Verlag.

Salmela-Aro, K. (2010). Personal goals and well-being: How do young people navigate their lives? *New Directions for Child and Adolescent Development, 2010*(130), 13–26. https://doi.org/10.1002/cd.278

Sappok, T. & Zepperitz, S. (2019). *Das Alter der Gefühle: über die Bedeutung der emotionalen Entwicklung bei geistiger Behinderung*. Hogrefe.

Schäfer, I., Gast, U., Hofmann, A., Knaevelsrud, C., Lampe, A., Liebermann, P. et al. (Hrsg.). (2019). *S3-Leitlinie Posttraumatische Belastungsstörung*. Springer. https://doi.org/10.1007/978-3-662-59783-5

Schanz, C.G., Equit, M. & Schäfer, S.K. (2023). *Therapie-Basics: Fallkonzeption und Behandlungsplanung*. Beltz.

Schanz, C.G., Mattheus, H.K., Equit, M. & Schäfer, S.K. (2022). *Therapie-Tools: Transdiagnostische Psychoedukation*. Beltz.

Schlack, R., Hapke, U., Maske, U., Busch, M. & Cohrs, S. (2013). Häufigkeit und Verteilung von Schlafproblemen und Insomnie in der deutschen Erwachsenenbevölkerung. *Bundesgesundheitsblatt, Gesundheitsforschung, Gesundheitsschutz, 56*(5–6), 740–748. https://doi.org/10.1007/s00103-013-1689-2

Schlippe, A. von & Schweitzer, J. (2016). *Lehrbuch der systemischen Therapie und Beratung*. Vandenhoeck & Ruprecht. https://doi.org/10.13109/9783666401855

Schulz von Thun, F. (2013). *Miteinander reden 1: Störungen und Klärungen. Allgemeine Psychologie der Kommunikation*. Rowohlt Verlag GmbH.

Selye, H. (1956). *The stress of life*. McGraw- Hill.

Simpson, J.A. (2007). Psychological foundations of trust. *Current Directions in Psychological Science, 16*(5), 264–268. https://doi.org/10.1111/j.1467-8721.2007.00517.x

Solmi, M. et al. (2022). Age at onset of mental disorders worldwide: large-scale meta-analysis of 192 epidemiological studies. *Molecular Psychiatry, 27*(1), 281–295. https://doi.org/10.1038/s41380-021-01161-7

Stavemann, H.H. (2015). *Sokratische Gesprächsführung*. Beltz. https://doi.org/10.1007/978-3-642-55210-6_53

Stavemann, H.H. (2017). *Lebensziele in Therapie und Beratung: Sinn- und Wertefragen klären, Handlungsziele bestimmen*. Beltz.

Stavemann, H.H. (2023). *Integrative KVT*. Beltz.

Steinberg, L., Albert, D., Cauffman, E., Banich, M., Graham, S. & Woolard, J. (2008). Age differences in sensation seeking and impulsivity as indexed by behavior and self-report: evidence for a dual systems model. *Developmental Psychology, 44*(6), 1764. https://doi.org/10.1037/a0012955

Taubner, S., Fonagy, P. & Bateman, A.W. (2019). *Mentalisierungsbasierte Therapie*. Hogrefe. https://doi.org/10.1026/02834-000

Trost, A. (2018). Bindungswissen für die systemische Praxis. Vandenhoeck & Ruprecht. https://doi.org/10.13109/9783666452086

Techniker Krankenkasse (2021). *Entspann dich, Deutschland! TK-Stressstudie 2021.* Verfügbar unter https://www.tk.de/resource/blob/2118106/cbdb7ed26363a35145d753516510f92d/stressstudie-2021-pdf-zum-download-data.pdf

Teismann, T., Hanning, S., Brachel, R. & Willutzko, U. (2017). *Kognitive Verhaltenstherapie depressiven Grübelns*. Springer. https://doi.org/10.1007/978-3-662-50516-8

VandenBos, G.R. (Ed.). (2007). *APA Dictionary of Psychology*. American Psychological Association.

Vanhove, A.J. & Herian, M.N. (2015). Team cohesion and individual well-being: A conceptual analysis and relational framework. *Team Cohesion: Advances in Psychological Theory, Methods and Practice, 17,* 53–82. https://doi.org/10.1108/S1534-085620150000017004

Wachs, T.D. (2005). Person-environment „fit" and individual development. In D.M. Teti (Ed.), *Handbook of research methods in developmental science* (pp. 443–466). Blackwell Publishing. https://doi.org/10.1002/9780470756676.ch22

Wang, H.H., Wu, S.Z. & Liu, Y.Y. (2003). Association between social support and health outcomes: a meta-analysis. *The Kaohsiung Journal of Medical Sciences, 19*(7), 345–350. https://doi.org/10.1016/S1607-551X(09)70436-X

Wells, A. (2006). Metacognitive therapy for worry and generalised anxiety disorder. In D.L.C. Graham & A. Wells (Eds.), *Worry and its Psychological Disorders: Theory, Assessment and Treatment* (pp. 257–272). John Wiley & Sons Ltd.

Wells, A. (2013). Advances in metacognitive therapy. *International Journal of Cognitive Therapy, 6*(2), 186–201. https://doi.org/10.1521/ijct.2013.6.2.186

Weltgesundheitsorganisation (WHO). (1948). *Constitution of the World Health Organization*. Verfügbar unter https://apps.who.int/gb/bd/PDF/bd47/EN/constitution-en.pdf

Weltgesundheitsorganisation (WHO). (2001). *International classification of functioning, disability and health: ICF. World Health Organization.* Verfügbar unter https://iris.who.int/handle/10665/42407

Weltgesundheitsorganisation (WHO). (2022). *ICD-11: International classification of diseases*. Verfügbar unter https://icd.who.int/

Westby, C. & Robinson, L. (2014). A developmental perspective for promoting theory of mind. *Topics in language disorders, 34*(4), 362–382. https://doi.org/10.1097/TLD.0000000000000035

Wittchen, H.-U. & Hoyer, J. (2011). Was ist Klinische Psychologie? Definitionen, Konzepte und Modelle. In H.-U. Wittchen & J. Hoyer (Hrsg.), *Klinische Psychologie & Psychotherapie*. Springer. https://doi.org/10.1007/978-3-642-13018-2_1

Wöller, W. & Kruse, J. (2018). *Tiefenpsychologisch fundierte Psychotherapie*. Schattauer.

Zhang, X., Li, J., Xie, F., Chen, X., Xu, W. & Hudson, N.W. (2022). The relationship between adult attachment and mental health: A meta-analysis. *Journal of Personality and Social Psychology, 123*(5), 1089. https://doi.org/10.1037/pspp0000437

Zhou, E.S. (2014). Social support. In A.C. Michalos (Ed.), *Encyclopedia of quality of life and well-being research* (pp. 6161–6164). Springer. https://doi.org/10.1007/978-94-007-0753-5_2789

# Anhang

## Hinweise zu den Onlinematerialien

Sie können die in diesem Buch erwähnten und im Anhang abgedruckten Arbeitsmaterialien über unsere Internetseite abrufen und ausdrucken. Nutzen Sie dazu bitte den Link www.hgf.io/download und melden Sie sich nach den dort beschriebenen Schritten an. Wenn Sie nach der Registrierung den Code **B-FB6H46** unter „Mein Konto → Zusatzmaterialien" im Eingabefeld einfügen, werden Sie automatisch in den Downloadbereich weitergeleitet und können die Onlinematerialien zum Buch ausdrucken bzw. herunterladen. Um die Materialien dauerhaft im direkten Zugriff zu haben, empfehlen wir Ihnen, sich die gesamten Materialien herunterzuladen und auf dem eigenen Rechner zu speichern.

Folgende Materialien stehen zum Download bereit:

| **Übersicht über die Onlinematerialien** | |
|---|---|
| **Arbeitsblätter** | **Zu Kapitel 3:**<br>• Arbeitsblatt 1: Grundbedürfnisse in verschiedenen Lebensbereichen – Status quo (Kapitel 3.1)<br>• Arbeitsblatt 2: Veränderungsmöglichkeiten bezüglich Bedürfnissen (Kapitel 3.1)<br>• Arbeitsblatt 3: Veränderungsmöglichkeiten bezüglich Lebensbereichen (Kapitel 3.1)<br>• Arbeitsblatt 4: Zielerreichungsskalierung (Kapitel 3.2.1)<br>**Zu Kapitel 4:**<br>• Arbeitsblatt 5: Aus Sorgenketten aussteigen (Kapitel 4.3.1)<br>• Arbeitsblatt 6: Grübelschleifen verändern (Kapitel 4.3.1)<br>• Arbeitsblatt 7: Vor- und Nachteile von Vermeidung (Kapitel 4.3.2)<br>• Arbeitsblatt 8: Schuldgefühle hinterfragen (Kapitel 4.3.3)<br>• Arbeitsblatt 9: Neubewerten (Kapitel 4.4.1)<br>• Arbeitsblatt 10: Lösungsorientiertes Handeln (Kapitel 4.4.2)<br>• Arbeitsblatt 11: Den Einsatz von Skills planen (Kapitel 4.4.4) |

| | |
|---|---|
| | **Zu Kapitel 5:**<br>• Arbeitsblatt 12: Glaubenssätze hinterfragen (Kapitel 5.1)<br>• Arbeitsblatt 13: Ressourcen bedeutsam investieren (Kapitel 5.3)<br>• Arbeitsblatt 14: Internales Kontrollerleben fördern (Kapitel 5.4)<br>• Arbeitsblatt 15: Kommunikation analysieren (Kapitel 5.5)<br>• Arbeitsblatt 16: Wünsche formulieren (Kapitel 5.5) |
| **Arbeitsblätter Beispiele** | In dieser Datei finden Sie Beispiele für alle 16 Arbeitsblätter, wie diese ausgefüllt werden können. |